本书为山东省社会科学规划重点课题"国家治理现代化背景下山东省基层领导干部落实力考评体系研究"（20BZZJ03）的最终成果。

基层领导干部落实力现代化考评体系研究
——以东部某省基层领导干部为视角

杨涛 著

中国社会科学出版社

图书在版编目（CIP）数据

基层领导干部落实力现代化考评体系研究：以东部某省基层领导干部为视角 / 杨涛著. -- 北京：中国社会科学出版社，2024. 12. -- ISBN 978-7-5227-4488-9

Ⅰ. D630.3

中国国家版本馆 CIP 数据核字第 2024CK9777 号

出 版 人	赵剑英
责任编辑	许　琳
责任校对	苏　颖
责任印制	郝美娜

出　　版	中国社会科学出版社
社　　址	北京鼓楼西大街甲 158 号
邮　　编	100720
网　　址	http://www.csspw.cn
发 行 部	010-84083685
门 市 部	010-84029450
经　　销	新华书店及其他书店

印　　刷	北京君升印刷有限公司
装　　订	廊坊市广阳区广增装订厂
版　　次	2024 年 12 月第 1 版
印　　次	2024 年 12 月第 1 次印刷

开　　本	710×1000　1/16
印　　张	16.5
插　　页	2
字　　数	214 千字
定　　价	98.00 元

凡购买中国社会科学出版社图书，如有质量问题请与本社营销中心联系调换
电话：010-84083683
版权所有　侵权必究

前　言

一分部署，九分落实。在任何目标与实现之间，都隔着一个"落实过程"，没有有效的落实，再好的目标，再宏伟的蓝图也只是空中楼阁，从这个意义上讲，高效的落实力是实现一切目标的关键环节。

落实力不能简单地等同被动执行，更需要积极作为，它是国家治理能力现代化的重要组成部分。当前对领导干部落实力的绩效评价研究大多是从整体上、笼统地对绩效进行评价，尚缺乏具体、细致化地对影响政策落实绩效因素的系统性考评。因此，领导干部落实力测评是一个重要而未得到充分研究的问题。本书聚焦于基层领导干部落实力，深入调查其现状及核心特征，并基于力学理论，构建符合其特点的考评体系，以推进政策落实绩效评价的深化研究。全书分为五个部分。

第一部分：基层领导干部落实力考评的概念阐析。从落实力、基层领导干部等概念着手，解析基层领导干部落实力的内涵和外延。通过对落实力的生成机制进行剖析，阐释落实力不能片面理解为某些力的简单相加，而是人员、制度、物资、信息等要素相互作用和经过一定的机制配置后，在一定的条件和环境中所形成的合力。它是落实主体在道德法律的范围之内准确理解政策的目标及方向，并通过精心设计，流程制定，整合各种资源，持之以恒主动作为，从而达到既定目标内在品质要求的能力。落实力各项构成要素虽然都对其产生不同程度的影响或制约，但相同的目标和资源，由不同的主体去实施，落实结果是不同的。所以，事实上只有落实主体是落实力的唯一动力源，其他因素都可以通过落实主体的转化生成落实力。本书所指的基层领导干部特指乡镇、街道担任领导职务的党政干部。他们具有数量相对较多、职级跨度较大和任务重压力大等特点。

第二部分：基层领导干部落实力建设现状实证分析。本书选择了东部某省的 X 市、Q 市、J 市、B 市、L 市 5 个市的基层领导干部共发放 650 份调查问卷，收回有效问卷 642 份。就当前基层干部落实力建设的落实主体方面、落实方法方面、落实资源方面和落实质效方面的现状进行了问卷调查。通过对收回的问卷进行数据处理分析，发现基层领导干部对当前落实力建设方面的评价总体满意度是高的。其中，评价为非常高和比较高的指标按百分比从高到低依次为：落实态度坚决度为98.2%，实施方案科学度为92.4%，落实政策的韧性为92.2%，按时高效落实度为90.6%，落实质量达标度为89.2%，目标受众配合度为88.4%，落实主体的业务能力为87.2%，听取政策目标受众意见为86.0%，内部部门协同配合度为83.6%，落实结果社会效益度为82.6%，适用信息及时全面获取为80.0%，政策实施经费投入度为67.0%。基层领导干部对现行的有关基层干部落实力考核的总体评价中：评价为非常好的人数所占比例为31.8%，评价为比较好的人数所占比例为56.1%，评价为非常好和比较好的人数所占比例之和为87.9%。还有10.3%的人数评价为一般，0.9%的人数评价为较低，0.9%的人数评价为非常低。

第三部分：基层领导干部落实力考评体系建立的依据。想要对基层领导干部落实力进行系统、全面的评价，就必须对它的生长机制、能量来源、影响因素等方面进行透彻、深入的分析，并从中归纳出基层领导干部落实力的科学衡量指标。建立现代化基层领导干部落实力考评指标体系还必须要做到有的放矢。尽管当前基层干部落实力建设方面总体是好的，但是也存在一些不同程度需要提升之处。作者选取 X 市、Q 市、J 市、B 市、L 市的基层领导干部各 20 人，共对 100 名基层领导干部分别进行了深度访谈。通过对相关数据处理分析，得出目前基层干部落实上级政策任务时，存在的一些比较突出的问题、问题的主要成因及进行提升的主要路径。这其中集中排在前十位突出的问题分别是：存在本位主义思想，政绩观有偏差（41.0%）、能力本领不强（35.0%）、只求平安无事，回避真抓实干（32.0%）、落实的方式方法有偏差（29.0%）、难以准确理解把握上级的决策部署意图（20.0%）、不能一张蓝图绘到底（18.0%）、有些政策部署不够科学，不太切实际难以落实（16.0%）、将开会表决心等同于落实、以文件落实文件等形式主义问题（16.0%）、公仆意识欠缺、奉献精神不足（15.0%）、存在对落实政策目标的结果缺少督察检查问题（13.0%）。

受访者认为存在问题的主要成因，排在前十位的因素分别是：学习不深入、自身能力不足、素质不高（56.0%），缺乏主动进取的意识和斗争精神（30.0%），宗旨意识不牢、私心杂念作祟（30.0%），责任担当意识不强（28.0%），僵化的思维惯性、对新生事物接受慢（23.0%），理想信念不坚定、理论武装不够（23.0%），对上级政策理解不深不透导致落实偏差（22.0%），落实过程中责任不清、分工不明确（20.0%），沟通和协调不到位（20.0%）和没能做到一切从实际出发、实事求是（15.0%）。

受访的基层领导干部提出提升落实力的路径中排在前十位的建议是：增强责任意识和斗争精神（55.0%），抓好业务培训学习、增强自身的能力本领（51.0%），加强理论学习、坚定理想信念（45.0%），形成踏石留印、抓铁有痕的良好工作风气和马上就办的工作习惯（41.0%），制定明确的工作目标、计划、方案和流程，任务到人，并加强过程管理（40.0%），加强检查督查，确保落实考核工作的有效性和公正性（34.0%），增强钉钉子精神和落实的韧性，做到持之以恒，久久为功（33.0%），牢固树立全心全意为人民服务的意识，坚守"以人民为中心"的发展思想和正确政绩观（29.0%），结合实际创新性开展工作，处理好落实政策与勇于创新的关系（29.0%）和要真正深入基层一线开展调查研究（28.0%）。

第四部分：基于基层领导干部考核实践的审视。当前，许多地方市、县将把对基层部门与干部进行绩效考核作为推动任务落实的重要手段，并且制定了多种各具特点的考核评价体系。其中"千分制"考核指标体系在许多地方比较常见。作者选取2023年度东部某省Z街道高质量发展综合绩效考核指标为例做一审视，具体剖析当前一些地方现行的关于基层干部考核体系中指标设置的实际情况。该街道的绩效考核指标分六大类，共1000分。一级指标19项，二级指标62项，三级指标94项，四级指标310项，其中四级指标又分设数量不等的小指标。

受访基层领导干部认为当前的考评指标体系优势主要表现在：指标的涵盖范围比较全面、指标设定非常精细、指标赋分非常具体。不足之处主要在于：评价体系可操作性不够强，科学性和准确性都得不到很好验证、评价方法和技术有待优化、考核评价结果运用不充分、指标体系结构维度设计不太合理、评价主体过于单一等，以上不足之处，既是考评工作中需要规避和注意的问题，也是本研究的创新生长点。

第五部分：基层领导干部落实力考评指标体系的构建。作者根据力学原理中的力有大小、方向、作用点三要素基础理论，结合前几章调研统计数据反映出的当前基层领导干部落实力建设和相关考核评价的实然状态，构建出一套科学、客观、简捷地测评基层干部落实力的指标体系，并详细设定了评价标准和各指标的权重。该考评指标体系共设100分，分为4个一级指标，分别是：落实取向度（25分）、落实态度（20分）、落实力度（20分）、落实效度（35分）。一级指标之下共设23个二级指标。其中，落实取向度共包括6项二级指标：以人民为中心树立正确的政绩观（6分）、不搞官僚主义，不滥用权力，不贪赃枉法（5分）、不搞形式主义，不弄虚作假，坚持实事求是（5分）、落实科学化程度（3分）、落实法治化程度（3分）、落实民主化程度（3分）。落实态度共包括4项二级指标：对政策拥护程度（5分）、落实的坚决程度（5分）、落实的认真程度（5分）、对政策目标受众热情度（5分）。落实力度共包括8项二级指标：政策领会能力（3分）、统筹谋划能力（3分）、组织整合能力（3分）、抓关键环节能力（3分）、因地制宜能力（2分）、沟通协调能力（2分）、团结协作能力（2分）、身先示范能力（2分）。落实效度共包括5项二级指标：政策受众满意度（12分）、问题的解决率（8分）、落实任务完成率（5分）、任务结果吻合度（5分）、落实成本费用比例（5分）。本书采用内容效度比（Content validity ratio CVR）并借助专家的判断检测该考评体系的效度，通过重测信度的方式来检测该指标体系的信度，结果证明这一基层领导干部落实力考评体系符合效度和信度的要求。

本书突破了以往关于基层干部落实力方面考核评价的局限，进一步拓展了基层领导干部落实力考核评价的方法和思路，为深化基层领导干部落实力现代化建设的培育、考核、激励、监督等应用也进行了有益探索。

目　录

第一章　基层领导干部落实力考评体系的概念阐析 …… (3)
　　第一节　落实力的内涵 ……………………………………… (3)
　　第二节　基层领导干部在本书中的界定 …………………… (6)

第二章　基层领导干部落实力建设现状实证分析 ………… (10)
　　第一节　落实主体方面 …………………………………… (12)
　　第二节　落实方法方面 …………………………………… (21)
　　第三节　落实资源方面 …………………………………… (31)
　　第四节　落实质效方面 …………………………………… (41)

第三章　基层领导干部落实力现代化考评体系建立的依据 … (52)
　　第一节　基层领导干部落实力建设方面存在的困境分析 … (53)
　　第二节　基层领导干部落实力建设困境的生成机制分析 … (58)
　　第三节　基层领导干部落实力建设优化路径分析 ………… (63)

第四章　基于东部某省 Z 街道基层领导干部考评实践的审视 … (73)
　　第一节　东部某省 Z 街道基层领导干部落实高质量发展
　　　　　　考评实例 ………………………………………… (73)

第二节　基层领导干部工作落实考评实践的积极成效 ……… （167）
第三节　基层领导干部工作落实考核实践的局限 …………… （173）

第五章　基层领导干部落实力现代化考评指标体系的构建 …… （186）
第一节　基层领导干部落实力现代化考评指标体系框架 …… （186）
第二节　各项指标的考评标准解析 …………………………… （187）
第三节　评价指标的权重及信度、效度检验 ………………… （215）

第六章　结论 ………………………………………………… （229）

参考文献 ……………………………………………………… （239）

附录　基层领导干部的落实力考评体系研究问卷调查表 ……… （246）

后　记 ………………………………………………………… （252）

一分部署，九分落实。党的二十大报告中强调，"牢记空谈误国、实干兴邦。"没有落实，再好的政策都只是一纸空谈，再美的蓝图都将是海市蜃楼。基层是政策落实落地的"最后一公里"，能不能提高落实力、会不会提高落实力，是检验基层干部工作态度、担当和能力的"试金石"。面对新时代的新任务，基层干部要增强对"不抓落实就是失职，抓不好落实就是不称职"的认识，以"工作不落实绝不松手、问题不解决绝不放过"的拼劲和韧劲，不断加深并提升落实力的思想认识，增强提升落实力的能力和水平。同时也必须构建现代、高效的基层干部落实力评价体系，以衡量基层干部落实力水平的高低，分析基层干部落实力建设存在的短板，进而有针对性地提升基层干部落实力的水平。

第一章
基层领导干部落实力考评体系的
概念阐析

研究基层领导干部落实力现代化考评问题，首先需要做一个正本清源的工作，即从理论上对基层领导干部落实力的相关概念做一个概括性的详细界定。作者在日常工作中发现，一些领导干部在工作中会经常遇到许多耳熟能详的词汇和概念，他们往往也会照本宣科或人云亦云地天天重复使用着这些概念，但是对于这些概念的内涵和外延到底是什么，却不甚了了。我们常说，理论是实践的先导，理论清醒，才能行动正确。本章主要从落实力、基层领导干部等几个关键概念着手，搞清楚概念范畴的本来含义，梳理出基层领导干部落实力的内涵和外延。

第一节 落实力的内涵

落实力概念的界定是研究基层领导干部落实力现代化考评的逻辑起点。若不能明确界定落实力，就无法有效地对其进行考核评价。"落实力"是在中国特定背景和语境下提出的，此前我们也经常提到

"落实"这个概念,但是提到"落实力"这个概念还是近些年的事情。目前学术界对落实力的研究尚处于初步阶段,新版的《中国大百科全书》和《辞源》也尚没有收录这个概念。相对于"落实力"这个典型的中国式概念,中外学术界的学者们更早熟悉的是"执行力"这个概念,特别是在企业管理领域较为流行。首次在著作中提出"执行力"的是美国学者拉里·博西迪和拉姆·查兰。他们认为执行力"是一套系统化的流程,它包括对方法和目标的严密讨论、质疑、坚持不懈地跟进,以及责任的具体落实。企业将其所具有的资源同运营流程集合起来,将战略计划转化为实际行动并实现战略目标的能力"①。另有美国学者大卫·伯恩和保罗·托马斯提出:"执行力是采取各种措施去努力地实施计划,去达成目标,坚定信念。"② 我国台湾的学者余世维认为,"执行力就是保质保量地完成自己的工作和任务的能力"。③ 内地专家周永亮提出"执行力是企业贯彻落实领导决策及时有效解决问题的能力"④。随着社会发展,执行力逐渐被应用于行政管理等领域并发挥了重要的作用。较早研究政府执行力的学者徐珂认为,政府执行力有广义和狭义之分,广义是指政府为达到既定目标,有效处理日常事务过程中所表现出来的内在的能力和效力;狭义是指政府在执行过程中所表现出来的行动力、操作力和实现力。⑤ 他认为执行力包括执行前的领会力、预测力、计划力;执行中的服从力、组织力、创新力;执行后的评估力、调整力、问责力。学者莫勇

---

① [美]拉里·博西迪、拉姆·查兰:《执行:如何完成任务的学问》,刘祥亚等译,机械工业出版社 2003 年版,第 18 页。
② [美]保罗·托马斯、大卫·伯恩:《执行力》,白山译,中国长安出版社 2003 年版,第 24 页。
③ 余世维:《赢在执行》,中国社会科学出版社 2005 年版,第 8 页。
④ 国富执行力课题组:《本土化执行力模式》,中国发展出版社 2004 年版,第 128 页。
⑤ 徐珂:《政府执行力》,新华出版社 2007 年版,第 48 页。

波认为:"政府执行力是指政府组织(包括各级政府及其组成部门)所存在能够有效执行公共政策、决策、法律法令、规章制度、命令、战略和计划,以及执行政府日常性公共事务和有效完成政府既定目标任务的政府内在力。"[①] 他认为执行力包括执行刚度、执行力度、执行高度、执行速度、执行效度等5个方面,出发点和落脚点主要是实现既定目标和任务。

本书作者认为,落实力之所以不同于执行力主要是以下两个原因。一是中外学者对执行力定义更多地认为它是一种能力。而落实力作为力的范畴是一种矢量,不仅仅有能力大小的问题还有方向的问题,遵循正确的方向是落实力内在的优先规定性。否则,就会造成落实工作为达到目标不择手段的结果。二是中外学者对执行力定义更多认为它的落脚点是完成既定目标和任务。而落实力强调的是不仅要完成既定目标和任务本身,还要在完成任务的过程中要采取正向的方法和取得真实有效的预期结果。否则,落实过程中就会出现各种各样的形式主义,出现口号式落实、表态式落实、包装式落实等问题。

因此,落实力是落实主体在道德法律的范围之内准确理解政策的目标及方向,并通过精心设计,流程制定,整合各种资源,持之以恒主动作为,按时、按质、按量将计划和目标转化为正确行动和真实效果的输出矢量和效能。落实力不是某些力的简单相加,而是人员、制度、物资、信息等要素相互作用和经过一定的机制配置后,在一定的条件和环境中所形成的合力。落实力作为力的一种,也遵循力学基本定理,有大小、方向、作用点三大要素,这些要素均影响着落实力的作用效果。力的大小通常是对物体施加强度的量度;力是矢量,因此

[①] 莫勇波:《政府执行力:理论思路与现实路径研究》,经济科学出版社2013年版,第46页。

具有方向性，力的方向描述了事物受到作用力的指向；力是通过作用在事物的某一点上来产生效果的，这一点被称为力的作用点。落实力的方向即是落实过程中应坚持的正确价值取向。落实力的大小即是落实过程中落实主体的态度倾向和落实能力力度的强弱。落实力的作用点即是落实的落脚点，也就是落实应当取得的真实效度。

第二节 基层领导干部在本书中的界定

构成落实力的因素虽然都对其产生不同程度的影响或制约，但相同的目标和资源，由不同的主体去实施，落实结果是不同的。所以事实上只有落实主体是落实力的唯一动力源，其他因素都可以通过落实主体的转化生成落实力。本书中的落实主体定位为基层领导干部。

"干部"一词来自日语，本义是"骨干部分"即"骨骼"，引申为在国家机关、军队和团体中起骨干作用的人员。20世纪初，"干部"一词被引进中国。1922年7月，中国共产党第二次全国代表大会制定的党章中，首次使用了"干部"这一词汇。从此以后，在党和国家机关、军队、人民团体和企事业单位中担任一定公职的人员都称之为"干部"。中国共产党第二十次全国代表大会通过的新修改党章中第三十五条明确规定："党的干部是党的事业的骨干，是人民的公仆，要做到忠诚干净担当。"

基层领导干部："基层"一词可以溯源到古代军队组织中的战术编制。当时，军队分为上、中、下3个层级，上层官员负责制定战略，中层负责将战略转化为具体的行动，而下层即基层，负责具体实施。后来，"基层"这一词汇逐渐扩展到其他领域成为使用率较高的词汇。目前对"基层干部"一词尚没有权威的文本给出统一的定义，广义上指在基层组织工作的人员。本书的基层领导干部，参考了《辞海》对"基层政权"的定义，基层政权指："在我国，是不设区的市、市辖区、乡、民族乡、镇的人民代表大会和人民政府，以及不设区的市、市辖区的人民法院和人民检察院。"① 本书中所指的基层领导干部特指乡、镇、街道中担任处、科级领导职务的党政干部。

基层领导干部具有自身的特点，具体如下所示。

一是数量相对较多。截至2022年12月31日，中国内地31个省份（自治区、直辖市，不含港澳台）的乡镇级行政区总计有38602个，其中：镇21389个，乡（民族乡）8073个，街道8984个，苏木（民族苏木）154个，区公所2个（见表1-1）。每个乡、镇、街道通常设党委、政府、人大三套领导班子，一个中等规模的乡、镇、街道担任一定领导职务的干部一般为15—18名，大乡镇可超过20名。以东部某省县域经济强市TZ市为例，截至2024年6月底，TZ市政府官方门户网站显示该市下辖21个街、镇，有些较大的街、镇，如BX街道有30名担任领导职务的基层干部，XG镇、JH街道各有24名担任领导职务的基层干部。全国总体乡、镇、街道等领导干部算下来数量非常多。

二是职级跨度较大。普通的县（市、区）下辖的乡、镇和街道，其党、政、人大正职的行政级别是正科，副职的行政级别是副科，与普通县（市、区）党委、政府、人大、政协四套班子各工作部门的正副职行政级别相当。但副省级及以上城市的市辖区下辖的街道党政"一把手"和市辖区的各个局、委的正职干部级别都是正处级。随着职务和职级并行政策的实施，许多重要性比较突出的纳税、产业、农

---

① 辞海编辑委员会编纂：《辞海（第七版）》，上海世纪出版（集团）有限公司上海辞书出版社2022年版，第1931页。

业、工业等大的乡、镇和街道的正职，及县、市、区比较重要部门的正职干部都出现了高配的情况。一些基层领导干部虽然在科级岗位上工作，但职级是四级或三级调研员的副处级别。这样，基层的领导干部就出现正处、副处、正科和副科等多种行政级别并存的局面。

  三是任务重压力大。20世纪90年代以来，随着市场经济体制改革的深入，原有社会治理的重心"单位制"逐渐解体，街道、乡、镇等基层单元填补了单位制退出后留下的基层治理的空白。治理重心也逐渐由单位重心转向基层重心。基层工作直接与群众的切身利益相关，直接承载着以良好的治理效能来满足人民对美好生活向往的历史重任，稍有不慎就可能引发连锁反应。"上面千条线，下面一根针"，基层干部工作范围广、涉及面宽，需要承担繁重的工作任务。在日常工作中，他们除了需要处理大量的文件、报表、数据等资料，还要应对各种突发情况，而且这些任务往往时间紧迫、要求严格。除了应对繁忙的工作任务外，他们还要应对各种考核甚至一些地方还存在随意问责的情况，工作压力较大。对基层领导干部来说，这既需要高度的责任感和使命感，又需要严谨的工作态度和能够处理各种复杂事务的综合能力。

表1-1　中国内地各省（自治区、直辖市，不含港澳台）乡镇级行政区划数量

	镇	乡（民族乡）	街道	苏木、区公所	合计
北京市	143	35	165	—	343
天津市	125	3	124	—	252
河北省	1325	618	310	1区公所	2254
山西省	631	430	217	—	1278

第一章 基层领导干部落实力考评体系的概念阐析

续表

	镇	乡（民族乡）	街道	苏木、区公所	合计
内蒙古自治区	509	116	246	154	1025
辽宁省	640	201	513	—	1354
吉林省	426	181	354	—	961
黑龙江省	574	334	407	—	1315
上海市	106	2	107	—	215
江苏省	701	17	519	—	1237
浙江省	618	258	488	—	1364
安徽省	1011	224	287	—	1522
福建省	653	252	203	—	1108
江西省	832	560	186	—	1578
山东省	1072	57	696	—	1825
河南省	1180	586	692	—	2458
湖北省	761	161	335	—	1257
湖南省	1134	388	422	—	1944
广东省	1112	11	489	—	1612
广西壮族自治区	806	312	135	—	1253
海南省	175	21	22	—	218
重庆市	625	161	245	—	1031
四川省	2016	626	459	—	3101
贵州省	831	314	364	—	1509
云南省	666	537	221	—	1424
西藏自治区	142	534	23	—	699
陕西省	973	17	326	—	1316
甘肃省	892	337	127	—	1356
青海省	140	222	42	—	404
宁夏回族自治区	103	90	50	—	243
新疆维吾尔自治区	467	468	210	1 区公所	1146
各省总计	21389	8073	8984	156	38602

资料来源：中华人民共和国民政部网站，http://xzqh.mca.gov.cn/statistics/2022.html。

第二章
基层领导干部落实力建设现状实证分析

作者通过在东部某省 X 市、Q 市、J 市、B 市、L 市的基层领导干部中发放调研问卷及单独座谈的形式，共发放调研问卷 650 份，收回有效问卷 642 份。另外，座谈了副科至正处级别的基层领导干部 100 人，对基层领导干部落实力有了更加全面、深入、细致的了解。通过对相关数据分析，可以看出当前基层领导干部落实力建设情况总体较好。问卷统计结果显示：基层领导干部对现行的基层干部落实力方面相关考核的总体评价中，评价为非常好的人数所占比例为 31.8%，评价为比较好的人数所占比例为 56.1%，评价为非常好和比较好两者的人数所占比例之和为 87.9%。还有 10.3% 的人评价为一般，0.9% 的人评价为较低，0.9% 的人评价为非常低。

问卷各项指标中对落实态度坚决度、落实政策的韧性等指标评价为非常高的干部人数都超过总人数的 50.0%。但也存在着对一些指标的问卷反馈结果尽管总体不错，不过尚具有一定的可以提升空间之处，如：在政策实施经费投入度方面，有 67.0% 的基层领导干部评价为非常充足和比较充足，但还有 21.8% 的干部评价为一般，8.4%

的干部评价为较低，2.8%的干部认为非常低。在适用信息及时全面获取方面，有80.0%的基层领导干部评价为非常充足和比较充足，但还有18.6%的干部评价为一般，1.4%的干部评价为比较不充足。在内部部门协同配合度方面，有83.6%的基层领导干部评价为非常高和比较高，但仍有15.8%的干部评价为一般，0.6%的干部评价为较低。关于落实结果社会效益度方面，有82.6%的基层领导干部评价为非常高和比较高，但仍有15.0%的干部评价为一般，2.4%的干部认为比较低；在听取政策目标受众意见方面，有86.0%的基层领导干部评价为非常高和比较高，仍有12.2%的干部评价为一般，1.8%的干部认为较低。在落实人员的业务能力方面，有87.2%的基层领导干部评价为非常高和比较高，还有12.2%的干部评价为一般，0.6%的干部认为较低等。（见表2-1）。

表2-1　**基层领导干部落实力建设现状评价**

	非常高（%）	比较高（%）	一般（%）	比较低（%）	非常低（%）
对基层领导干部落实力考核方面的总体评价	31.8	56.1	10.3	0.9	0.9
落实态度坚决度	77.6	19.6	2.8	—	—
工作人员的业务能力	28.4	58.8	12.2	0.6	—
落实政策的韧性	50.6	41.6	7.0	0.2	0.6
内部部门协同配合度	35.0	48.6	15.8	0.6	—
实施方案科学度	36.8	55.6	7.6	—	—
听取政策目标受众意见	43.4	42.6	12.2	1.8	—
政策实施经费投入度	21.2	45.8	21.8	8.4	2.8
适用信息及时全面获取	37.2	42.8	18.6	1.4	—
政策目标受众配合度	39.0	49.4	9.8	1.2	0.6

续表

	非常高（%）	比较高（%）	一般（%）	比较低（%）	非常低（%）
落实结果社会效益度	33.6	49.0	15.0	2.4	—
按时高效落实度	44.2	46.4	8.0	1.4	—
落实质量达标度	35.0	54.2	8.8	2.0	—

资料来源：作者根据调查问卷整理。

第一节 落实主体方面

落实力的强弱首先取决于落实主体自身的素质。马克思主义认为内因是决定事物变化发展的第一位的原因，它是事物变化发展的根本动力。内因决定着事物的性质和发展方向，外因是通过内因而起作用。一名领导干部能否出色履行职责、高效完成任务，离不开其自身的态度、能力和作风。相同的目标和资源，由不同的落实主体去实施，落实结果是不同的，所以事实上只有落实主体是落实力的唯一动力源。现实工作中有的基层干部落实力不强，首先是自身的态度、能力和作风上出现了问题。有的干部"小事不愿做、大事做不来"；有的干部业务不熟悉、能力不足、本领恐慌；有的干部是"语言的巨人，行动的矮子"，习惯坐而论道，建"空中楼阁"；还有的干部成为"利益的奴隶"，瞻前顾后，患得患失，被形形色色的诱惑"捆住"了手脚，不能把落实的工作持之以恒地抓到底，从而造成了落实工作难出实效，贻误事业。

一 落实上级政策的态度方面

通过对问卷调研数据分析后发现：有77.6%的基层领导干部认为

本单位在落实上级政策时态度非常坚决，有19.6%的基层领导干部认为态度比较坚决，有2.8%的人员认为本单位在落实上级政策时的态度一般。其中女性基层领导干部中，有73.3%的人员认为本单位在落实上级政策时的态度非常坚决，有25.3%的女性基层领导干部认为态度比较坚决，有1.4%的女性基层领导干部认为态度一般。男性基层领导干部中，有79.9%的人员认为本单位在落实上级政策时的态度非常坚决，另有18.0%的男性基层领导干部认为态度比较坚决，有2.1%的男性基层领导干部认为态度一般。

35岁及以下的副科级基层领导干部中，有71.4%的人员认为本单位在落实上级政策时的态度非常坚决，有25.0%的人员认为本单位落实上级政策时态度比较坚决，有3.6%的人员认为本单位在落实上级政策时的态度一般。36—45岁的副科级干部中，有84.3%的人员认为本单位在落实上级政策时的态度非常坚决，有12.5%的人员认为态度比较坚决，3.2%的人员认为本单位在落实上级政策时的态度一般；46—55岁的副科级基层领导干部中，100.0%的人认为本单位在落实上级政策时的态度非常坚决。

35岁及以下的正科级基层领导干部中，有73.6%的人员认为本单位在落实上级政策时的态度非常坚决，有26.4%的人员认为态度比较坚决；36—45岁的正科级基层领导干部中，有73.2%的人员认为本单位在落实上级政策时的态度非常坚决，有23.4%的人员认为态度比较坚决，另有3.4%的人员认为态度一般。46—55岁的正科级基层领导干部中，有50.0%的人认为本单位在落实上级政策时的态度非常坚决，有37.6%的人员认为态度比较坚决，还有12.4%的人员认为态度一般。

36—45岁的副处级基层领导干部中，有81.4%的人员认为态度非常坚决，有18.6%的人员认为态度比较坚决。46—55岁的副处级基层领导干部中，有75.0%的人员认为本单位在落实上级政策时的态度非常坚决，另有25.0%的人员认为态度比较坚决。

36—45岁的正处级基层领导干部中，有77.8%的人员认为本单位在落实上级政策时的态度非常坚决，有22.2%的人员认为态度比较坚决。46—55岁的正处级基层领导干部中，有71.4%的人员认为本单位在落实上级政策时的态度非常坚决，另有28.6%的人员认为态度比较坚决。（见表2-2）。

表2-2 基层领导干部落实上级政策态度方面问卷分析

	非常坚决（%）	比较坚决（%）	一般（%）	比较不坚决（%）	非常不坚决（%）
35岁及以下副科级	71.4	25.0	3.6	—	—
36—45岁副科级	84.3	12.5	3.2	—	—
46—55岁副科级	100.0			—	—
35岁及以下正科级	73.6	26.4		—	—
36—45岁正科级	73.2	23.4	3.4	—	—
46—55岁正科级	50.0	37.6	12.4	—	—
36—45岁副处级	81.4	18.6		—	—
46—55岁副处级	75.0	25.0		—	—
36—45岁正处级	77.8	22.2		—	—
46—55岁正处级	71.4	28.6		—	—

资料来源：作者根据调查问卷整理。

二 落实政策任务的业务能力方面

通过对问卷调研数据分析后发现：有28.4%的基层领导干部认为本单位工作人员在落实上级政策任务方面的业务能力非常高，有

58.8%的基层领导干部认为本单位工作人员在落实上级政策任务方面的业务能力比较高，有12.2%的基层领导干部认为本单位工作人员在落实上级政策任务方面的业务能力一般，另有0.6%的基层领导干部认为本单位工作人员在落实上级政策任务方面的业务能力比较低。其中女性基层领导干部中，有28.0%的人员认为本单位工作人员在落实上级政策任务方面的业务能力非常高，有58.6%的基层领导干部认为本单位工作人员在落实上级政策任务方面的业务能力比较高，另有13.4%的基层领导干部认为本单位工作人员在落实上级政策任务方面的业务能力一般。男性基层领导干部中，有28.8%的人员认为本单位工作人员在落实上级政策任务方面的业务能力非常高，有59.0%的基层领导干部认为本单位工作人员在落实上级政策任务方面的业务能力比较高，有11.4%的基层领导干部认为本单位工作人员在落实上级政策任务方面的业务能力一般，另有0.8%的基层领导干部认为本单位工作人员在落实上级政策任务方面的业务能力比较低。

35岁及以下的副科级基层领导干部中，有32.2%的人员认为本单位工作人员在落实上级政策任务方面的业务能力非常高，有57.1%的领导干部认为本单位工作人员在落实上级政策任务方面的业务能力比较高，有10.7%的基层干部认为本单位工作人员在落实上级政策任务方面的业务能力一般。36—45岁的副科级基层领导干部中，有18.8%的人员认为本单位工作人员在落实上级政策任务方面的业务能力非常高，有65.6%的基层干部认为本单位工作人员在落实上级政策任务方面的业务能力比较高，另有15.6%的基层干部认为本单位工作人员在落实上级政策任务方面的业务能力一般。46—55岁的副科级基层干部中，有44.4%的人员认为本单位工作人员在落实上级政策任务方面的业务能力非常高，有44.4%的基层干部认为本单位工作人员在落实上级政策任务方面的业务能力比较高，另有11.2%的基层干部认为本单位工作人员在落实上级政策任务方面的业务能力一般。

35岁及以下的正科级基层干部中，有31.6%的人员认为本单位工作人员在落实上级政策任务方面的业务能力非常高；还有52.6%的基层干部认为本单位工作人员在落实上级政策任务方面的业务能力比较高，另有15.8%的基层干部认为本单位工作人员在落实上级政策任务方面的业务能力一般。36—45岁的正科级基层干部中，有20.0%的人员认为本单位工作人员在落实上级政策任务方面的业务能力非常高，有70.0%的基层干部认为本单位工作人员在落实上级政策任务方面的业务能力比较高，有6.6%的基层干部认为本单位工作人员在落实上级政策任务方面的业务能力一般，另有3.4%的基层干部认为本单位工作人员在落实上级政策任务方面的业务能力比较低。46—55岁的正科级基层干部中，有12.4%的人员认为本单位工作人员在落实上级政策任务方面的业务能力非常高，有75.0%的基层干部认为本单位工作人员在落实上级政策任务方面的业务能力比较高，有12.6%的基层干部认为本单位工作人员在落实上级政策任务方面的业务能力一般。

36—45岁的副处级基层干部中，有33.8%的人员认为本单位工作人员在落实上级政策任务方面的业务能力非常高，有54.2%的基层干部认为本单位工作人员在落实上级政策任务方面的业务能力比较高，另有12.0%的基层干部认为本单位工作人员在落实上级政策任务方面的业务能力一般；46—55岁的副处级基层干部中，有24.2%的人员认为本单位工作人员在落实上级政策任务方面的业务能力非常高，有23.4%的基层干部认为本单位工作人员在落实上级政策任务方面的业务能力比较高，另有52.4%的基层干部认为本单位工作人员在落实上级政策任务方面的业务能力一般。

36—45岁的正处级干部中，有27.8%的人员认为本单位工作人员在落实上级政策任务方面的业务能力非常高，有65.6%的基层干部认为本单位工作人员在落实上级政策任务方面的业务能力比较高，另有6.6%的基层干部认为本单位工作人员在落实上级政策任务方面的业务能力一般；46—55岁的正处级基层干部中，有41.6%的人员认为本单位工作人员落实上级政策任务方面的业务能力非常高，有42.2%的基层干部认为本单位工作人员在落实上级政策任务方面的业务能力比较高，另有16.2%的基层干部认为本单位工作人员在落实上级政策任务方面的业务能力一般。（见表2－3）。

表2－3　　基层领导干部落实政策任务能力方面问卷分析

	非常高（%）	比较高（%）	一般（%）	比较低（%）	非常低（%）
35岁及以下副科级	32.2	57.1	10.7	—	—
36—45岁副科级	18.8	65.6	15.6	—	—
46—55岁副科级	44.4	44.4	11.2	—	—
35岁及以下正科级	31.6	52.6	15.8	—	—
36—45岁正科级	20.0	70.0	6.6	3.4	—
46—55岁正科级	12.4	75.0	12.6	—	—
36—45岁副处级	33.8	54.2	12.0	—	—
46—55岁副处级	24.2	23.4	52.4	—	—
36—45岁正处级	27.8	65.6	6.6	—	—
46—55岁正处级	41.6	42.2	16.2	—	—

资料来源：作者根据调查问卷整理。

三 落实政策的韧性方面

通过对问卷调研数据分析后发现：有50.6%的基层领导干部非常认同本单位在上年落实上级政策时做到了克服种种困难、坚持到底，有41.6%的基层领导干部比较认同本单位在上年落实上级政策时做到了克服种种困难、坚持到底，有7.0%的基层领导干部认为本单位在上年落实上级政策时克服种种困难、坚持到底的表现一般，有0.2%的人员不太认同本单位在上年落实上级政策时做到了克服种种困难、坚持到底，另有0.6%的人员非常不认同本单位在上年落实上级政策时做到了克服种种困难、坚持到底。其中女性基层领导干部中，有44.0%的人员非常认同本单位在上年落实上级政策时做到了克服种种困难、坚持到底，有49.2%的女性基层领导干部比较认同本单位在上年落实上级政策时做到了克服种种困难、坚持到底，有5.4%的女性干部认为本单位在上年落实上级政策时克服种种困难、坚持到底的表现一般，有1.4%的女性干部非常不认同本单位在上年落实上级政策时做到了克服种种困难、坚持到底。男性基层领导干部中，有54.0%的人员非常认同本单位在上年落实上级政策时做到了克服种种困难、坚持到底，另有38.2%的男性基层领导干部比较认同本单位在上年落实上级政策时做到了克服种种困难、坚持到底；还有7.8%的基层领导干部认为本单位在上年落实上级政策时克服种种困难、坚持到底的表现一般。

35岁及以下的副科级基层干部中，有46.4%的人员非常认同本单位在上年落实上级政策时做到了克服种种困难、坚持到底，另有53.6%的人员比较认同本单位在上年落实上级政策时做到了克服种种困难、坚持到底；36—45岁的副科级基层干部中，有43.8%的人员非常认同本单位在上年落实上级政策时做到了克服种种困难、坚持到底，有33.6%的人员比较认同本单位在上年落实上级政策时做到了克服种种困难、坚持到底，有15.6%的基层干部认为本单位在上年落实上级政策时克服种种困难、坚持到底的表现一般，另有3.8%的人员比较不认同本单位在上年落实上级政策时做到了克服种种困难、坚持到底，有3.2%的人员非常不认同本单位在上年落实上级政策时做到了克服种种困难、坚持到底。46—55岁的副科级基层干部中，有77.8%的人员非常认同本单位在上年落实上级政策时做到了克服种种困难、坚持到底，另有22.2%的人员比较认同本单位在上年落实上级政策时做到了克服种种困难、坚持到底。

35岁及以下的正科级基层干部中，有52.4%的人员非常认同本单位在上年落实上级政策时做到了克服种种困难、坚持到底；有42.2%的基层干部比较认同本单位在上年落实上级政策时做到了克服种种困难、坚持到底，有5.4%的人员认为本单位在上年落实上级政策时克服种种困难、坚持到底的表现一般。36—45岁的正科级基层干部中，有26.6%的人员非常认同本单位在上年落实上级政策时做到了克服种种困难、坚持到底，有66.8%的基层干部比较认同本单位在上年落实上级政策时做到了克服种种困难、坚持到底，有6.6%的人员认为本单位在上年落实上级政策时克服种种困难、坚持到底的表现一般。46—55岁的正科级基层干部中，有25.0%的人员非常认同本单位在上年落实上级政策时做到了克服种种困难、坚持到底，有62.4%的人员比较认同本单位在上年落实上级政策时做到了克服种种困难、坚持到底，有12.6%的人员认为本单位在上年落实上级政策时克服种种困难、坚持到底的表现一般。

36—45岁的副处级基层干部中，有64.4%的人员非常认同本单位在上年落实上级政策时做到了克服种种困难、坚持到底，有30.4%的人员比较认同本单位在上年落实上级政策时做到了克服种种困难、坚持到底，另有5.2%的人员认为本单位在上年落实上级政策时克服种种困难、坚持到底的表现一般。46—55岁的副处级基层干部中，有25.0%的人员非常认同本单位在上年落实上级政策时做到了克服种种困难、坚持到底，另有25.0%的人员比较认同本单位在上年落实上级政策时做到了克服种种困难、坚持到底，有50.0%的人员认为本单位在上年落实上级政策时克服种种困难、坚持到底的表现一般。

36—45岁的正处级干部中，有55.6%的人员非常认同本单位在上年落实上级政策时做到了克服种种困难、坚持到底，有38.8%的人员比较认同本单位在上年落实上级政策时做到了克服种种困难、坚持到底，有5.6%的人员认为本单位在上年落实上级政策时克服种种困难、坚持到底的表现一般。46—55岁的正处级基层干部中，有57.2%的人员非常认同本单位在上年落实上级政策时做到了克服种种困难、坚持到底，有42.8%的人员比较认同本单位在上年落实上级政策时做到了克服种种困难、坚持到底。（见表2-4）。

表2-4　　基层领导干部落实韧性方面问卷分析

	非常认同（%）	比较认同（%）	一般（%）	比较不认同（%）	非常不认同（%）
35岁及以下副科级	46.4	53.6	—	—	—
36—45岁副科级	43.8	33.6	15.6	3.8	3.2
46—55岁副科级	77.8	22.2	—	—	—
35岁及以下正科级	52.4	42.2	5.4	—	—
36—45岁正科级	26.6	66.8	6.6	—	—

续表

	非常认同（%）	比较认同（%）	一般（%）	比较不认同（%）	非常不认同（%）
46—55 岁正科级	25.0	62.4	12.6	—	—
36—45 岁副处级	64.4	30.4	5.2	—	—
46—55 岁副处级	25.0	25.0	50.0	—	—
36—45 岁正处级	55.6	38.8	5.6	—	—
46—55 岁正处级	57.2	42.8	—	—	—

资料来源：作者根据调查问卷整理。

第二节 落实方法方面

抓好落实除了落实主体自身的态度、能力和作风要过硬，还需要有正确的落实方法。如果把落实比作"过河"，那么方式方法就是要解决好"船"和"桥"的问题。我们当前的改革已经进入"攻坚区"和"深水区"，各种矛盾交织，许多旧的深层次矛盾还没有充分化解，新的矛盾和问题又已经叠加，工作中需要解决的许多问题，都是难啃的"硬骨头"。有的干部抓落实积极性很高，个人能力也很强，但是一个人的精力和时间都是有限的，而面对这些纷繁复杂的问题，当然需要基层领导干部具有"明知山有虎，偏向虎山行"的勇气，可是落实工作中如果单单只凭借一腔热血和蛮干是不行的。基层领导干部只凭蛮干去落实，成功概率肯定有，但不会太大，因此还必须要带着头脑去落实工作。抓落实是个系统工作，需要统筹考虑，多动脑筋，必须找到正确的落实方法，只有找对方法才能事半功倍。具体方法因事而异，但通常情况下应包括：科学计划落实的程序方案、做好人员的协同配合，合理取舍主次轻重等。如果方法不对，再好的蓝图也终将难以有效落实。

一 制定具体落实实施方案的科学性方面

通过对问卷调研数据分析后发现：有36.8%的基层领导干部认为本单位在落实上级政策时制定的具体落实实施方案非常科学，有55.6%的基层领导干部认为制定的具体实施方案比较科学，另有7.6%的基层领导干部认为制定的具体实施方案一般。其中女性基层领导干部中，有28.0%认为本单位制定的具体实施方案非常科学，有64.0%的女性基层领导干部认为制定的具体实施方案比较科学，还有8.0%的女性基层干部认为制定的具体实施方案科学性一般；男性基层领导干部中，有41.6%的人员认为本单位在落实上级政策时制定的具体实施方案非常科学，另有51.2%的男性基层领导干部认为制定的具体实施方案比较科学；还有7.2%的男性基层领导干部认为制定的具体实施方案科学性一般。

35岁及以下的副科级基层干部中，有32.2%的人员认为本单位在制定落实上级政策时的具体实施方案非常科学，有60.6%的人员认为本单位在落实上级政策时制定的具体实施方案比较科学，另有7.2%的人员认为方案科学性一般。36—45岁的副科级基层干部中，有31.2%的人员认为本单位在落实上级政策时的具体实施方案非常科学，另有56.2%的人员认为方案比较科学，有12.6%的人员认为方案科学性一般。46—55岁的副科级基层干部中，有55.6%的人员认为本单位在落实上级政策时制定的具体实施方案非常科学，有44.4%的人员认为方案比较科学。

35岁及以下的正科级基层干部中，有42.0%的人员认为本单位在落实上级政策时制定的方案非常科学；有52.6%的人员认为本单位在落实上级政策时的具体实施方案比较科学，另有5.4%的人员认为方案科学性一般。36—45岁的正科级基层干部中,有26.8%的人员认为本单位在落实上级政策时制定的方案非常科学,有63.0%的人员认为本单位在落实上级政策时的具体实施方案比较科学,另有10.2%的人员认为方案科学性一般。46—55岁的正科级基层干部中,有25.0%的人员认为本单位在落实上级政策时制定的方案非常科学,有50.0%的人员认为方案比较科学,另有25.0%的人员对本单位在落实上级政策时方案科学性的评价为一般。

36—45岁的副处级基层干部中,有47.4%的人员认为本单位在落实上级政策时制定的方案非常科学,另有49.2%的人员认为方案比较科学,还有3.4%的人员认为方案科学性一般。46—55岁的副处级基层干部中,有25.0%的人员认为本单位在落实上级政策时的方案非常科学,另有50.0%的人员认为方案比较科学,还有25.0%的人员认为方案科学性一般。

36—45岁的正处级干部中,有33.2%的人员认为本单位在落实上级政策时制定的方案非常科学,有61.2%的人员认为方案比较科学,有5.6%的人员认为方案科学性一般。46—55岁的正处级基层干部中,有28.6%的人员认为本单位在落实上级政策时制定的方案非常科学,另有71.4%的人员认为方案比较科学。(见表2-5)。

表2-5　　　　基层领导干部制定落实上级政策具体
实施方案科学性方面问卷分析

	非常科学（%）	比较科学（%）	一般（%）	比较不科学（%）	非常不科学（%）
35岁及以下副科级	32.2	60.6	7.2	—	—
36—45岁副科级	31.2	56.2	12.6	—	—
46—55岁副科级	55.6	44.4	—	—	—

续表

	非常科学（%）	比较科学（%）	一般（%）	比较不科学（%）	非常不科学（%）
35岁及以下正科级	42.0	52.6	5.4	—	—
36—45岁正科级	26.8	63.0	10.2	—	—
46—55岁正科级	25.0	50.0	25.0	—	—
36—45岁副处级	47.4	49.2	3.4	—	—
46—55岁副处级	25.0	50.0	25.0	—	—
36—45岁正处级	33.2	61.2	5.6	—	—
46—55岁正处级	28.6	71.4	—	—	—

资料来源：作者根据调查问卷整理。

二 制定实施方案时能否征求和听取政策目标受众意见方面

通过对问卷调研数据分析后发现：有43.4%的基层领导干部认为本单位制定落实上级政策实施方案时非常愿意征求和听取政策目标受众意见，有42.6%的基层领导干部认为本单位制定落实上级政策实施方案时比较愿意征求和听取政策目标受众意见，另有12.2%的基层领导干部认为本单位在征求和听取政策目标受众意见时态度一般，有1.8%的基层领导干部认为本单位制定落实上级政策实施方案时较不愿意征求和听取政策目标受众意见。其中女性基层领导干部中，有38.6%的人员认为本单位制定落实上级政策实施方案时非常愿意征求和听取政策目标受众意见，有44.0%的女性基层领导干部认为本单位制定落实上级政策实施方案时比较愿意征求和听取政策目标受众意见，有13.4%的基层女领导干部认为本单位制定落实上级政策实施方案时对征求和听取政策目标受众意见表现一般，还有4.0%的女性基层领导干部认为本单位制定落实上级政策实施方案时较不愿意征求和听取政策目标受众意见。男性基层领导干部中，有46.0%的人员认为本单位制定落实上级政策实施方案时非常愿意征求和听取政策目标受众意见，有41.6%的男性基层领导干部认为本单位制定落实上级政策实施方案时比较愿意征求和听取政策目标受众意见，有11.6%的男性基层领导干部认为本单位制定落实上级政策实施方案时对征求和听取政策目标受众意见表现一般，还有0.8%的男性基层领导干部认为本单位制定落实上级政策实施方案时较不愿意征求和听取政策目标受众意见。

35岁及以下的副科级基层干部中，有39.2%的人员认为本单位制定落实上级政策实施方案时非常愿意征求和听取政策目标受众意见，有42.8%的人员认为本单位制定落实上级政策实施方案时比较愿意征求和听取政策目标受众意见，另有18.0%的基层干部认为本单位制定落实上级政策实施方案时对征求和听取政策目标受众意见表现一般；36—45岁的副科级基层干部中，有40.6%的人员认为本单位制定落实上级政策实施方案时非常愿意征求和听取政策目标受众意见，有43.8%的人员认为本单位制定落实上级政策实施方案时比较愿意征求和听取政策目标受众意见，有6.2%的人员认为本单位制定落实上级政策实施方案时对征求和听取政策目标受众意见表现一般，还有9.4%的基层干部认为本单位制定落实上级政策实施方案时较不愿意征求和听取政策目标受众意见。46—55岁的副科级基层干部中，有55.6%的人员认为本单位制定落实上级政策实施方案时非常愿意征求和听取政策目标受众意见，有44.4%的人员认为本单位制定落实上级政策实施方案时比较愿意征求和听取政策目标受众意见。

35岁及以下的正科级基层干部中，有36.8%的人员认为本单位制定落实上级政策实施方案时非常愿意征求和听取政策目标受众意见，有52.6%的人员认为本单位制定落实上级政策实施方案时比较愿意征求和听取政策目标受众意见，有10.6%的人员认为本单位制定落实上级政策实施方案时对征求和听取政策目标受众意见表现一般；36—45岁的正科级基层干部中，有30.0%的人员认为本单位在制定落实上级政策实施方案时非常愿意征求和听取政策目标受众意见，有53.2%的人员认为本单位制定落实上级政策实施方案时比较愿意征求和听取政策目标受众意见，有13.4%的人员认为本单位制定落实上级政策实施方案时对征求和听取政策目标受众意见表现一般，还有3.4%的基层干部认为本单位制定落实上级政策实施方案时较不愿意征求和听取政策目标受众意见。46—55岁的正科级基层干部中，有50.0%的人员认为本单位制定落实上级政策实施方案时非常愿意征求和听取政策目标受众意见，有37.4%的人员认为本单位制定落实上级政策实施方案时比较愿意征求和听取政策目标受众意见，有12.6%的人员认为本单位制定落实上级政策实施方案时对征求和听取政策目标受众意见表现一般。

36—45岁的副处级基层干部中，有57.6%的人员认为本单位制定落实上级政策实施方案时非常愿意征求和听取政策目标受众意见，有32.2%的人员认为本单位制定落实上级政策实施方案时比较愿意征求和听取政策目标受众意见，还有10.2%的人员认为本单位制定落实上级政策实施方案时对征求和听取政策目标受众意见表现一般。46—55岁的副处级基层干部中，有25.0%的人员认为本单位制定落实上级政策实施方案时非常愿意征求和听取政策目标受众意见，还有75.0%的人员认为本单位制定落实上级政策实施方案时比较愿意征求和听取政策目标受众意见。

36—45岁的正处级干部中，有38.8%的人员认为本单位制定落实上级政策实施方案时非常愿意征求和听取政策目标受众意见，有

50.0%的人员认为本单位制定落实上级政策实施方案时比较愿意征求和听取政策目标受众意见，还有11.2%的人员认为本单位制定落实上级政策实施方案时对征求和听取政策目标受众意见表现一般；46—55岁的正处级基层干部中，有28.6%的人员认为本单位制定落实上级政策实施方案时非常愿意征求和听取政策目标受众意见，有57.0%的人员认为本单位制定落实上级政策实施方案时比较愿意征求和听取政策目标受众意见，还有14.4%的人员认为本单位制定落实上级政策实施方案时对征求和听取政策目标受众意见表现一般。（见表2–6）。

表2–6　　基层领导干部落实政策时征求和听取政策目标受众意见方面问卷分析

	非常愿意（%）	比较愿意（%）	一般（%）	较不愿意（%）	非常不愿意（%）
35岁及以下副科级	39.2	42.8	18.0	—	—
36—45岁副科级	40.6	43.8	6.2	9.4	
46—55岁副科级	55.6	44.4	—		
35岁及以下正科级	36.8	52.6	10.6		
36—45岁正科级	30.0	53.2	13.4	3.4	
46—55岁正科级	50.0	37.4	12.6		
36—45岁副处级	57.6	32.2	10.2		
46—55岁副处级	25.0	75.0	—		
36—45岁正处级	38.8	50.0	11.2		
46—55岁正处级	28.6	57.0	14.4		

资料来源：作者根据调查问卷整理。

三　本单位各部门能否做到互相协调、协同作战方面

通过对问卷调研数据分析后发现：有35.0%的基层领导干部认为

本单位各部门在落实上级政策时非常愿意互相协调、协同作战，有48.6%的基层领导干部认为本单位各部门在落实上级政策时比较愿意互相协调、协同作战，有15.8%的基层领导干部认为本单位各部门在落实上级政策时互相协调、协同作战的态度一般，另有0.6%的人员认为本单位各部门在落实上级政策时非常不愿意互相协调、协同作战。其中女性基层领导干部中，有34.6%的人员认为本单位各部门在落实上级政策时非常愿意互相协调、协同作战，有50.6%的女性基层领导干部认为本单位各部门在落实上级政策时比较愿意互相协调、协同作战，还有13.2%的女性干部认为本单位各部门在落实上级政策时互相协调、协同作战的态度一般，另有1.6%的人员认为本单位各部门在落实上级政策时非常不愿意互相协调、协同作战；男性基层领导干部中，有35.2%的人员认为本单位各部门在落实上级政策时非常愿意互相协调、协同作战，有47.4%的男性基层领导干部认为本单位各部门在落实上级政策时比较愿意互相协调、协同作战；还有17.4%的男性干部认为本单位各部门在落实上级政策时互相协调、协同作战的态度一般。

35岁及以下的副科级基层干部中，有39.2%的人认为本单位各部门在落实上级政策时非常愿意互相协调、协同作战，有50.0%的人认为本单位各部门在落实上级政策时比较愿意互相协调、协同作战，有10.8%的干部认为本单位各部门在落实上级政策时互相协调、协同作战的态度一般；36—45岁的副科级基层干部中，有25.0%的人员认为本单位各部门在落实上级政策时非常愿意互相协调、协同作战，有54.2%的人员认为本单位各部门在落实上级政策时比较愿意互相协调、协同作战，有15.6%的人员认为本单位各部门在落实上级政策时互相协调、协同作战的态度一般，另有2.2%的人员认为本单位各部门在落实上级政策时较不愿意互相协调、协同作战，还有3.0%的人员认为本单位各部门在落实上级政策时非常不愿意互相协调、协同作战。46—55岁的副科级基层干部中，有77.8%的人员认为本单位各部门在落实上级政策时非常愿意互相协调、协同作战，有11.0%的人员认为本单位各部门在落实上级政策时比较愿意互相协调、协同作战，还有11.2%的人员认为本单位各部门在落实上级政策时互相协调、协同作战的态度一般。

35岁及以下的正科级基层干部中，有31.6%的人员认为本单位各部门在落实上级政策时非常愿意互相协调、协同作战，有57.8%的人员认为本单位各部门在落实上级政策时比较愿意互相协调、协同作战，另有10.6%的人员认为本单位各部门在落实上级政策时互相协调、协同作战的态度一般；36—45岁的正科级基层干部中，有23.2%的人员认为本单位各部门在落实上级政策时非常愿意互相协调、协同作战，有60.0%的人员认为本单位各部门在落实上级政策时比较愿意互相协调、协同作战，另有16.8%的人员认为本单位各部门在落实上级政策时互相协调、协同作战的态度一般。46—55岁的正科级基层干部中，有37.4%的人员认为本单位各部门在落实上级政策时非常愿意互相协调、协同作战，有50.0%的人员认为本单位各部门在落实上级政策时比较愿意互相协调、协同作战，另有12.6%的人员认为本单位各部门在落实上级政策时互相协调、协同作战的态度一般。

36—45岁的副处级基层干部中，有37.2%的人员认为本单位各部门在落实上级政策时非常愿意互相协调、协同作战，有47.4%的人员认为本单位各部门在落实上级政策时比较愿意互相协调、协同作战，还有15.4%的人员认为本单位各部门在落实上级政策时互相协调、协同作战的态度一般。46—55岁的副处级基层干部中，有

25.0%的人员认为本单位各部门落实上级政策时非常愿意互相协调、协同作战，另有75.0%的人员认为本单位各部门落实上级政策时比较愿意互相协调、协同作战。

  36—45岁的正处级干部中，有38.8%的人员认为本单位各部门在落实上级政策时非常愿意互相协调、协同作战，有27.8%的人员认为本单位各部门在落实上级政策时比较愿意互相协调、协同作战，还有33.4%的人员认为本单位各部门在落实上级政策时互相协调、协同作战的态度一般；46—55岁的正处级基层干部中，有42.8%的人员认为本单位各部门在落实上级政策时非常愿意互相协调、协同作战，有28.6%的人员认为本单位各部门在落实上级政策时比较愿意互相协调、协同作战，还有28.6%的人员认为本单位各部门在落实上级政策时互相协调、协同作战的态度一般。（见表2-7）。

表2-7 基层领导干部落实政策时互相协调、协同作战方面问卷分析

	非常愿意（%）	比较愿意（%）	一般（%）	较不愿意（%）	非常不愿意（%）
35岁及以下副科级	39.2	50.0	10.8	—	—
36—45岁副科级	25.0	54.2	15.6	2.2	3.0
46—55岁副科级	77.8	11.0	11.2	—	—
35岁及以下正科级	31.6	57.8	10.6	—	—
36—45岁正科级	23.2	60.0	16.8	—	—
46—55岁正科级	37.4	50.0	12.6	—	—
36—45岁副处级	37.2	47.4	15.4	—	—
46—55岁副处级	25.0	75.0	—	—	—
36—45岁正处级	38.8	27.8	33.4	—	—
46—55岁正处级	42.8	28.6	28.6	—	—

资料来源：作者根据调查问卷整理。

第三节 落实资源方面

通过对问卷调研数据分析后发现：充足的落实资源是实现高效落实力的必要保障条件。只有做好资源要素保障工作，才能为提高落实力建设蓄势赋能。进入新时代，我国的主要矛盾已经由人民日益增长的物质文化需要同落后的社会生产之间的矛盾，转变为人民日益增长的美好生活需要和不平衡不充分的发展之间的矛盾。公众对社会公共服务的需求日益多元化，对政府的治理效能也提出了更高的要求，基层领导干部的工作难度也比以前有了明显增强。加上"属地管理"的方式，使得基层对于辖区内发生任何事件，都负有第一责任。这一方面使得社会治理的重心下移，另一方面使得基层领导干部的责任也越来越重。常言道：巧妇难为无米之炊，基层领导干部要想在落实工作中发挥好主体能动性，还必须依赖一定的有形和无形的资源条件。缺乏资源的投入会直接影响落实工作的顺利开展，从而使得政策落实的效果大打折扣。只有具备足够的人力、财力和信息等资源，才能够有效地应对落实过程中遇到的各种问题和挑战，才能保障落实力的效率和质量。

一 在落实政策过程中能够及时获得全面适用的信息方面

通过对问卷调研数据分析后发现：有37.2%的基层领导干部非常认同本单位在落实上级政策过程中能够及时获得全面适用的信息，有42.8%的基层领导干部比较认同本单位在落实上级政策过程中能够及时获得全面适用的信息，另有18.6%的基层领导干部对本单位在落实上级政策过程中能够及时获得全面适用信息的评价一般，也有1.4%的基层领导干部较不认同本单位在落实上级政策过程中能够及时获得全面适用的信息。其中女性基层领导干部中，有30.6%的人员非常认同本单位在落实上级政策过程中能够及时获得全面适用的信息，有48.0%的女性基层领导干部比较认同本单位在落实上级政策过程中能够及时获得全面适用的信息，有17.4%的女性干部对本单位在落实上级政策过程中能够及时获得全面适用信息的评价一般，另有4.0%的女性基层领导干部比较不认同本单位在落实上级政策过程中能够及时获得全面适用的信息；男性基层领导干部中，有41.0%的人员非常认同本单位在落实上级政策过程中能够及时获得全面适用的信息，另有39.6%的男性基层领导干部比较认同本单位在落实上级政策过程中能够及时获得全面适用的信息；还有19.4%的男性基层领导干部对本单位在落实上级政策过程中能够及时获得全面适用信息的评价一般。

35岁及以下的副科级基层干部中，有39.2%的人员非常认同本单位在落实上级政策过程中能够及时获得全面适用的信息，有42.8%的人员比较认同本单位在落实上级政策过程中能够及时获得全面适用的信息；另有14.4%的基层干部对本单位在落实上级政策过程中能够及时获得全面适用信息的评价一般，还有3.6%的基层干部比较不认同本单位在落实上级政策过程中能够及时获得全面适用的信息。36—45岁的副科级基层干部中，有28.2%的人员非常认同本单位在落实上级政策过程中能够及时获得全面适用的信息，有46.4%的人员比较认同本单位在落实上级政策过程中能够及时获得全面适用的信息，另有21.8%的人员对本单位在落实上级政策过程中能够及时获得全面适用信息的评价一般，还有3.6%的基层干部比较不认同本单位在落实上级政策过程中能够及时获得全面适用的信息。46—55岁的副科级基层干部中，有55.6%的人员非常认同本单位在落实上级政策过程中能够及时获得全面适用的信息，另有33.2%的人员比较认同本单位在落实上级政策过程中能够及时获得全面适用的信息，还有11.2%的人员对本单位在落实上级政策过程中能够及时获得全面适用信息的评价一般。

35岁及以下的正科级基层干部中，有36.8%的人员非常认同本单位在落实上级政策过程中能够及时获得全面适用的信息，有36.8%的人员比较认同本单位在落实上级政策过程中能够及时获得全面适用的信息，还有26.4%的人员对本单位在落实上级政策过程中能够及时获得全面适用信息的评价一般。36—45岁的正科级基层干部中，有20.0%的人员非常认同本单位在落实上级政策过程中能够及时获得全面适用的信息，有63.2%的人员比较认同本单位在落实上级政策过程中能够及时获得全面适用的信息，还有16.8%的人员对本单位在落实上级政策过程中能够及时获得全面适用信息的评价一般。46—55岁的正科级基层干部中，有50.0%的人员非常认同本单位在落实上级政策过程中能够及时获得全面适用的信息，有12.4%的人员比较认同本单位在落实上级政策过程中能够及时获得全面适用的信息，有37.6%的人员对本单位在落实上级政策过程中能够及时获得全面适用信息的评价一般。

36—45岁的副处级基层干部中，有52.4%的人员非常认同本单位在落实上级政策过程中能够及时获得全面适用的信息，另有30.4%的人员比较认同本单位在落实上级政策过程中能够及时获得全面适用的信息，有15.2%的人员对本单位在落实上级政策过程中能够及时获得全面适用信息的评价一般，还有2.0%的人员比较不认同本单位在落实上级政策过程中能够及时获得全面适用的信息。46—55岁的副处级基层干部中，有14.0%的人员非常认同本单位在落实上级政策过程中能够及时获得全面适用的信息，有36.0%的人员比较认同本单位在落实上级政策过程中能够及时获得全面适用的信息，有50.0%的人员对本单位在落实上级政策过程中能够及时获得全面适用信息的评价一般。

36—45岁的正处级干部中，有22.2%的人员非常认同本单位在落实上级政策过程中能够及时获得全面适用的信息，有61.0%的人员比较认同本单位在落实上级政策过程中能够及时获得全面适用的信息，还有16.8%的人员对本单位在落实上级政策过程中能够及时获得全面适用信息的评价一般；46—55岁的正处级基层干部中，有42.8%的人员非常认同本单位在落实上级政策过程中能够及时获得全面适用的信息，有42.6%的人员比较认同本单位在落实上级政策过程中能够及时获得全面适用的信息，还有14.6%的人员对本单位在落实上级政策过程中能够及时获得全面适用信息的评价一般。（见表2-8）。

表2-8 基层领导干部落实政策时及时获得全面适用信息方面问卷分析

	非常认同（%）	比较认同（%）	一般（%）	比较不认同（%）	非常不认同（%）
35岁及以下副科级	39.2	42.8	14.4	3.6	—
36—45岁副科级	28.2	46.4	21.8	3.6	—
46—55岁副科级	55.6	33.2	11.2	—	—
35岁及以下正科级	36.8	36.8	26.4	—	—
36—45岁正科级	20.0	63.2	16.8	—	—
46—55岁正科级	50.0	12.4	37.6	—	—
36—45岁副处级	52.4	30.4	15.2	2.0	—
46—55岁副处级	14.0	36.0	50.0	—	—
36—45岁正处级	22.2	61.0	16.8	—	—
46—55岁正处级	42.8	42.6	14.6	—	—

资料来源：作者根据调查问卷整理。

第二章 基层领导干部落实力建设现状实证分析

二 政策目标受众对本单位落实上级政策时的支持配合程度方面

通过对问卷调研数据分析后发现：有39.0%的基层领导干部认为政策目标受众对该单位落实上级政策非常配合，有49.4%的基层领导干部认为政策目标受众对该单位落实上级政策比较配合，另有9.8%的基层领导干部对政策目标受众在该单位落实上级政策时的支持配合程度评价一般，也有1.2%的基层领导干部认为政策目标受众对该单位落实上级政策比较不配合，还有0.6%的基层领导干部认为政策目标受众对该单位落实上级政策非常不配合。其中女性基层领导干部中，有42.6%的人员认为政策目标受众对该单位落实上级政策非常配合，有48.0%的女性基层领导干部认为政策目标受众对该单位落实上级政策比较配合，还有9.4%的基层女领导干部对政策目标受众在该单位落实上级政策时的支持配合程度评价一般；男性基层领导干部中，有38.8%的人员认为政策目标受众对该单位落实上级政策非常配合，有50.4%的男性基层领导干部认为政策目标受众对该单位落实上级政策比较配合，还有8.6%的男性基层领导干部对政策目标受众在该单位落实上级政策时的支持配合程度评价一般，另有1.4%的男性基层领导干部认为政策目标受众对该单位落实上级政策比较不配合，有0.8%的男性基层领导干部认为政策目标受众对该单位落实上级政策非常不配合。

35岁及以下的副科级基层领导干部中，有35.6%的人员认为政策目标受众对该单位落实上级政策非常配合，有53.6%的人员认为政策目标受众对该单位落实上级政策比较配合，有7.2%的基层领导干部对政策目标受众在该单位落实上级政策时的支持配合程度评价一般，另有3.6%的基层领导干部认为政策目标受众对该单位落实上级政策比较不配合。36—45岁的副科级基层干部中，有37.4%的人员认为政策目标受众对该单位落实上级政策非常配合，有53.2%的人员认为政策目标受众对该单位落实上级政策比较配合，还有9.4%的人员对政策目标受众在该单位落实上级政策时的支持配合程度评价一般。46—55岁的副科级基层干部中，有44.4%的人员认为政策目标受众对该单位落实上级政策非常配合，还有44.4%的人员认为政策目标受众对该单位落实上级政策比较配合，另有11.2%的人员对政策目标受众在该单位落实上级政策时的支持配合程度评价一般。

35岁及以下的正科级基层干部中，有47.4%的人员认为政策目标受众对该单位落实上级政策非常配合，有42.2%的人员认为政策目标受众对该单位落实上级政策比较配合，有5.4%的人员对政策目标受众在该单位落实上级政策时的支持配合程度评价一般，还有5.0%的人员认为政策目标受众对该单位落实上级政策比较不配合。36—45岁的正科级基层干部中，有36.6%的人员认为政策目标受众对该单位落实上级政策非常配合，有56.6%的人员认为政策目标受众对该单位落实上级政策比较配合，还有6.8%的人员对政策目标受众在该单位落实上级政策时的支持配合程度评价一般。46—55岁的正科级基层干部中，有25.0%的人员认为政策目标受众对该单位落实上级政策非常配合，有62.4%的人员认为政策目标受众对该单位落实上级政策比较配合，还有12.6%的人员对政策目标受众在该单位落实上级政策时的支持配合程度评价一般。

36—45岁的副处级基层干部中，有45.8%的人员认为政策目标受众对该单位落实上级政策非常配合，有43.8%的人员认为政策目标受众对该单位落实上级政策比较配合，有6.8%的人对政策目标受众在该单位落实上级政策时的支持配合程度评价一般，还有1.8%的人员认为政策目标受众对该单位落实上级政策比较不配合，另有

1.8%的干部认为政策目标受众对该单位落实上级政策非常不配合。46—55岁的副处级基层干部中,有25.0%的人员认为政策目标受众对该单位落实上级政策非常配合,也有25.0%的人员认为政策目标受众对该单位落实上级政策比较配合,有50.0%的人员对政策目标受众在该单位落实上级政策时的支持配合程度评价一般。

36—45岁的正处级干部中,有38.8%的人员认为政策目标受众对该单位落实上级政策非常配合,有50.0%的人员认为政策目标受众对该单位落实上级政策比较配合,还有11.2%的人员对政策目标受众在该单位落实上级政策时的支持配合程度评价一般;46—55岁的正处级基层干部中,有42.8%的人员认为政策目标受众对该单位落实上级政策非常配合,另有57.2%的人员认为政策目标受众对该单位落实上级政策比较配合。(见表2-9)。

表2-9　　基层领导干部对落实政策时政策目标受众支持配合程度方面问卷分析

	非常配合(%)	比较配合(%)	一般(%)	比较不配合(%)	非常不配合(%)
35岁及以下副科级	35.6	53.6	7.2	3.6	—
36—45岁副科级	37.4	53.2	9.4	—	—
46—55岁副科级	44.4	44.4	11.2	—	—
35岁及以下正科级	47.4	42.2	5.4	5.0	—
36—45岁正科级	36.6	56.6	6.8	—	—
46—55岁正科级	25.0	62.4	12.6	—	—
36—45岁副处级	45.8	43.8	6.8	1.8	1.8
46—55岁副处级	25.0	25.0	50.0	—	—
36—45岁正处级	38.8	50.0	11.2	—	—
46—55岁正处级	42.8	57.2	—	—	—

资料来源:作者根据调查问卷整理。

三 在落实政策实施时投入的经费方面

通过对问卷调研数据分析后发现：有21.2%的基层领导干部认为本单位在落实上级政策实施时投入的经费非常充足，有45.8%的基层领导干部认为本单位在落实上级政策实施时投入的经费比较充足，有21.8%的基层领导干部认为本单位在落实上级政策实施时投入的经费一般，但是也有8.4%的基层领导干部认为本单位在落实上级政策实施时投入的经费较不充足，还有2.8%的基层领导干部认为本单位在落实上级政策实施时投入的经费非常不充足。其中女性基层领导干部中，有20.0%的人员认为本单位在落实上级政策实施时投入的经费非常充足，有47.8%的女性基层领导干部认为本单位在落实上级政策实施时投入的经费比较充足，有14.6%的基层女领导干部认为本单位在落实上级政策实施时投入的经费一般，还有14.8%的基层女领导干部认为本单位在落实上级政策实施时投入的经费比较不充足，2.8%的女领导干部认为本单位在落实上级政策实施时投入的经费非常不充足；男性基层领导干部中，有21.6%的人员认为本单位在落实上级政策实施时投入的经费非常充足，有44.6%的男性基层领导干部认为本单位在落实上级政策实施时投入的经费比较充足；有25.8%的男性干部认为本单位在落实上级政策实施时投入的经费一般，另有5.0%的男性干部认为本单位在落实上级政策实施时投入的经费较不充足，还有3.0%的男性干部认为本单位在落实上级政策实施时投入的经费非常不充足。

35岁及以下的副科级基层干部中，有17.8%的人员认为本单位在落实上级政策实施时投入的经费非常充足，有53.6%的人员认为本单位在落实上级政策实施时投入的经费比较充足，有14.2%的人员认为本单位在落实上级政策实施时投入的经费一般，有10.8%的人员认为本单位在落实上级政策实施时投入的经费比较不充足，有3.6%的人员认为本单位在落实上级政策实施时投入的经费非常不充足。36—45岁的副科级基层干部中，有21.8%的人员认为本单位在落实上级政策实施时投入的经费非常充足，有21.6%的人员认为本单位在落实上级政策实施时投入的经费比较充足，有40.6%的人员认为本单位在落实上级政策实施时投入的经费一般，还有12.6%的人员认为本单位在落实上级政策实施时投入的经费较不充足，另有3.4%的人员认为本单位在落实上级政策实施时投入的经费非常不充足。46—55岁的副科级基层干部中，有22.2%的人员认为本单位在落实上级政策实施时投入的经费非常充足，有33.2%的人员认为本单位在落实上级政策实施时投入的经费比较充足，有33.0%的人员认为本单位在落实上级政策实施时投入的经费一般，还有11.6%的人员认为本单位在落实上级政策实施时投入的经费比较不充足。

35岁及以下的正科级基层干部中，有26.2%的人员认为本单位在落实上级政策实施时投入的经费非常充足，有63.2%的人员认为本单位在落实上级政策实施时投入的经费比较充足，有5.2%的人员认为本单位在落实上级政策实施时投入的经费一般，有5.4%的人员认为本单位在落实上级政策实施时投入的经费比较不充足。36—45岁的正科级基层干部中，有13.4%的人员认为本单位在落实上级政策实施时投入的经费非常充足，有63.4%的干部认为本单位在落实上级政策实施时投入的经费比较充足，有16.6%的干部认为本单位在落实上级政策实施时投入的经费一般，另有3.4%的干部认为本单位在落实上级政策实施时投入的经费比较不充足，还有3.2%的干部认为本单位在落实上级政策实施时投入的经费非常不充足。46—55

岁的正科级基层干部中，有13.8%的人员认为本单位在落实上级政策实施时投入的经费非常充足，有47.8%的人员认为本单位在落实上级政策实施时投入的经费比较充足，有13.4%的人员认为本单位在落实上级政策实施时投入的经费一般，另有12.4%的人员认为本单位在落实上级政策实施时投入的经费比较不充足，还有12.6%的人员认为本单位在落实上级政策实施时投入的经费非常不充足。

36—45岁的副处级基层干部中，有25.4%的人员认为本单位在落实上级政策实施时投入的经费非常充足，有50.8%的人员认为本单位在落实上级政策实施时投入的经费比较充足，有15.2%的人员认为本单位在落实上级政策实施时投入的经费一般，有8.6%的人员认为本单位在落实上级政策实施时投入的经费比较不充足。46—55岁的副处级基层干部中，有24.0%的人员认为本单位在落实上级政策实施时投入的经费非常充足，有26.0%的人员认为本单位在落实上级政策实施时投入的经费比较充足，有50.0%的人员认为本单位在落实上级政策实施时投入的经费一般。

36—45岁的正处级干部中，有22.2%的人员认为本单位在落实上级政策实施时投入的经费非常充足，也有22.2%的人员认为本单位在落实上级政策实施时投入的经费比较充足，有33.2%的人员认为本单位在落实上级政策实施时投入的经费一般，另有16.8%的人员认为本单位在落实上级政策实施时投入的经费比较不充足，还有5.6%的人员认为本单位在落实上级政策实施时投入的经费非常不充足；46—55岁的正处级基层干部中，有14.2%的人员认为本单位在落实上级政策实施时投入的经费非常充足，有42.4%的人员认为本单位在落实上级政策实施时投入的经费比较充足，有43.4%的人员认为本单位在落实上级政策实施时投入的经费一般。（见表2-10）。

表2-10　基层领导干部对落实政策时投入经费方面问卷分析

	非常充足(%)	比较充足(%)	一般(%)	比较不充足(%)	非常不充足(%)
35岁及以下副科级	17.8	53.6	14.2	10.8	3.6
36—45岁副科级	21.8	21.6	40.6	12.6	3.4
46—55岁副科级	22.2	33.2	33.0	11.6	—
35岁及以下正科级	26.2	63.2	5.2	5.4	—
36—45岁正科级	13.4	63.4	16.6	3.4	3.2
46—55岁正科级	13.8	47.8	13.4	12.4	12.6
36—45岁副处级	25.4	50.8	15.2	8.6	—
46—55岁副处级	24.0	26.0	50.0	—	—
36—45岁正处级	22.2	22.2	33.2	16.8	5.6
46—55岁正处级	14.2	42.4	43.4	—	—

资料来源：作者根据调查问卷整理。

第四节　落实质效方面

"一分部署、九分落实"，政策或者决策再好，如果落实不到位，终是一纸空文，也不会起到应有的效能。执行力强调的是要完成既定目标任务本身，落实力区别于执行力的关键点在于不仅要完成既定目标任务本身，还要在完成任务的过程中采取正向的方法和取得真实有效的预期效果。怎样评价一个政策是否已经落实到位？能不能达到预定效能是最基础的评判标准，在此基础上再看是否采取了正向的方法。同样是落实，及时落实、高效落实和拖拖拉拉落实、打折扣落实、搞变通落实在落实效果上差之千里。要坚决解决好"落实了，但没落实对"的问题，要让工作扎扎实实；要坚决解决好"落实了，但没落实好"的问题，要让工作精益求精；要坚决解决好"落实完，但效能不好"的问题，要让工作有声有色。一个好的政策落实必须做到准确、高效、有力，不变形、不走样，能够实现预期效能。

一　落实政策是否达到了规定质量标准方面

通过对问卷调研数据分析后发现：有35.0%的基层领导干部非常认同本单位在上年落实上级政策实施方面达到了规定质量标准，有54.2%的基层领导干部比较认同本单位在上年落实上级政策实施方面达到了规定质量标准，另有8.8%的基层领导干部对本单位在上年落实上级政策实施方面是否达到了规定质量标准的评价为一般，还有2.0%的人较不认同本单位在上年落实上级政策实施方面达到了规定质量标准。其中女性基层领导干部中，有23.0%的人员非常认同本单位在上年落实上级政策实施方面达到了规定质量标准，有54.6%的女性基层领导干部比较认同本单位在上年落实上级政策实施方面达到了规定质量标准，有18.0%的女性基层领导干部对本单位在上年落实上级政策实施方面是否达到了规定质量标准的评价为一般，还有4.4%的人比较不认同本单位在上年落实上级政策实施方面达到了规定质量标准。男性基层领导干部中，有36.0%的人员非常认同本单位在上年落实上级政策实施方面达到了规定质量标准，有54.0%的男性基层领导干部比较认同本单位在上年落实上级政策实施方面达到了规定质量标准；有9.2%的男性基层领导干部对本单位在上年落实上级政策实施方面是否达到了规定质量标准的评价为一般，还有0.8%的人比较不认同本单位在上年落实上级政策实施方面达到了规定质量标准。

35岁及以下的副科级基层干部中，有42.8%的人员非常认同本单位在上年落实上级政策实施方面达到了规定质量标准，有46.4%

的人员比较认同本单位在上年落实上级政策实施方面达到了规定质量标准,有7.2%的基层干部对本单位在上年落实上级政策实施方面是否达到了规定质量标准的评价为一般,还有3.6%的人比较不认同本单位在上年落实上级政策实施方面达到了规定质量标准。36—45岁的副科级基层干部中,有25.0%的人员非常认同本单位在上年落实上级政策实施方面达到了规定质量标准,有59.4%的人员比较认同本单位在上年落实上级政策实施方面达到了规定质量标准,有9.2%的基层干部对本单位在上年落实上级政策实施方面是否达到了规定质量标准的评价为一般,还有6.4%的人员比较不认同本单位在上年落实上级政策实施方面达到了规定质量标准。46—55岁的副科级基层干部中,有33.2%的人员非常认同本单位在上年落实上级政策实施方面达到了规定质量标准,另有55.6%的人员比较认同本单位在上年落实上级政策实施方面达到了规定质量标准;还有11.2%的基层干部对本单位在上年落实上级政策实施方面是否达到了规定质量标准的评价为一般。

35岁及以下的正科级基层干部中,有42.0%的人员非常认同本单位在上年落实上级政策实施方面达到了规定质量标准;有47.4%的人员比较认同本单位在上年落实上级政策实施方面达到了规定质量标准,还有10.6%的基层干部对本单位在上年落实上级政策实施方面是否达到了规定质量标准的评价为一般;36—45岁的正科级基层干部中,有23.2%的人员非常认同本单位在上年落实上级政策实施方面达到了规定质量标准,有66.8%的人员比较认同本单位在上年落实上级政策实施方面达到了规定质量标准;还有10.0%的基层干部对本单位在上年落实上级政策实施方面是否达到了规定质量标准的评价为一般。46—55岁的正科级基层干部中,有25.0%的人员非常认同本单位在上年落实上级政策实施方面达到了规定质量标准，有75.0%的人员比较认同本单位在上年落实上级政策实施方面达到了规定质量标准。

  36—45岁的副处级基层干部中，有45.8%的人员非常认同本单位在上年落实上级政策实施方面达到了规定质量标准，有47.4%的人员比较认同本单位在上年落实上级政策实施方面达到了规定质量标准，另有5.2%的人员对本单位在上年落实上级政策实施方面是否达到了规定质量标准的评价为一般，还有1.6%的人员比较不认同本单位在上年落实上级政策实施方面达到了规定质量标准。46—55岁的副处级基层干部中，有23.6%的人员非常认同本单位在上年落实上级政策实施方面达到了规定质量标准，有25.4%的人员比较认同本单位在上年落实上级政策实施方面达到了规定质量标准，还有51.0%的人员认为本单位在上年落实上级政策实施方面是否达到了规定质量标准的评价为一般。

  36—45岁的正处级干部中，有27.8%的人员非常认同本单位在上年落实上级政策实施方面达到了规定质量标准，有66.6%的人员比较认同本单位在上年落实上级政策实施方面达到了规定质量标准，有5.6%的人员认为本单位在上年落实上级政策实施方面是否达到了规定质量标准的评价为一般。46—55岁的正处级基层干部中，有28.4%的人员非常认同本单位在上年落实上级政策实施方面达到了规定质量标准，有42.8%的人员比较认同本单位在上年落实上级政策实施方面达到了规定质量标准，还有28.8%的人员认为本单位在上年落实上级政策实施方面是否达到了规定质量标准的评价为一般。（见表2-11）。

表2–11 基层领导干部对落实政策时是否达到规定质量标准方面问卷分析

	非常认同（%）	比较认同（%）	一般（%）	比较不认同（%）	非常不认同（%）
35岁及以下副科级	42.8	46.4	7.2	3.6	—
36—45岁副科级	25.0	59.4	9.2	6.4	
46—55岁副科级	33.2	55.6	11.2	—	
35岁及以下正科级	42.0	47.4	10.6		
36—45岁正科级	23.2	66.8	10.0		
46—55岁正科级	25.0	75.0	—		
36—45岁副处级	45.8	47.4	5.2	1.6	
46—55岁副处级	23.6	25.4	51.0		
36—45岁正处级	27.8	66.6	5.6		
46—55岁正处级	28.4	42.8	28.8		

资料来源：作者根据调查问卷整理。

二 落实政策时能否按时高效地完成所定任务方面

通过对问卷调研数据分析后发现：有44.2%的基层领导干部非常认同本单位在上年落实上级政策实施方面按时高效完成了所定任务，有46.4%的基层领导干部比较认同本单位在上年落实上级政策实施方面按时高效完成了所定任务，另有8.0%的基层领导干部对本单位在上年落实上级政策实施方面是否按时高效完成了所定任务的评价为一般，还有1.4%的基层领导干部不太认同按时高效完成了所定任务。其中女性基层领导干部中，有41.2%的人员非常认同本单位在上年落实上级政策实施方面按时高效完成了所定任务，有46.6%的女性基层领导干部比较认同本单位在上年落实上级政策实施方面按时高效完成了所定任务，还有9.2%的基层领导干部对本单位在上年落实上级政策实施方面是否按时高效完成了所定任务的评价为一般，另有3.0%的女性干部比较不认同本单位上年按时高效完成了所定任务；男性基层领导干部中，有42.4%的人非常认同本单位在上年落实上级政策实施方面按时高效完成了所定任务，另有50.4%的男性基层领导干部比较认同本单位在上年落实上级政策实施方面按时高效完成了所定任务；还有7.2%的基层领导干部对本单位在上年落实上级政策实施方面是否按时高效完成了所定任务的评价为一般。

35岁及以下的副科级基层干部中，有39.2%的人员非常认同本单位在上年落实上级政策实施方面按时高效完成了所定任务，有50.0%的人比较认同本单位在上年落实上级政策实施方面按时高效完成了所定任务，有7.2%的基层干部对本单位在上年落实上级政策实施方面是否按时高效完成了所定任务的评价为一般，另有3.6%的基层干部较不认同本单位上年按时高效完成了所定任务；36—45岁的副科级基层干部中，有40.6%的人员非常认同本单位在上年落实上级政策实施方面按时高效完成了所定任务，有43.6%的人员比较认同本单位在上年落实上级政策实施方面按时高效完成了所定任务，还有12.4%的基层干部对本单位在上年落实上级政策实施方面是否按时高效完成了所定任务的评价为一般，另有3.4%的基层干部比较不认同本单位上年按时高效完成了所定任务。46—55岁的副科级基层干部中，有33.2%的人员非常认同本单位在上年落实上级政策实施方面按时高效完成了所定任务，另有66.8%的人员比较认同本单位在上年落实上级政策实施方面按时高效完成了所定任务。

35岁及以下的正科级基层干部中，有36.8%的人非常认同本单位在上年落实上级政策实施方面按时高效完成了所定任务，有57.8%的基层干部比较认同本单位在上年落实上级政策实施方面按时高效完成了所定任务，还有5.4%的基层干部对本单位在上年落实上级政策实施方面是否按时高效完成了所定任务的评价为一般。36—45岁的正科级基层干部中,有33.2%的人员非常认同本单位在上年落实上级政策实施方面按时高效完成了所定任务,有56.6%的基层干部比较认同本单位在上年落实上级政策实施方面按时高效完成了所定任务,还有10.2%的基层干部对本单位在上年落实上级政策实施方面是否按时高效完成了所定任务的评价为一般。46—55岁的正科级基层干部中,有24.8%的人员非常认同本单位在上年落实上级政策实施方面按时高效完成了所定任务,有62.4%的人员比较认同本单位在上年落实上级政策实施方面按时高效完成了所定任务,有12.8%的基层干部对本单位在上年落实上级政策实施方面是否按时高效完成了所定任务的评价为一般。

36—45岁的副处级基层干部中,有55.8%的人员非常认同本单位在上年落实上级政策实施方面按时高效完成了所定任务,有37.4%的人员比较认同本单位在上年落实上级政策实施方面按时高效完成了所定任务,另有6.8%的人员对本单位在上年落实上级政策实施方面是否按时高效完成了所定任务的评价为一般。46—55岁的副处级基层干部中,有24.2%的人员非常认同本单位在上年落实上级政策实施方面按时高效完成了所定任务,有25.8%的人员比较认同本单位在上年落实上级政策实施方面按时高效完成了所定任务,有50.0%的人员对本单位在上年落实上级政策实施方面是否按时高效完成了所定任务的评价为一般。

36—45岁的正处级干部中,有38.8%的人员非常认同本单位在上年落实上级政策实施方面按时高效完成了所定任务,有61.2%的人员比较认同本单位在上年落实上级政策实施方面按时高效完成了所定任务;46—55岁的正处级基层干部中,有42.8%的人员非常认同本单位在上年落实上级政策实施方面按时高效完成了所定任务，有57.2%的人员比较认同本单位在上年落实上级政策实施方面按时高效完成了所定任务。（见表2-12）。

表2-12 基层领导干部对落实政策时按时高效地完成任务方面问卷分析

	非常认同（%）	比较认同（%）	一般（%）	比较不认同（%）	非常不认同（%）
35岁及以下副科级	39.2	50.0	7.2	3.6	—
36—45岁副科级	40.6	43.6	12.4	3.4	—
46—55岁副科级	33.2	66.8	—	—	—
35岁及以下正科级	36.8	57.8	5.4	—	—
36—45岁正科级	33.2	56.6	10.2	—	—
46—55岁正科级	24.8	62.4	12.8	—	—
36—45岁副处级	55.8	37.4	6.8	—	—
46—55岁副处级	24.2	25.8	50.0	—	—
36—45岁正处级	38.8	61.2	—	—	—
46—55岁正处级	42.8	57.2	—	—	—

资料来源：作者根据调查问卷整理。

三 落实政策任务取得的社会效益程度方面

通过对问卷调研数据分析后发现：有33.6%的基层领导干部认为上年落实上级政策任务取得的社会效益非常大，有49.0%的基层领导干部认为上年落实上级政策任务取得的社会效益比较大，另有15.0%的基层领导干部认为上年落实上级政策任务带来的社会效益一般，还有2.4%的基层领导干部认为上年落实上级政策任务取得的社会效益程度比较低。其中女性基层领导干部中，有28.0%的人认为上年落实上级政策任务取得的社会效益非常大，有52.0%的女性基层领导干部认为上年落实上级政策任务取得的社会效益比较大，另有14.6%的女性干部认为上年落实上级政策任务取得的社会效益一般，还有5.4%的基层领导干部认为上年落实上级政策任务取得的社会效益比较低；男性基层领导干部中，有36.6%的人员认为上年落实上级政策任务取得的社会效益非常大，有47.4%的男性基层领导干部认为上年落实上级政策任务取得的社会效益比较大，有15.2%的基层领导干部认为上年落实上级政策任务带来的社会效益一般，还有0.8%的基层领导干部认为上年落实上级政策任务取得的社会效益比较低。

35岁及以下的副科级基层干部中，有23.8%的人员认为上年落实上级政策任务取得的社会效益非常大，有60.6%的人员认为上年落实上级政策任务取得的社会效益比较大，有10.8%的基层干部认为上年落实上级政策任务带来的社会效益一般，还有4.8%的基层干部认为上年落实上级政策任务取得的社会效益比较低。36—45岁的副科级基层干部中，有28.2%的人员认为上年落实上级政策任务取得的社会效益非常大，有37.4%的人员认为上年落实上级政策任务取得的社会效益比较大，另有31.2%的基层干部认为本单位上年落实上级政策任务带来的社会效益一般，还有3.2%的基层干部认为上年落实上级政策任务取得的社会效益比较低。46—55岁的副科级基层干部中，有66.8%的人员认为本单位上年落实上级政策任务取得的社会效益非常大，另有33.2%的人员认为本单位上年落实上级政策任务取得的社会效益比较大。

35岁及以下的正科级基层干部中，有42.2%的人员认为本单位上年落实上级政策任务取得的社会效益非常大，有36.4%的基层干部认为本单位上年落实上级政策任务取得的社会效益比较大，有

15.8%的基层干部认为本单位上年落实上级政策任务带来的社会效益一般，还有5.6%的基层干部认为上年落实上级政策任务取得的社会效益比较低。36—45岁的正科级基层干部中，有16.6%的人员认为本单位上年落实上级政策任务取得的社会效益非常大，有63.2%的基层干部认为本单位上年落实上级政策任务取得的社会效益比较大，有16.8%的基层干部认为本单位上年落实上级政策任务带来的社会效益一般，还有3.4%的基层干部认为上年落实上级政策任务取得的社会效益比较低。46—55岁的正科级基层干部中，有37.4%的人员认为本单位上年落实上级政策任务取得的社会效益非常大，有50.0%的人员认为本单位上年落实上级政策任务取得的社会效益比较大，有12.6%的人员认为本单位上年落实上级政策任务取得的社会效益一般。

36—45岁的副处级基层干部中，有42.2%的人员认为本单位上年落实上级政策任务取得的社会效益非常大，有47.6%的人员认为本单位上年落实上级政策任务取得的社会效益比较大，有8.4%的人员认为本单位上年落实上级政策任务取得的社会效益一般，还有1.8%的人员认为本单位上年落实上级政策任务取得的社会效益比较低。46—55岁的副处级基层干部中，有46.0%的人员认为本单位上年落实上级政策任务取得的社会效益比较大，有54.0%的人员认为本单位上年落实上级政策任务取得的社会效益一般。

36—45岁的正处级干部中，有38.8%的人员认为本单位上年落实上级政策任务取得的社会效益非常大，有44.4%的人员认为本单位上年落实上级政策任务取得的社会效益比较大，有16.8%的人员认为本单位上年落实上级政策任务带来的社会效益一般；46—55岁的正处级基层干部中，有28.6%的人员认为本单位上年落实上级政策任务取得的社会效益非常大,有71.4%的人员认为本单位上年落实上级政策任务取得的社会效益比较大。(见表2-13)。

表2-13 基层领导干部对落实政策取得的社会效益方面问卷分析

	非常大(%)	比较大(%)	一般(%)	比较低(%)	非常低(%)
35岁及以下副科级	23.8	60.6	10.8	4.8	—
36—45岁副科级	28.2	37.4	31.2	3.2	—
46—55岁副科级	66.8	33.2	—	—	—
35岁及以下正科级	42.2	36.4	15.8	5.6	—
36—45岁正科级	16.6	63.2	16.8	3.4	—
46—55岁正科级	37.4	50.0	12.6	—	—
36—45岁副处级	42.2	47.6	8.4	1.8	—
46—55岁副处级	—	46.0	54.0	—	—
36—45岁正处级	38.8	44.4	16.8	—	—
46—55岁正处级	28.6	71.4	—	—	—

资料来源:作者根据调查问卷整理。

第三章
基层领导干部落实力现代化考评体系建立的依据

落实力的效果应包含落实主体自身方面完成任务的意愿、完成任务的能力、完成任务的效度以及外部环境因素方面完成任务的机制保障。要想对基层领导干部落实力进行系统、全面的测评，就必须对它的生长机制、能量来源、影响因素等进行透彻、深入的分析，并从中归纳出基层领导干部落实力的考核评价主要指标。尽管当前基层干部落实力建设方面总体是好的，但是毋庸讳言，也存在着一些不同程度需要提升之处。因此，必须要针对基层领导干部在国家治理体系和治理能力现代化背景下，落实力建设方面反映出来的一些突出问题进行"望闻问切"，摸准脉象以查明"病源"，剖析"病理"机制以找准"症结"，"对症发药"以祛除"顽疾"。因此，当前基层领导干部在国家治理体系和治理能力现代化背景下落实力建设方面存在的问题、形成原因和提升路径，就构成基层领导干部落实力考评现代化体系功能构建的"脉象""经络"和"肌理"，这也构成本书的实践逻辑。

第一节　基层领导干部落实力建设方面存在的困境分析

党的十八大以来，中央不断加强党员干部落实力建设方面的力度，取得了明显成效。当前，尽管大多数基层干部落实力建设方面是比较好的，但是在一些地方、一些干部身上落实难、不落实、落实不到位等问题仍比较突出。对100名基层担任领导职务的干部进行单独访谈的统计结果显示，目前基层领导干部落实上级目标任务时一些集中突出的问题表现在以下方面。

具体排在第一位的是：有41.0%的人员提到一些基层领导干部思想认识不到位，存在本位主义思想。有的基层领导干部政绩观有偏差，没有责任观念，没有大局意识。在落实上级政策过程中不同程度地存在着畏难情绪，甚至存在不正确的抵触心理。随后从高到低依次排列的问题为：有35.0%的人员提到一些基层领导干部存在能力本领不强的问题。对相关政策法规不了解，业务不熟悉，专业技能不足。有32.0%的人员提到一些基层领导干部存在着回避真抓实干、只求平安无事等不作为的问题。有29.0%的人员提到一些基层领导干部存在着落实的方式方法有偏差问题。落实过程的程序步骤、人员的协同配合，主次轻重等不明确，也缺乏制定具体的阶段目标和计划，以及达成目标所需的路线图和时间表等。有20.0%的人员提到一些基层领导干部存在着落实时难以准确理解把握上级的决策部署意图的问题。有18.0%的人员提到一些基层领导干部存在着落实过程难以做到一张蓝图绘到底，难以持之以恒，难以落实、落细、落彻底的问题。有16.0%的人员提到落实时存在着有些决策部署不够科学，有的上级单位制订的规划、计划、部署、方案本身不太符合基层实际，存在着客观上难以落实的问题；还有16.0%的人员提到一些基层领导干部存在着将开会表决心等同于落实、以文件落实文件等形式主义的问题。有15.0%的人员提到一些基层领导干部存在着公仆意识欠缺、奉献精神不足的问题。有13.0%的人员提到一些基层领导干部对落实政策目标的结果缺少督察检查，监督检查在全链条管理中的作用发挥比较有限的问题。有9.0%的人提到一些基层领导干部存在着滥用职权、以权谋私的官僚主义问题。有8.0%的人提到一些基层领导干部落实过程中存在着拖延倾向，缺少时间管理能力的问题。有7.0%的人提到作为下级的基层干部掌握资源有限，比如财力不足、土地紧缺、环保约束、人才匮乏等，难以具备与落实上级要求相匹配的资源条件的问题。还有7.0%的人员提到缺乏行之有效的现代化考核激励机制，难以做到奖优惩劣的问题。有6.0%的人员提到落实中存在着落实主体不清晰的现象。还有6.0%的人员提到落实过程中存在着信息流通不畅及信息不对称的现象。还有5.0%的人员提到一些基层领导干部存在着墨守成规教条执行，不契合实际"一刀切"的现象。有5.0%的人员提到一些基层领导干部存在着不能处理好执行政策与勇于创新的关系问题。有4.0%的人员提到一些基层领导干部存在着不能很好发挥带头示范、以身作则的问题。还有4.0%的人员提到一些基层领导干部存在着心浮气躁、好大喜功、急功近利和乱执行的现象。有3.0%的人员提到一些基层领导干部存在着缺乏系统抓落实的思维，还有3.0%的人员提到落实过程缺少保障机制，使得落实容易悬空的问题。除此之外，还有调查研究能力不足、组织变革和文化阻力、工作标准不高、群众参与度不够和晋升倦怠等问题（见图3-1）。

第三章 基层领导干部落实力现代化考评体系建立的依据

问题	比例(%)
存在本位主义思想，畏难情绪	41
存在能力本领不强问题	35
只求平安无事等不作为问题	32
存在落实的方式方法偏差问题	29
难以准确理解把握上级意图	20
不能一张蓝图绘到底	18
政策本身不切实际，客观上难以落实	16
以文件落实文件等形式主义问题	16
公仆意识欠缺、奉献精神不足的问题	15
存在缺少督察	13
存在以权谋私等官僚主义问题	9
存在拖延倾向	8
难具备与落实上级要求的资源条件	7
难以做到奖优惩劣	7
落实主体不清晰的现象	6
信息流通不畅及信息不对称现象	6
不契合实际一刀切的现象	5
不能处理好落实与创新的关系	5
不能很好发挥以身作则的作用	4
好大喜功，乱执行的现象	4
缺乏系统抓落实的思维	3
缺少保障机制，使得落实容易悬空	3
调查研究能力不足	2

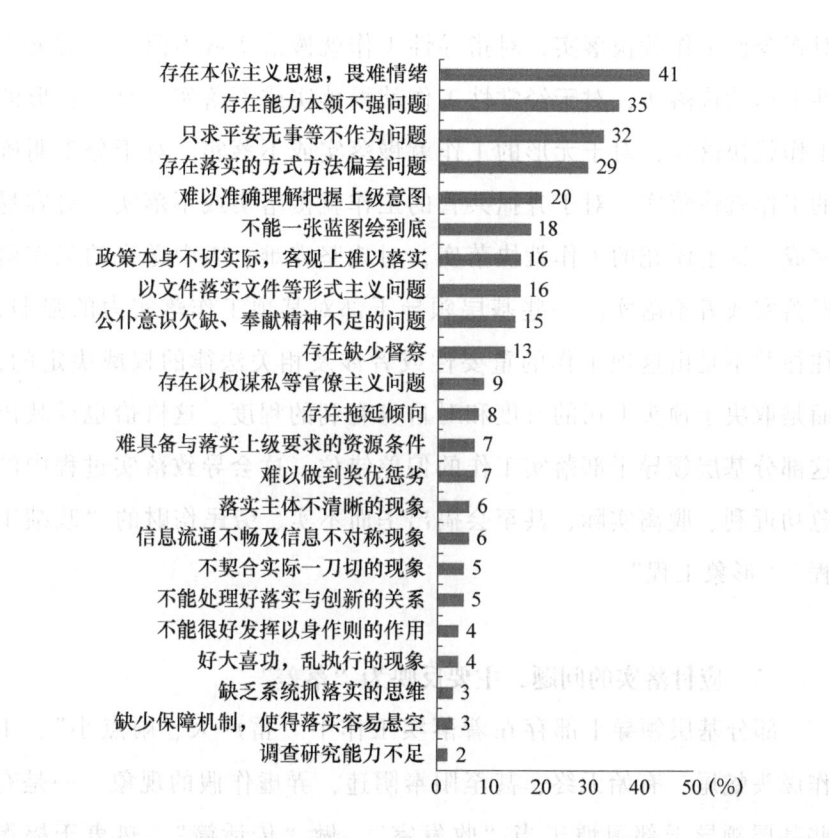

图3-1 基层干部关于当前落实力存在问题分析的单独访谈统计结果

资料来源：作者根据调研访谈材料整理。

由于受访者谈得比较分散，本书作者对以上问题进行了归纳，着重提炼出以下几点比较突出的问题。

一 选择落实的问题，主要反映为"偏差"

一些基层领导干部在落实过程中存在着"趋利化""媚上化"的倾向。他们往往对上级政策、命令先进行选择过滤，选择性落实有利于自身的部分，合意的就落实，不合意的就不落实或慢落实。

对指令性工作就快落实，对指导性工作就慢落实或不落实。对突击性工作就快落实，对于经常性工作就慢落实或不落实。对于有形的工作就快落实，对于无形的工作就慢落实或不落实。对于分工明确的工作就快落实，对于齐抓共管的工作就慢落实或不落实。对容易完成、锦上添花的工作就快落实，对攻坚克难、雪中送炭的工作就慢落实或者不落实。一些基层领导干部对某项工作落实力的强弱，往往并不是由这项工作的重要性或者涉及相关法律的权威决定的，而是取决于顶头上司的态度和对自身有利的程度。这恰恰也反映出这部分基层领导干部落实工作的偏差错位，这会导致落实过程中的急功近利、脱离实际，甚至会搞出华而不实、劳民伤财的"政绩工程""形象工程"。

二 应付落实的问题，主要反映为"落差"

部分基层领导干部存在着落实工作中"雷声大、雨点小"，工作虎头蛇尾、有始无终，甚至阳奉阴违，弄虚作假的现象。一是有些基层领导干部习惯于当"收发室"、做"传话筒"，热衷于搞舆论造势，只做表面上轰轰烈烈的传达，单纯以会议贯彻会议、以文件落实文件，只注重留痕。他们错误地认为只要文件发了，会议开了，话讲了，任务布置了，就是落实到位了，就大功告成了。结果是会议开了许多，文件也发了一大堆，但提不出具体的落实分解计划，使落实浮在表面，致使事事喊落实、事事不落实。二是有些基层领导干部政策落实中出现"虎头蛇尾，半途而废"的现象。对一些时间长、跨度大的工作，落实是一个长期的过程，不可能一蹴而就，也不可能一劳永逸。而这些干部对此没有清醒认识和坚强定力，落实工作缺乏咬住不放、久久为功的韧劲。抓落实对这部分基层干部而言只是"一阵风""三分钟热度",一开始轰轰烈烈、大张旗鼓,后来越抓越松,对工作进展情况和实施效果也逐渐不太上心,最后偃旗息鼓、草草收尾。三是有些基层干部只关注于上级的评价标准,一门心思都花在怎样弄虚作假,敷衍应付,而不是真抓实干上。

三 机械落实的问题,主要反映为"温差"

一些基层领导干部落实工作过程中存在着"上热下冷"现象,虽然有的工作上级领导高度重视,但基层干部的热情度并不太高。工作落实过程中,压力传导到基层后,迫于压力一些基层干部或是本本主义,或是照搬照抄,甚至忽视本地区、本部门的实际情况,不加思考生搬硬套上级精神,搞"一刀切"。他们既缺乏准确学习领会上级相关政策精神的精髓和内涵的积极性,缺乏消化、细化、实化上级精神和要求的积极性,也缺乏花费精力去搞调查研究,真正了解群众的困难和需求的积极性,更缺乏将上级相关工作精神的精髓和内涵与本地区实际情况相结合的热情性和主动性。这部分基层领导干部热衷于机械地搞"对标对表",上下一般粗。有些地方的基层领导干部甚至严重违背常识常理,导致上级政策落实中的"水土不服",表面上看似不折不扣执行了上级政策,实际上导致政策实施与现实情况脱节,把本来可以办好的事办黄,把本来能使群众暖心的事变"凉",极大地损害了党和政府形象。

四 拖延落实的问题,主要反映为"时差"

部分基层领导干部存在着落实不及时,"甩锅""打太极""上不推,下不动"等敷衍塞责、推诿扯皮的现象。一是一些基层领导干部对属于职责范围内的落实任务推诿或拖延办理，对社会和民众的要求反应迟钝，遇到问题拈轻怕重，相互扯皮、踢皮球、等待观望等。这部分干部习惯用"拖字诀"，或者以"正在落实"为借口，推脱责任；或者一味强调困难，一拖再拖，在规定时限内不能完成交办的工作任务。二是一些基层领导干部在落实工作中推一推动一动，不推不动。他们总想着时间尚早，"缓一缓""看一看""等一等"，直至到了时间节点上，才临阵磨枪、仓促应对、挑灯夜战……三是一些基层领导干部落实过程中虽然"门也好进了，脸也好看了"，但"只要不出事，宁可不干事"的"为官不为"现象有所抬头。甚至个别基层干部受部门利益驱动，对于上级政策消极怠工，"你说你的，我干我的"，使上级政策难以落实落地。

第二节 基层领导干部落实力建设困境的生成机制分析

由于本书是针对当前基层领导干部落实力考评指标体系进行的研究，研究的对象主要是落实主体即基层领导干部，所以本书主要聚焦于基层领导干部的主体性方面。通过访谈，受访者认为基层领导干部落实上级目标任务时，之所以出现一些比较集中突出的问题，其产生的主观原因具体如下。

排在第一位的是，有56.0%的受访者提到当前一些基层领导干部存在着落实力效果不佳的原因在于放松了对自身学习的要求，自身的能力不足，素质不高。随后的原因按百分比从高到低依次是：有30.0%的受访者提到由于一些基层领导干部缺乏主动进取的意识和斗争精神所致，也有30.0%的受访者提到由于一些基层领导干部宗旨意识不牢，私心杂念作祟；有28.0%的受访者提到了由于一些基层领导干部的责任担当意识不强所致；有23.0%的受访者提到由于一些基层领导干部寓于长期僵化的思维惯性，对新生事物接受慢所致，也有23.0%的受访者提到由于一些基层领导干部理想信念不坚定，理论武装不够所致；有22.0%的受访者提到由于一些基层领导干部对上级政策理解得不深不透导致落实偏差；有20.0%的受访者提到由于一些基层领导干部落实过程中责任不清，分工不明确所致，也有20.0%的受访者提到由于一些基层领导干部落实过程中沟通和协调不到位所致；有15.0%的受访者提到由于一些基层领导干部没能做到一切从实际出发，没能做到实事求是所致；有13.0%的受访者提到由于一些基层领导干部落实中缺乏有效的工作流程，如操作上没有路线图、时间表等所致，还有13.0%的受访者提到由于一些基层领导干部工作方法不当，如工作无重点、目标不清晰，缺乏规划意识；有12.0%的受访者提到由于一些基层领导干部工作韧性不足，不能把难落实的工作持之以恒地抓到底；有11.0%的受访者提到由于一些基层领导干部调研得不实，不接地气所致；有9.0%的受访者提到由于一些基层领导干部"官本位"思想作祟所致；也有9.0%的受访者提到由于一些基层领导干部团队意识淡薄，集体协作精神不强所致；有6.0%的受访者提到由于一些基层领导干部存在职务晋升的倦怠心理所致；有5.0%的受访者提到由于一些基层领导干部的法治意识淡薄，法律素养亟待提高所致；有2.0%的受访者提到由于一些基层领导干部心理资本不足；有1.0%的受访者提到由于一些基层领导干部对落实过程中的民众参与度重视不够所致。（见图3-2）。当然，在客观因素统计中排首位的是"缺乏有效的监督和考核机制"，占受访者人数的18.0%，也反映出本研究题目的必要性和针对性。

项目	数值
学习得不深入，自身能力不足	56
缺乏主动进取的意识和斗争精神	30
宗旨意识不牢，私心杂念作祟	30
责任担当意识不强	28
僵化的思维惯性，对新生事物接受慢	23
理想信念不坚定，理论武装不够	23
对上级政策理解不深不透导致落实偏差	22
责任不清，分工不明确	20
沟通和协调不到位	20
没能做到一切从实际出发，实事求是	15
缺乏有效的工作流程，如没有路线图、时间表	13
工作方法不当，如工作无重点、目标不清晰	13
工作韧性不足，不能持之以恒落实	12
调研不实，不接地气	11
"官本位"思想作祟	9
团队意识淡薄，集体协作精神不强	9
存在职务晋升的倦怠心理	6
法治意识淡薄，法律素养亟待提高	5
心理资本不足	2

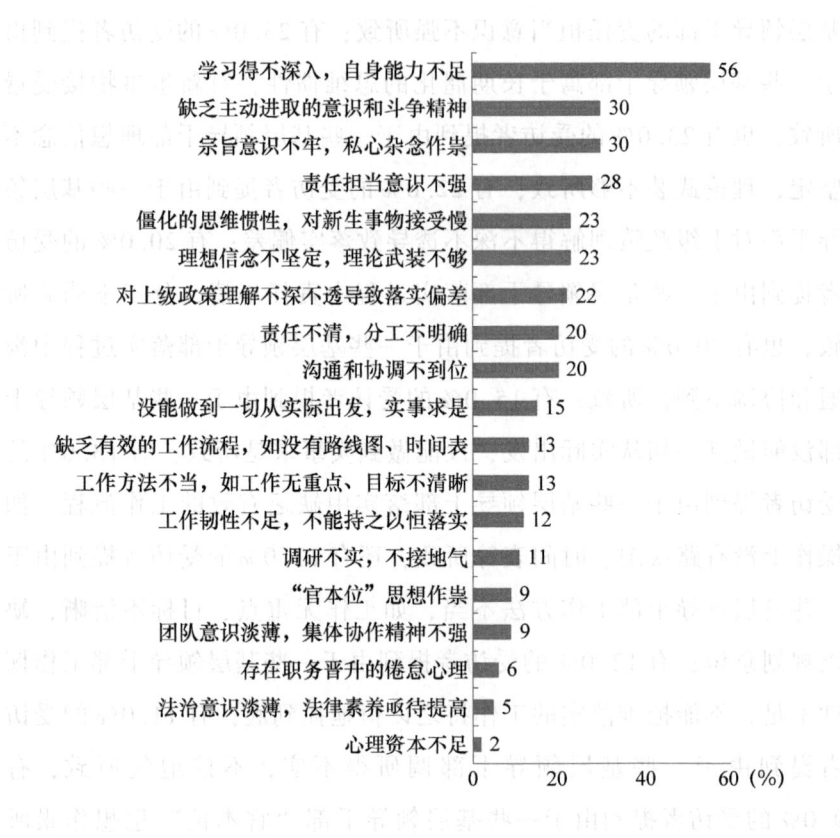

图 3-2 基层干部关于当前落实力存在问题的原因
分析单独访谈统计结果

资料来源：作者根据调研访谈材料整理。

本书作者根据以上访谈结果着重将影响基层领导干部落实上级政策任务时一些比较集中突出问题的主观原因归纳为以下主要几点。

一 作风异化，不严于抓落实

实事求是是我们党的思想路线和工作作风。无论在革命时期还是在建设时期，党员干部要贯彻落实党的方针政策，都必须坚持一切从实际出发，立足本职工作，理性分析问题，真正将知与行有机统一起来，这也是我们党能不断取得革命和建设胜利的重要保证。但是，当前在部分基层干部中存在着作风不严不实，存在着形式主义、官僚主义的问题。一些干部把形式当作"实"，认为多开会就是狠抓，喊口号就是重视，签责任状就是落实。有的干部对工作安排部署多，检查落实少。他们往往吃不透上情，摸不准下情，找不到工作落实的切入点、着力点，劳而无功、难见实效。

二 宗旨淡化，不愿意抓落实

我们党来自于人民、扎根于人民、造福于人民，全心全意为人民服务是我们党的根本宗旨。所有党员干部都必须以最广大人民群众的根本利益作为我们一切工作的根本出发点和落脚点，坚持把人民拥护不拥护、赞成不赞成、高兴不高兴、答应不答应作为制定政策、开展工作的根本依据，做到顺应民心、尊重民意、关注民情、致力民生。而有一些基层领导干部宗旨意识淡化，政绩观出现偏差，做工作仅仅为了单纯的个人升迁目的，而不是为了更好地服务人民群众。这部分干部一事当前先打小算盘，看看对自己或对小团体有无利益，并以此作为权衡行动的砝码，倘若尝不到甜头，得不到一点好处，便认为工作抓得再实也是白干。落实工作一旦被实惠之"实"迷了心窍，则落实之"实"必打折扣，弄虚作假、敷衍塞责之类的事也就应运而生了。以这种思想为基础产生的"政绩观"，势必与群众的实际需求相差甚远，使落实偏离正确的轨道。甚至出现违背客观规律，急功近利，哗众取宠，为了求得眼前一时之效而不惜损害长远利益，做出一些劳民伤财的事。

三 能力弱化，不善于抓落实

基层干部是打通政策落地"最后一公里"的关键执行者，肩负着党和政府与人民群众沟通的桥梁和纽带的重要职责，是党治国理政的"神经末梢"。当前，城乡基层治理规模偏大，管理和服务面临着巨大的压力。例如，Y市LS区下辖4个街道，第七次全国人口普查数据显示，LS街道人口为425493人，JQS街道人口为226040人，YQS街道人口为221413人，LQ街道人口为347650人，可以看出其中人口最少的YQS街道人口都超过22万人。同时，随着社会治理重心下移，基层干部直接承载着以良好的治理效能来满足人民对美好生活向往的历史重任。基层工作千头万绪、形势复杂、任务艰巨，这对基层干部的工作能力提出了更高的要求，而一些基层干部由于各种主客观条件原因，导致思想疲软，能力升级不足，产生的本领恐慌问题仍然不同程度地存在。

四 思维固化，不敢于抓落实

传统治理方式中，一些基层干部往往习惯于用管控、管制的方式进行施政。他们习惯于用简单的行政命令取代民众的主体作用，以致形成了离开行政手段就不会开展工作的习惯。结果落实工作呈现出一种"我说你听、我打你通"的消极被动局面，也使得社区居民委员会和村民委员会这些基层群众自治性组织的功能得不到充分有效的发挥。随着时代的发展、科技的进步，以及基层群众的认知水平和维权意识不断提高，大多数基层干部能够适应国家治理现代化的发展变化带来的新形式新要求。但是由于传统治理模式的惯性，还有少数基层干部仍然存在思维固化的问题。落实工作的过程是一个解决矛盾的过程，是一个分析矛盾、化解矛盾的过程。这个过程不会是一片坦途，因为我们国家已经迈入改革的攻坚期和"深水区"，需要解决的各项矛盾都是难啃的"硬骨头"，不是仅凭过去简单"我说你听、我打你通"的工作方法就能轻轻松松实现的。它需要党员干部在将主观范畴的政策目标转化为客观现实的利益重新分配过程中，必须统筹谋划，自觉把局部的经济社会发展目标与"国之大者"主动对接，不断创新抓落实的方式和方法，如此才能克服"瓶颈"，使许多新任务新部署真正得以落实到位。

第三节　基层领导干部落实力建设优化路径分析

对不同地区100名基层领导干部进行单独访谈的结果分析显示，为适应国家治理现代化的新要求，目前基层领导干部提出应在落实力提升方面着力点的建议，按照百分比从高到低统计如下。

有55.0%的受访者提到要增强责任意识、大局意识和斗争精神，把抓落实作为每位基层干部的一种政治自觉、一种政治责任和一种政治担当。有51.0%的受访者提到要抓好业务培训学习，增强基层领导干部自身的能力本领，学会灵活运用各种管理方法和工具，如时间管理、过程管理、优先级排序管理、风险管理、闭环管理等。有45.0%的受访者提到要进一步加强理论学习。有45.0%的受访者提到要牢固树立全心全意为人民服务的意识，树立"以人民为中心"的发展思想和正确政绩观，提升群众工作能力。另有29.0%的受访者提到要结合实际情况，创新性地开展工作，处理好执行政策与勇于创新的关系，杜绝照葫芦画瓢，机械僵化落实。有28.0%的受访者提到要深入基层一线开展调查研究，以调研破题，推动情况在一线了解、责任在一线扛实、办法在一线形成、问题在一线解决。有26.0%的受访者提到落实中要善于分清轻重缓急，集中抓好主要矛盾和矛盾的主要方面。有25.0%的受访者提到落实中要建立有效的沟通和协调机制，加强团结协作和信息共享，注重发挥好团队优势。有24.0%的受访者提到在落实中要坚持系统思维，统筹考虑，避免各项工作相互脱节、顾此失彼甚至相互冲突；还有24.0%的受访者提到要注重细节抓落实，明确时间表、路线图，强化跟踪问效。有21.0%的受访者提到要加强实事求是的思想路线，理论联系实际，把中央精神和本地区、本部门实际结合起来，抓工作层次的提升，推动工作任务的落实；另有21.0%的受访者提到要提高政治站位，准确全面理解领悟并把握上级意图。有17.0%的受访者提到要提高领导干部的表率力，带头示范，发挥好先锋模范作用。有16.0%的受访者提到落实中要提升群众工作能力，深入基层，走进群众，察实情、讲实话、办实事、求实效。有15.0%的受访者提到要以专精标准对待工作。有13.0%的受访者提到要及时跟进反馈；有12.0%的受访者提到要完善落实考核结果与用人晋升结合的联动机制（见图3-3）。

要坚定理想信念，加强党性修养，筑牢思想根基。特别是要进一步学深悟透习近平新时代中国特色社会主义思想。有41.0%的受访者提到要改进工作作风，带头倡导形成踏石留印、抓铁有痕和马上就办的良好工作风气和工作习惯。不断提高自砺和自律能力，充分整合好时间和资源，不拖拉不堆积，提高工作效率和质量。有40.0%的受访者提到要制定明确的工作目标、计划、方案和流程，并分解到每位基层干部的个人任务中，做到目标明确、重点明确、责权明确。要

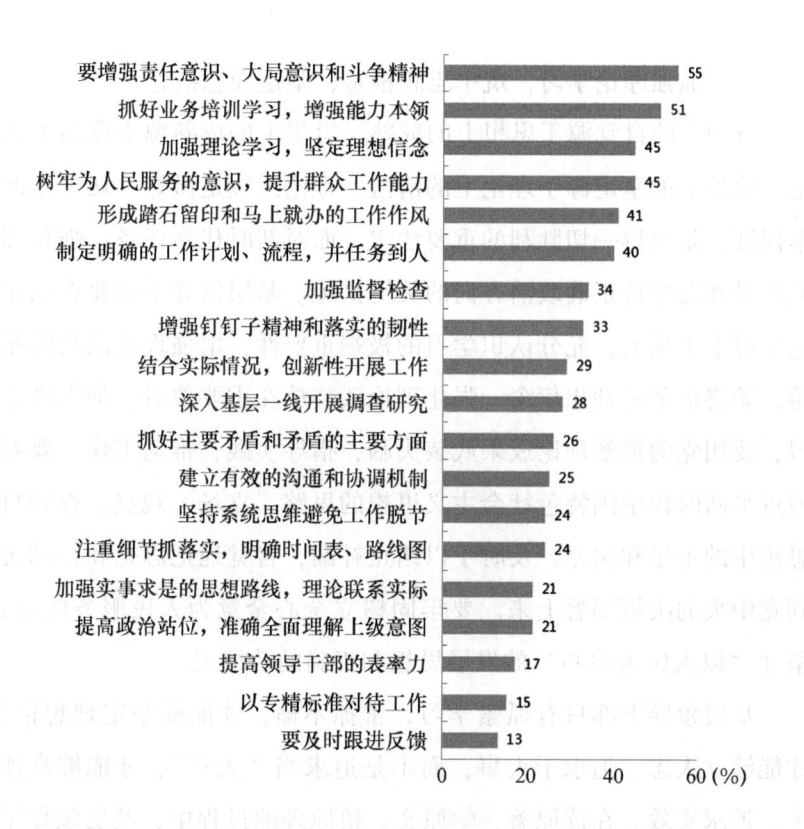

第三章　基层领导干部落实力现代化考评体系建立的依据

项目	数值
要增强责任意识、大局意识和斗争精神	55
抓好业务培训学习，增强能力本领	51
加强理论学习，坚定理想信念	45
树牢为人民服务的意识，提升群众工作能力	45
形成踏石留印和马上就办的工作作风	41
制定明确的工作计划、流程，并任务到人	40
加强监督检查	34
增强钉钉子精神和落实的韧性	33
结合实际情况，创新性开展工作	29
深入基层一线开展调查研究	28
抓好主要矛盾和矛盾的主要方面	26
建立有效的沟通和协调机制	25
坚持系统思维避免工作脱节	24
注重细节抓落实，明确时间表、路线图	24
加强实事求是的思想路线，理论联系实际	21
提高政治站位，准确全面理解上级意图	21
提高领导干部的表率力	17
以专精标准对待工作	15
要及时跟进反馈	13

图 3-3　基层干部关于落实力提升路径单独访谈统计结果

资料来源：作者根据调研访谈材料整理。

加强过程管理，以目标倒逼责任、以时限倒逼进度。有 34.0% 的受访者提到要充分健全和发挥考核奖惩制度的激励和治理功能，加强监督检查。要提升考核目标的可行性，加强考核制度的有效性和公正性。有 33.0% 的受访者提到要增强钉钉子精神和落实的韧性，做到持之以恒，久久为功。本书作者根据以上访谈结果，将当前基层领导干部集中认为能够提升落实力一些比较突出的办法着重归纳为以下主要几点。

一 加强理论学习，筑牢思想根基，坚定理想信念

行动上的自觉源于思想上的成熟，思想上的成熟源于政治上的坚定，政治上的坚定源于理论上的清醒。理论武装是做好一切工作的根本保证，是取得一切胜利的重要法宝。面对新时代新任务，强化理论武装是确保坚持正确政治方向的关键措施。基层领导干部要在强化理论学习上下功夫，充分认识学习的极端重要性，增强理论武装的紧迫感，始终把坚定理想信念、强化理论武装放在重要位置。加强理论学习，要用党的最新理论成果武装头脑，指导实践，推动工作。要对照习近平新时代中国特色社会主义思想的思路、立场、观点，查找自身思想中的不足和偏差，及时予以纠正补漏，自觉地把思想和行动统一到党中央的决策部署上来。要牢固树立全心全意为人民服务的意识，坚守"以人民为中心"的发展思想和正确的政绩观。

基层领导干部只有抓紧学习，常抓不懈，才能够坚定理想信念，才能够立大志、追求干大事，而不是追求当"大官"，才能够真抓实干、追求实效。在读原著、学原文、悟原理的过程中，基层领导干部要切实把自己摆进去，不断提高抓落实能力。落实过程中力戒理想信念缺失、宗旨意识和政绩观错位。不搞贪大求洋、好大喜功、盲目蛮干、哗众取宠，坚持出实招求实效；不搞华而不实、投机取巧、急功近利、竭泽而渔、劳民伤财；不搞弄虚作假、报喜不报忧，绝不能阳奉阴违、当面一套背后一套，要对党忠诚老实、表里如一，不做"两面人"。

二 增强大局意识、责任意识和斗争精神

把抓落实作为一种政治自觉、一种政治责任、一种政治担当。一

是自觉从大局中看问题。自觉在党和国家工作大局下想问题、做工作，做到一切服从大局、一切服务大局。始终心怀国之大者，总是把工作放到大局中去思考、去定位、去落实，不讲价钱，不搞变通，确保党中央政令畅通、令行禁止。坚决维护党中央权威和集中统一领导，做到不掉队、不走偏，不折不扣抓好党中央精神并贯彻落实。绝不能说的是大局意识，行的却是本位主义；说的是维护大局，做的却是维护私利。二是要有责任重于泰山的意识。要坚持行使权力和担当责任相统一，树立有权必有责、有责必担当、失职要问责的观念。紧紧咬住"责任"二字，知责于心、担责于身、履责于行，坚决做到在其位谋其政、履其职尽其责，做到守土有责、守土负责、守土尽责。真正从内心深处形成主动自觉抓落实、心甘情愿抓落实，形成事情定了就办、办就办好的工作常态，真正做到"为官一任，造福一方"，向党和人民交上合格答卷。同时，要坚决杜绝表态多、调门高，行动少、落实差，把说了当成做了、把做了当做成了，甚至认为落实工作就是开开会、提提要求等误区。要抓住"问责"这个要害，最大限度激发基层干部积极性。三是要增强斗争精神，勇于正视矛盾，迎难而上。基层领导干部要敢于动真碰硬、直面困难，做到面对大是大非敢于亮剑，面对矛盾敢于迎难而上，面对危机敢于挺身而出，面对歪风邪气敢于斗争。要培育敢闯敢干、创新实干的精神和越是艰险越向前的斗争品格。善于从倾向性、苗头性问题中发现政治端倪，特别是及早识别、防范、化解"蝴蝶效应"和"黑天鹅""灰犀牛"等事件冲击，避免出现各领域风险的交叉感染，防止非政治性风险蔓延为政治风险。决不能在落实过程中打折扣、搞变通，瞻前顾后、畏首畏尾。努力成为敢于斗争、勇于斗争、善于斗争的战士，能在各种复杂环境下不断奋力打开落实工作的新局面，向党和人民交上工作落实的合格答卷。

三 提高落实能力，具备足够有效解决问题和应对挑战的技能

提高落实的专业能力是提高落实力的基础，不管落实什么工作，如果专业技能不过硬，就谈不上真正地落实到位。要成为一名落实力强的干部必定离不开其平时对自身业务知识、工作能力和综合素质的积累、锻炼和培育。基层领导干部应做到缺什么补什么，用什么学什么。一个知识广博的人不一定能成为一名优秀的基层领导干部，但是一个优秀的基层领导干部必定是拥有广博知识的多面手。基层领导干部要心怀"空杯"心态，多向书本学习，多向能人学习，多向实践学习，只有通过不断地学习和实践，逐步提高自己的专业技能，才能更好地完成各种工作任务。首先，要多读专业书籍，要通过读书把书中知识转化为专业能力。读书不能读死书，而是要努力做到书要为我所用，让"吃"下去的精神食粮高效转化为营养，转化为落实工作中的能力。其次，要多见贤思齐，善于吸收别人的长处为我所用。俗话说，"三人行，则必有我师"，不论身居什么岗位，或面临多重的压力和挑战，都要多向周边优秀的人虚心求教。要心怀感恩，常怀敬畏，不断从别人身上学习新知识、新技能，不断提升自身落实工作的能力。最后，要在实践中读好"无字之书"。基层领导干部还要通过实践把学到的知识内化于心，外化于行，不断增强运用辩证思维、专业知识、科学理论来发现问题、分析问题、解决问题的能力。增强对方针政策、法律法规、标准规范学习领悟能力。习近平总书记指出："学习党的路线方针政策和国家法律法规，这是领导干部开展工作要做的基本准备"[①]，要通过学习进一步提高基层干部落实政策时的理

[①] 习近平：《在全党大兴学习之风 依靠学习和实践走向未来》，《人民日报》2013年3月2日第1版。

解把握能力、统筹谋划能力、组织整合能力、抓关键环节能力、因地制宜能力、沟通协调能力、团结协作能力、身先示范能力以及运用法治思维和法治方式开展工作、解决问题、推动发展等能力。

四 改进工作作风，带头形成踏石留印、抓铁有痕的良好风气

作风关系事业成败，基层干部要树立求真务实的工作作风。要锲而不舍落实中央八项规定及其实施细则精神，驰而不息纠"四风"树新风，坚决反对一切形式主义、官僚主义。要以踏石留印、抓铁有痕的劲头抓落实，坚决克服"浮光掠影轻飘飘，抓铁无痕软绵绵"的不良作风。要培养"严、真、细、实、快"作风，说实话、出实招、求实效，坚决摒弃那些口号喊罢"唱空城"、拈轻怕重"做样子"、撸起袖子"一边看"、遇到难题"绕道走"、作风散漫"拖着干"、自甘平庸"差不多"等不良倾向。一是沉下心来、扑下身子。把心思和精力用在琢磨工作和抓落实上，力戒心浮气躁，抓而不紧、抓而不实，避免工作浮在面上的蜻蜓点水式落实。要紧盯既定目标任务，以不达目的誓不罢休的狠劲，深入抓、具体抓，抓一件、成一件。二是驰而不息、一以贯之。做到持之以恒，锲而不舍，以日拱一卒无有尽、功不唐捐终入海的毅力，狠抓工作落实。做到久久为功、善始善终、善做善成地抓好落实。防止虎头蛇尾，不能一时半会儿没见效就偃旗息鼓、马放南山；也不能把结果当效果，让抓落实在一片落实声中落空。三是要切实转变作风，深入一线调查研究。要深入基层、深入群众，了解实际情况，解决实际问题。密切与群众的血肉联系，靠贴近实际和贴近群众的务实举措抓落实，面对面、心贴心、实打实做好群众工作。以"绣花功夫"解难题，着力解决群众反映强烈的突出问题。四是严格自我要求、提升纪律意识。以身作则，争做遵守工作纪律的标兵，形成严、真、细、实、快的工作作风，依法依规履职尽责。始终保持清醒的头脑，做到慎微、慎初、慎独，严守底线、不踩红线。

五 科学制定明确的落实计划方案并分解到个人任务中

科学制定具体可行的实施方案，明确目标、重点、权责分工和完成时间节点等。古语曰：凡事预则立，不预则废。基层干部日常工作中落实不到位的原因虽然很多，但是许多时候是因为不知道具体干什么、不知道怎么干、不知道为什么干、不知道谁来干。所以做到目标明确、重点明确、权责明确对提升落实力至关重要。只有事先制订好科学合理的计划，将这些因素都纳入其中，才能在后续的落实任务过程中做到有的放矢。第一，制定计划实施方案时既要紧盯最终目标，又要明确阶段目标；既要有整体目标，又要有个体目标。要坚持系统观念和"一盘棋"思想，自觉把局部的经济社会发展目标与国家发展的总体目标主动对接，正确处理"大我"和"小我"的关系，正确处理长远利益、整体利益和短期利益、局部利益的关系。第二，善于发现问题。基层领导干部要敏于观察改革发展大势，聚焦落实新时代新要求新任务、当前各领域工作存在的难点问题、常规工作中遇到的瓶颈制约等内容，进行系统梳理研判，运用"有解思维"推动重点难点问题的准确定位。要把具体"干什么"理清楚，剥茧抽丝找出工作中的主要矛盾和矛盾的主要方面，把工作的着力点放在解决最突出的矛盾和问题上。第三，进一步建立健全岗位目标管理责任制。对落实任务的数量、质量、时限、进程等，都要根据实际情况分解到每个岗位、每个人。要加强落实工作的过程管理，明确具体时间节点，以目标倒逼责任、以时限倒逼进度，确保抓一项完成一项、实施一项见效一项。

六 强化落实的科学工作方法

毛泽东同志曾经就落实工作方面做出过形象的比喻:"我们的任务是过河,但是没有桥或没有船就不能过。不解决桥或船的问题,过河就是一句空话。不解决方法问题,任务也只是瞎说一顿。"① 系统掌握科学工作方法,才能切实提升落实效率。第一,用好"三个会议",就是"动员会""调度会""汇报会"。动员会就是号令,就是号召,就是宣传,就是宣讲,让落实工作的相关方从不明白到明白,从不理解到理解,从参加到参战,形成强大的战斗力。调度会则是在工作进行之后,让薄弱环节、问题较多的相关方不掉队而采取的一种措施,以及时解决问题、消除薄弱环节、保障落实的顺利进行。汇报会则是对决策、决定、决议的一种跟踪与补充,许多事情存在"应然"状态与"实然"状态的矛盾,局部利益与全局利益的冲突,在没有投入实践的时候,往往想得很好,但是落实起来非常困难,这里既有历史原因,还有人文因素,更有利益分割。作为领导者听取汇报,就是集中帮助下属分析问题、解决问题,让问题不成为问题,使工作得到同步推进、同步落实。同时,还可能发现下属对工作的创新,能够及时肯定创新,推广创新。作为下属通过经常汇报,也能经常校正工作的方向是否正确,得到上级领导更有针对性工作指导,以改进工作质量,提升工作效能。第二,养成"闭环式"工作习惯。从研究制定计划目标,到落实执行,再到考核反馈调整,构建环环相扣、高效联动的"闭环"工作体系。落实任务要有时间表和路线图,实施清单化管理、节点化推进、精准化落实。对于落实工作中的重点任务

---

① 《毛泽东选集》第一卷,人民出版社1991年版,第139页。

要"挂图作战",有规划、有计划、有方略、有贯彻、有整改,逐条销账,做到压力层层传导、责任层层落实。第三,要强化机遇意识、风险意识。保持如临深渊、如履薄冰的态度,从最不利处着眼,于最坏处打算,把困难估计足,把意外预想全。善于见微知著、防微杜渐,下好先手棋、打好主动仗,主动防控落实过程中可能出现的各种风险。不仅要注意补齐短板、提升功能,还要注重堵塞漏洞、防范风险;既要有防范风险的先手,又要有化解风险挑战的高招;既要打好防范和抵御风险的有准备之战,也要打好化险为夷、转危为机的战略主动战。

第四章
基于东部某省Z街道基层领导干部考评实践的审视

目前，在工作实践中各地还没有针对基层干部的落实力进行的专项测评考核体系，关于这方面的考核评价大多隐含在基层干部的年度考核或任期考核中，例如各地的高质量发展综合绩效考核指标体系。这种考核指标体系虽然非常具体，但是其对于落实力建设来讲针对性要弱许多。而且，如果操作不当很容易导致只重指标数据不重具体方法和过程，从而陷入唯数据结果导向的指标陷阱。本书以东部某省Z街道高质量发展综合绩效考核指标为例作一剖析。

第一节 东部某省Z街道基层领导干部落实高质量发展考评实例

该街道的考核分六大类，共1000分。一级指标19项，二级指标62项，三级指标94项，四级指标310项，其中四级指标又分设不等数量小项目。

一 考核的六大门类和 19 项一级指标

这六大门类分别是新时代党的建设、服务和融入新发展格局、增强经济社会发展创新力、推动黄河流域生态保护和高质量发展、改善人民生活促进共同富裕和加分减分项目。

（一）新时代党的建设

"新时代党的建设"统领全局，是一项系统工程，共设 185 分。下设：履行全面从严治党主体责任情况（30 分）、宣传思想文化和意识形态工作情况（30 分）、贯彻新时代党的组织路线情况（55 分）、党风廉政建设和反腐败工作情况（10 分）、推进统一战线工作情况（10 分）、平安建设和法治建设情况（40 分）和落实党管武装、退役军人工作情况（10 分）7 个一级指标。

（二）服务和融入新发展格局

"服务和融入新发展格局"，才能夯实经济发展的根基、增强发展的安全性稳定性，才能胜利实现全面建成社会主义现代化强国目标，共设 265 分。其下设：有效扩大内需（170 分）、对外开放提档升级（35 分）和乡村振兴战略（60 分）等 3 个一级指标。

（三）增强经济社会发展创新力

"增强经济社会发展创新力"决定着一个地区乃至一个国家命运的兴衰，共设 285 分。这方面下设科技自立自强（75 分）、新旧动能转换（110 分）、深化改革创新（40 分）和防范化解风险（60 分）等 4 个一级指标。

（四）推动黄河流域生态保护和高质量发展

"推动黄河流域生态保护和高质量发展"事关中华民族伟大复兴和永续发展的千秋大计。同京津冀协同发展、长江经济带发展、粤港澳大湾区建设、长三角一体化发展一样，是重大国家战略。推动黄河流域生态保护和高质量发展重在保护，要在治理，其下设1个一级指标（70分）。

（五）改善人民生活促进共同富裕

"改善人民生活促进共同富裕"是治理现代化的出发点和落脚点。中国共产党进行革命、建设、改革的百年历史，就是一部保障改善民生、扎实推进全体人民共同富裕的奋斗史。该门类共设195分。其下面设立：促进共同富裕（75分）、特色发展指标（20分）和综合评价（100分）等3个一级指标。

（六）加分减分项目

"加分减分项目"，是指标的最后一大类，属于千分之外的附加项目。下设综合、专项加减分1个一级指标，奖惩分值设置一定的浮动范围，上下浮动空间最高为±20分。

二 62项二级指标

"履行全面从严治党主体责任情况"一级指标下设：政治判断力、政治领悟力、政治执行力建设情况（10分）、学习贯彻习近平新时代中国特色社会主义思想主题教育工作情况（10分）和党（工）委书记履行全面从严治党主体责任述职评议情况（10分）等3个二级指标。

"宣传思想文化和意识形态工作情况"一级指标下设：深化理论武装情况（7分）、强化新闻舆论引导情况（8分）、深入开展精神文明建设情况（7分）和推动文化发展和改革情况（8分）等4个二级指标。

"贯彻新时代党的组织路线情况"一级指标下设：建设高素质专业化干部队伍情况（15分）和履行抓基层党建工作责任情况（40分）等2个二级指标。

"党风廉政建设和反腐败工作情况"和"推进统一战线工作情况"两个一级指标各下设1个二级指标,分值各占10分。

"平安建设和法治建设情况"一级指标下设:平安建设情况(20分)、加强和创新社会治理(10分)和党政主要负责人履行推进法治建设第一责任人职责情况、法治政府建设情况(10分)等3个二级指标。

"落实党管武装、退役军人工作情况"一级指标下设:落实党管武装工作情况(5分)和落实退役军人工作情况(5分)等2个二级指标。

"有效扩大内需"一级指标下设:服务经济高质量发展工作成效(50分)、固定资产投资增速,民间投资所占比例提高幅度和贡献率(30分)、重点项目推进情况(50分)、高技术产业投资完成情况(5分)、工业投资、技改投资总量及增幅(10分)、建安投资总量及增幅(5分)和限额以上批零住餐企业零售额、销售额及增速(扶持发展限额以上批零住餐企业)(20分)等7个二级指标。

"对外开放提档升级"一级指标下设:稳住外贸基本盘(15分)和开发区发展情况(20分)等2个二级指标。

"乡村振兴战略"一级指标下设:乡村振兴战略实绩考核整体成效(60分)1个二级指标。

"科技自立自强"一级指标下设:科技创新能力建设(30分)、知识产权保护和高价值专利培育(5分)和人才发展成效(40分)等3个二级指标。

"新旧动能转换"一级指标下设:规模以上工业发展水平(40分)、工业综合管理水平(40分)、"四新"经济发展情况(10分)和服务业发展规模及水平(20分)等4个二级指标。

"深化改革创新"一级指标下设:营商环境优化(30分)和政务服务、数字政府及智慧城市建设(10分)等2个二级指标。

"防范化解风险"一级指标下设：守牢安全生产底线（20分）、信访工作质效、守好信访安全底线（15分）、守牢食品药品安全底线（10分）、地方金融风险防控（5分）和预算绩效管理水平（10分）等5个二级指标。

"推动黄河流域生态保护和高质量发展"一级指标下设：水资源集约节约（20分）、能源消耗强度管控（10分）、土地保护与集约利用（10分）和生态环境质量改善（30分）等4个二级指标。

"促进共同富裕"一级指标下设：人力资源和社会保障（10分）、农村居民人均可支配收入（10分）、教育公平与保障（10分）、文化和旅游融合发展（10分）、医疗卫生服务体系建设水平（10分）、城乡建设发展情况（10分）、城市综合管理水平（10分）和基本医疗保险参保扩面任务完成率（5分）等8个二级指标。

"特色发展指标"一级指标下设：宅基地有偿退出（30分）和衔接乡村振兴集中推进区（10分）等2个二级指标。

"综合评价"一级指标下设：县级领导评价（20分）、部门评价（10分）、基本公共服务满意度调查（30分）、营商环境评价（10分）、市民服务热线办理情况（20分）和党风政风行风正风肃纪民主评议（10分）等6个二级指标。

"加分减分项目"一级指标下设：综合加减分（最高加减10分）和专项加减分（最高加减20分）等2个二级指标。

三　94项三级指标

三级指标共94项，其中与二级指标名称相同的为52项，除去二级、三级指标名称相同的外，其他42项三级指标分别如下所示。

"平安建设情况"二级指标下设：平安该省建设推进情况（15

分）和深入开展平安创建情况（5分）等2个三级指标。

"党政主要负责人履行推进法治建设第一责任人职责情况、法治政府建设情况"二级指标下设：党政主要负责人履行推进法治建设第一责任人职责情况（5分）和法治政府建设情况（5分）等2个三级指标。

"限额以上批零住餐企业零售额、销售额及增速（扶持发展限额以上批零住餐企业）"二级指标下设：限额以上批零住餐销售额及增速（6分）、限额以上批零住餐零售额及增速（10分）、新增升规纳统批零住餐单位家数（2分）和商贸流通工作评价得分（2分）等4个三级指标。

"稳住外贸基本盘"二级指标下设：货物进出口总额和增长率指标（7分）、跨境电商进出口指标（4分）、服务进出口规模指标（2分）和外经外贸工作评价得分（2分）等4个三级指标。

"乡村振兴战略实绩考核整体成效"二级指标下设：粮食和重要农产品产能（7.5分）、乡村振兴样板村庄建设情况（3分）、巩固拓展脱贫攻坚成果任务完成情况（5分）、高标准农田建设任务完成率（2.5分）、第一产业增加值（4分）、规模以上农产品加工企业数量和营业收入（4分）、村庄清洁行动任务完成情况（6分）、乡村人才培训工作情况（3分）、村党组织建设工作情况（5分）、深化文明实践工作成效（5分）、重点工作推进情况（11分）和"三变"改革（4分）等12个三级指标。

"规模以上工业发展水平"二级指标下设：规模以上工业总产值（25分）、规模以上工业企业营收利润率及提高幅度（10分）和"亩产效益"评价（5分）等3个三级指标。

"工业综合管理水平"二级指标下设：工业企业"新增纳统"（15分）、"两化融合"发展水平（10分）、数字经济核心产业增加值及增速（10分）和通信基础设施建设（5分）等4个三级指标。

第四章　基于东部某省 Z 街道基层领导干部考评实践的审视

"生态环境质量改善"二级指标下设：空气质量改善（15 分）、水环境质量改善（7 分）、土壤污染防治（5 分）和秸秆禁烧（3 分）等 4 个三级指标。

"人力资源和社会保障"二级指标下设：劳动就业、创业服务工作（4 分）、社会保险工作（3 分）、劳动监察、劳动人事争议仲裁工作（2 分）和基层公共服务平台建设（1 分）等 4 个三级指标。

"专项加减分"二级指标下设：深化改革、服务"双招双引"成效和负面清单 3 个三级指标。

此外，又设立四级指标 310 项，其下又分设数量众多的考核小项目，不便一一列举，可见表 4-1。其中作为附加项的"专项加减分"分值设定得比较高，具有很强的导向性。作为加分项的"深化改革"三级指标下设：推进全面深化改革的工作效能（最高加 5 分）、深化改革求突破的实际成效（最高加 8 分）和走在前列的改革创新经验（最高加 7 分）3 个四级指标。而作为减分项的负面清单（每项最高减 10 分）三级指标下设：对贯彻黄河重大国家战略、深化新旧动能转换重点任务落实不力；落实国家安全责任制不到位；意识形态工作责任制不到位；守好重大传染病防控底线不力；重大舆情应对处置不力；数据造假；重大失信事件；重大金融风险事件；"三保"保障不力；严重影响安全稳定事件；重大网络安全事故；生产安全事故；重大产品和服务质量事件；食品药品安全事件；破坏生态环境重大事件；落实耕地等自然资源保护不力违规用地用林问题突出等触碰事关全局的强制性、约束性、纪律性要求的；相关工作在国家及省市督查检查考核中成绩较差，受到通报、批评、约谈、警示，对该县工作大局造成负面影响的；巡视巡察反馈重大问题整改不到位等 18 项 4 级指标。（具体见表 4-1）。

基层领导干部落实力现代化考评体系研究

表4-1 东部某省X市Y县Z街道高质量发展综合绩效考核指标

序号	一级指标	二级指标	三级指标	四级指标	权重	县责任部门	街道责任部门
1	履行全面从严治党主体责任情况	（一）政治判断力、政治领悟力、政治执行力建设情况		(1) 恪守政治忠诚，做到"两个维护"情况（2.5分）。①贯彻落实习近平总书记重要指示批示精神和党中央决策部署以及省委、市委、县委工作要求，工作安排不力的，每起减1分，扣完为止。②执行请示报告制度不严格，县委重点工作安排情况和县委报告工作，执行党中央重大决策部署及省委、市委、县委重点工作报告的，突发性重大问题和工作中重大问题未及时请示报告的，每起减0.5分，扣完为止			督查室
				(2) 坚定政治信仰情况（1分）。落实"第一议题"制度不严格的，减0.5分，扣完为止			组织办宣传办
				(3) 涵养政治生态，党内政治生活情况（2分）。①党（工）委自身建设抓得不实，严肃党内政治生活不严格，未做好民主生活会制度，双重组织生活制度不到位的，每起减0.5分，扣完为止。②执行民主集中制不严格，未健全完善"三重一大"决策机制，执行制度不彻底，造成不良影响或严重后果的，每起减0.5分，扣完为止	10分	县委办公室	组织办
				(4) 压实管党治党政治责任情况（2.5分）。①未按规定制定落实全面从严治党主体责任年度任务安排，未做到党（工）委每半年至少召开1次会议专题研究全面从严治党工作，未落实年初向县委书面报告全面从严治党主体责任情况的，每起减0.5分，扣完为止。②对履行全面主体责任情况实地检查反馈的问题，落实全面反馈抽查指出的问题，未持续签入抓好整改落实的，存在违反述职评议上级党内督查实施意见的，上级日常督查检查指出的问题，未排党组织部署要求实施党务公开，存在违反《中国共产党党务公开条例（试行）》实施细则第31条规定情形的，每起减0.5分，扣完为止。③未按照《中共中央办公厅关于深化形式主义为基层减负专项整治工作的通知》和省委、市委整治形式主义官僚主义为基层减负专项机制要求不力的，县委有关工作要求不力的，每起减0.5分，扣完为止			纪检监察工委组织办

续表

类别	序号	一级指标	二级指标	三级指标	四级指标	权重	县责任部门	街道责任部门
新时代党的建设	1	履行全面从严治党主体责任情况	(一)政治判断力、政治领悟力、政治执行力建设情况		(5)加强党的制度建设情况(1分)。贯彻全县党内法规工作会议精神不到位,对会议部署的重点任务没有及时推进落实,推动党内法规制度建设不力,规范性文件制定质量不高,向县委报备不及时、不规范,甚至存在违法违规等情形的,视情减0.1—1分 (6)创新创效情况(1分)。全面从严治党工作经验做法被党中央、国务院领导同志(在职中央政治局常委、委员和国务院总理、副总理、国务委员)批示肯定的,被党中央、国务院通报表扬的,在全国推广的,加1分;被省委、省政府主要领导同志批示肯定的,被省委、省政府通报表扬的,加0.5分;被市委、市政府主要领导同志批示肯定的,被县委、县政府通报表扬的,加0.2分;被县委、县政府重大决策的,每项加0.1分,最高加1分	10分	县委办公室	督查室
			(二)学习贯彻习近平新时代中国特色社会主义思想主题教育工作情况		组织领导和部署推动情况;理论学习情况;调查研究情况;检视整改落实情况;建章立制情况。根据中央部署和省委、市委要求,主题教育结束前提出具体指标,通过综合评估、随机调研抽查、日常调度了解等方式,对各项完成内容进行综合分析,研究并提出评价意见	10分	县委主题教育领导小组办公室	街道主题教育领导小组办公室
			(三)党(工)委书记履行全面从严治党主体责任述职评议情况		根据党(工)委书记履行全面从严治党主体责任述职评议结果赋分	10分	县委办公室	纪检监察工委组织办公室宣传组督查室

续表

类别	序号	一级指标	二级指标	三级指标	四级指标	权重	县责任部门	街道责任部门
新时代党的建设	2	宣传思想文化和意识形态工作情况	（一）深化理论武装情况		(1) 党委理论学习中心组学习情况（3分）。①中心组学习质效情况（1分）。中心组年度学习不少于12次，主题设计好、专题研讨充分的得1分；一般的得0.6分。②中心组列席旁听、通报考核、"学一报"等制度机制落实情况（0.5分）。落实到位的得0.5分；较好的得0.4分；一般的得0.2分。③中心组成员参加集体学习研讨、带头在媒体发表学习体会文章情况（0.5分）。在省级媒体发表1篇得0.5分，市级媒体发表1篇得0.2分，县级媒体发表1篇得0.1分，最高不超过0.5分。④重点理论学习读物学习使用等年度完成情况及微信公众号供稿和阅读推广工作完成情况（1分）。任务完成情况突出的得1分；较好的得0.7分；一般的得0.2分。 (2) 宣讲工作任务完成情况（2分）。①组织开展重大主题宣讲、常态化宣讲和特色宣讲情况（1分）。宣讲队伍活跃度、受众覆盖率高的得1分；较好的得0.7分；一般的得0.4分。②"中国梦"系列宣讲大赛成绩及活动组织情况（0.6分）。表现突出的得0.6分；较好的得0.4分；一般的得0.2分。③宣讲工作受中央和省部级通报表彰、典型经验做法在中央和省级主要媒体刊发情况（0.4分）。表现突出的得0.4分；较好的得0.3分；一般的得0.2分	7分	县委宣传部	宣传办
					(3) "学习强国"学习平台建设使用情况（2分）。①"学习强国"学习平台使用。依据数据情况使用占比60%、学员每月平均学员活跃数据和学员增加情况所占比例40%，按照2023年度"学习强国"考核办法赋分，根据赋分排名情况，1—10名得1分，11—15名得0.8分，16—18名得0.2分。②"学习强国"学习平台合建设。依据			

第四章　基于东部某省 Z 街道基层领导干部考评实践的审视

续表

类别	序号	一级指标	二级指标	三级指标	四级指标	权重	县责任部门	街道责任部门
新时代党的建设	2	宣传思想文化和意识形态工作情况	(一)深化理论武装情况		各级平台采用稿件及阅读量和开展创新活动等评价，在内容建设方面，最高得 0.8 分。其中，传发稿及阅读量考核细则 0.1 分；采用 3 条任务得 0.4 分；本省宣传技发稿及阅读量主动得 0.1 分，完成每月报送 15 条，按照 X 市《2023"学习强国"创新成效考核细则》开展创新活动，月均达到 1 次以上得 0.3 分，以上 3 项中有未完成的单位，按照各单位工作开展情况分档赋分。③正能量素材共享库"提供素材线索和采用数量最高的，最高得 0.2 分	7分	县委宣传部	宣传办
新时代党的建设	2	宣传思想文化和意识形态工作情况	(二)强化新闻舆论引导情况		(1) 落实重大主题宣传任务及时有力，围绕各自工作实际，主动加强与县委宣传完成学习贯彻党的二十大精神及省、市、县安排的重大主题宣传报道等部署工作实际，策划开展新闻发布活动(1 分)。①能够主动用务(1 分)。①高质量市主要新闻媒体上发稿情况(1 分)。好的得 1 分；一般的得 0.3 分；好的得 0.8 分；较好的得 0.7 分；一般的得 0.3 分 (2) 健全完善新闻发言人制度，围绕各项工作实际，策划开展新闻发布部开展对接，加强与县委宣传部等对接，设置发布议题，创新形式和载体，创新形式载体，活动 1 场及以上的，得 0.25 分；没有开展的，不得分。②部门(单位)有新活动 1 场及以上的，得 0.1 分。③邀请基层干部、图片、PPT 等以多种载体形式开展开展开展 0.35 分	8分	县委宣传部	宣传办

83

续表

类别	序号	一级指标	二级指标	三级指标	四级指标	权重	县责任部门	街道责任部门
新时代党的建设	2	宣传思想文化和意识形态工作情况	（二）强化新闻舆论引导情况		（3）积极开展对外宣传（2分）。①配合保障"五友"外宣工作成效显著，得0.5分；较好的得0.4分，一般的得0.3分。"五友"指"外国"友城、友校、友企、友媒主要考核友友校、友企。对街镇主要考核开展交流活动，并开展新闻报道。友企：与1家外国企业开展交流活动，并开展新闻报道。友校：与1所外国学校开展交流活动，并开展新闻报道。②视听对外宣传作为，报送友人信息（姓名、国家、职务），并利用友人资源开展对外宣介以上完成1项工作得分，每项可叠加得分，最多得1.5分；与有影响力的国际友人建立联系，报送友人信息（姓名、国家、职务），并利用友人资源开展对外宣介以上完成1项工作得分，每项可叠加得分，最多得1.5分；较好的得0.9分以上。具体某省走读某省项目完成情况好的，得1.2分。具体某省走读某省项目完成情况较好的，视听某省项目完成情况好的得0.9分，较好的得0.5分。文化某省2分钟以上，地方风光、历史文化、自然风貌、人文美食等方面的视频，拍摄制作相关子目集锦，每季度美食至少1条，每季度至少1条或单集，文化品牌，并形成新闻报道。每季度至少包含1种外语（配音或字幕），文化某省2分钟以上，每季度至少1条，打造"节日里的中国"文化品牌，并形成新闻报道。每报送1条得0.1分，最多得0.7分			
					（4）加强网络意识形态工作面领导和网络意识形态工作责任制（2分）。①严格落实意识形态工作责任制，按照责任清单落实意识形态工作任务，完成表现好的，得1分；完成较好的，得0.8分；完成较差的，得0.4分。②所属党组织管理人员不出现违规违纪不良影响行为（0.5分），媒体、出版物等各类意识形态阵地及所属党组织管理人员不出现违规违纪不良影响行为（0.5分），不出现问题的，得0.5分；出现问题的，得0.1分；出现特别重大问题的，不得分；未及时处置造成不良领有关情况（0.5分），按照年度成不采用信息采用成绩排名，1—12名得0.5分，13—15名得0.3分，16—18名得0.1分	8分	县委宣传部	宣传办

84

续表

类别	序号	一级指标	二级指标	三级指标	四级指标	权重	县责任部门	街道责任部门
新时代党的建设	2	宣传思想文化和意识形态工作情况	(二)强化新闻舆论引导情况		(5)稳妥做好舆论引导和舆情处置工作(1分)。①街镇党(工)委管理范围内发生较大敏感舆情事件,被上级领导或县委主要领导批评,造成不良影响的。严重的扣0.4分;一般的扣0.1分。在新浪微博、今日头条、抖音、百度等头部商业平台负面舆情上热搜(热榜)年度总排量前3位的。严重的扣0.3分;较严重的扣0.2分。②新闻宣传舆论引导统一指挥机制落实不到位,较严重的扣0.1分。宣传、公安等相关部门协同配合不够,舆情引导处置不到位的。严重的扣0.3分;较严重的扣0.2分;一般的扣0.1分	8分	县委宣传部	宣传办
新时代党的建设	2	宣传思想文化和意识形态工作情况	(三)深入开展精神文明建设情况		(1)爱国主义教育基地管理使用到位,积极开展爱国主义教育、全民国防教育活动,并将开展活动情况通过网站、微信公众号或其他地方式宣传报道(2分)。表现突出的,得2分;较好的,得1.8分;一般的,得1.6分;出现舆情和意识形态方面问题的不得分	7分	县委宣传部	宣传办
					(2)做好典型选树工作,健全选树宣传工作机制,积极向上推荐典型,推荐推出的典型要过硬,不能引起负面影响(1分)。表现突出的,得1分;较好的,得0.9分;一般的,得0.8分;引起负面影响引发舆情的不得分			
					(3)实施文明城市创建"一把手"工程,创建体制机制健全,常态化推进文明城市创建工作(0.5分)			
					(4)依据《全国文明城市测评体系》《全国未成年人思想道德建设工作测评体系》指标要求,按时高质量完成材料申报等工作(1分)			宣传办执法中队

续表

类别	序号	一级指标	二级指标	三级指标	四级指标	权重	县责任部门	街道责任部门
新时代党的建设	2	宣传思想文化和意识形态工作情况	（三）深入开展精神文明建设情况		（5）持续深化"文明X市"全域创建行动，推动城乡、区域创建均衡化发展，高质量打造文明城市和"全域创建示范点、示范带、示范乡、文明村镇、文明校园、文明家庭等群化发展，高质量打造文明城市和"全域创建X市"工作认可（1.5分）。 （6）深入开展文明城市、文明单位、文明村镇、文明校园、文明家庭等群众性精神文明创建活动（0.5分）。 （7）积极组织开展道德模范、身边好人等先进典型选树和学习宣传，推进全环境立德树人和改进未成年人思想道德建设工作（0.5分）	7分	县委宣传部	宣传办执法中队 宣传办
			（四）推动文化发展和改革情况		（1）积极组织"我们的中国梦——文化进万家"系列文化活动（2分）。落实到位的，得2分；较好的，得1.8分；一般的，得1.6分 （2）以上文化活动在"学习强国"平台宣传报道情况不少于1次（0.5分）。落实不到位的，不得分 （3）加强优秀传统文化保护、传承和发展，示范效应好的，推动优秀传统文化创造性转化和创新性发展（0.5分）。示范效应好的，得0.5分；示范效应较好的，得0.4分；示范效应一般的，得0.3分 （4）积极发动参加"红色故事"讲解员大赛，积极推荐优秀讲解人员，深入挖掘"红色故事"（0.3分）。表现突出的，得0.3分；较好的，得0.2分；一般的，得0.1分 （5）黄河大集开展情况（0.7分）。建立黄河大集联动推进机制，举办有明确主题、有统一标识、有惠民举措、有交易实效、有新闻宣传链接且人民群众满意度高的黄河大集。活动场次多、成效明显的，得0.7分；较好的得0.5分；一般的得0.3分	8分	县委宣传部 县文化和旅游局	文旅办宣传办

第四章 基于东部某省 Z 街道基层领导干部考评实践的审视

续表

类别	序号	一级指标	二级指标	三级指标	四级指标	权重	县责任部门	街道责任部门
新时代党的建设	2	宣传思想文化和意识形态工作情况	(四)推动文化发展和改革情况		(6)"某省手造"推进工程进展情况(0.8分)。①在景区、商超、酒店、文明实践中心、高速公路服务区这五类场所设立"某省手造"销售专区,设立数量多、成效明显的得0.8分;较好的得0.6分;一般的得0.4分。②新建1处市级以上产业集聚区,带动性、体验性强的"某省手造"展示中心,得0.2分。本项最高得分0.8分。 (7)文化产业发展情况(0.5分)。①净增规上文化产业单位,净增1家每增1家得0.1分。②现上文化产业单位对全县文化产业营业收入增幅有贡献,在全县增幅以上的,得0.2分;在全县增幅以下的,得0.1分;无营业收入的,不得分。③综合工艺美术品及收藏品、文化用品等"山东手造"产品出口额对全县文化产品出口有贡献的得0.1分,每创建1家省级以上文化出口重点企业、重点项目,每签约1家文化和旅游产业领域项目得0.1分,本项最高得分0.5分(新开工)1家文化和旅游产业领域重点项目得0.1分。本项最高得分0.5分 (8)完成宣想文化重点领域年度引育目标的(1分)。根据任务数量完成率,进行赋分。(比如:完成95%,得0.95分) (9)农家书屋、文化活动、文物保护、电影工作(1.7分)。①把建设农家书屋意识形态方向、增强农家书屋在建设农民基本文化权益、加强农村公共文化服务体系和农村精神文明建设等方面做出的重要贡献(0.5分)。②组织开展"戏曲进乡村"等喜闻乐见的文化惠民活动,活动档案资料齐全,群众满意度逐年提升(0.4分)。③在文物保护单位不得移动文物保护单位范围和建设控制地带内,不得违反文物建筑保护、文物保护及其环境的设施,文物保护单位的活动,如有违反上述条款之一,该项不得分(0.4分)。④电影工作情况。按照"每村每月一场电影"要求,圆满完成农村电影放映任务,确保群众看到、看好电影(0.4分)	8分	县委宣传部 县文化和旅游局	文旅办 宣传办

续表

类别	序号	一级指标	二级指标	三级指标	四级指标	权重	县承任部门	街道责任部门
新时代党的建设	3	贯彻新时代党的组织路线情况	（一）建设高素质专业化干部队伍情况		（1）推荐县管干部情况（3分）。①坚持民主集中制不够，未在一定范围内沟通酝酿的，酌情减分，上限1分。②不从事业出发推荐干部，有关人选在日常考察、试用期满考核等工作中公认度较低，酌情减分，上限1分。③不深入了解干部情况，不实事求是介绍干部表现，对干部任职资格条件把关不严，甚至带来负面影响的；在县管干部、科级干部推荐考察工作中，准备不充分、配合不到位，影响工作正常推进的，酌情减分，上限1分。 （2）干部队伍建设情况（7.5分）。①不注重战略规划和系统谋划，在干部培养、管理上下功夫不够，领导班子和干部队伍素质、结构、功能不适应建设需要的，酌情减分，上限1.5分。其中，年轻干部工作按照省、市相关要求和《关于实施新时代年轻干部培养选拔"Y县计划"的意见》进行评价的，上限2分。②中层干部调整、职级职级晋升、职位调整等工作存在严重偏差、缺乏统筹的；职务与职级并行政策执行不到位、单位职级晋升导向存在严重偏差、缺乏统筹的；推动不力，酌情减分，上限1.5分。③激励干部担当有效办法不够，在用人导向、干部考核、关心关爱、干部交流挂（任）职、教育、管理、监督、档案审核和考录、公开选拔、推荐表彰奖励、执行工资福利政策、组织生活制度等方面缺少有效办法的，酌情减分，上限0.5分。④报送干部人事档案质量不高或未按要求问题调查核实不礼实，处理不到位，把关不严格的，酌情减分，上限0.5分。⑤对上级组织部门安排材料等工作落实不力或造成不良社会影响的，出现1起酌情减分，上限2.5分。⑥领导班子民主集中制原则执行不到位，组织纪律不落实，班子不团结，风气不正，违规决策软弱涣散的，酌情减分；班子成员违法违纪受党纪政务处分的，减1人减0.5分，其中主要负责同志违法违纪受党纪政务处分的，减1分，上限1.5分	15分	县委组织部	组织办

第四章　基于东部某省Z街道基层领导干部考评实践的审视

续表

类别	序号	一级指标	二级指标	三级指标	四级指标	权重	县责任部门	街道责任部门
新时代党的建设	3	贯彻新时代党的组织路线情况	(一)建设高素质专业化干部队伍情况		(3)涉组涉干信访举报情况(2.5分)。①对信访举报应查未查,查核不认真、走形式,或者查实后应处未处,处理不到位的,出现1起减0.2分,上限1分;②在上级组织部门开展信访举报核查等工作中,发现存在弄虚作假或隐瞒真实情况违反办理工作纪律的,出现1起减0.5分,上限1分。③发生信访举报负面舆情或越级访、重复访问题突出且恶化解不力,造成严重不良影响的,出现1起减1分,上限1分。(4)干部工作"走在前、开新局"情况(2分)。干部工作经验做法在中央、中组部、省委、市委组织部被地区肯定、总结推广的,每项加1分;领导班子和干部队伍建设成效明显、走在全县前列的,市委书记、县委领导班子被省级以上表彰奖励的,酌情加分。加分上限2分。	15分	县委组织部	组织办
新时代党的建设	3	贯彻新时代党的组织路线情况	(二)履行抓基层党建工作责任情况		(1)街道党工委书记抓基层党建工作述职评议情况(10分)。根据各街道党工委书记、镇党委书记抓基层党建工作述职评议会议上得票情况等进行赋分分析。(2)深化党支部规范化提升情况(9分)。①深化党支部规范化提升联合党支部覆盖单位超过5个、长期(半年以上)存在党支部设置不规范情况的,每个减0.2分;"三会一课"、主题党日、专题组织生活会等组织制度落实不到位,被巡视巡察发现,造成不良影响的,视情组织减员0.5—1分。②发展党员违规发展党员问题突出的,视情减1—2分。发展党员计划执行不到位,存在违规违纪执行不到位,情况减(2分)。③流动党员管理工作情况,发现存在(2分)	40分	县委组织部	组织办

续表

类别	序号	一级指标	二级指标	三级指标	四级指标	权重	县责任部门	街道责任部门
新时代党的建设	3	贯彻新时代党的组织路线情况	(二)履行抓基层党建工作责任情况		流动党员组织关系排查不深入不细致，推广使用流动党员管理信息系统不力等问题的，视情指减0.5—1分。②党费收缴使用管理不情况(2分)。发现存在党费使用重点项目推进不力、资金使用管理不规范问题的，视情存在问题的0.5—1分。⑤其他党务工作不规范，发现在党务工作事项外包行为、委托辅助服务事项不规范、非党员从事党务工作的，查实1起扣0.5分			
					(3)深化提升城市基层党建引领基层治理效能(5分)。未严格落实社区工作活动不扎实的，视情减 0.1—0.6 分；社区党组织评星定级"宽身份、树形象、做贡献、助发展"等活动不扎实的，视情减 0.1—0.5 分；开展"双述双评""宽身份、树形象、做贡献、助发展"等活动不扎实的，视情减 0.1—0.6 分；过硬街道建设评于面上，缺少实质性成效不明显的，视情减 0.1—0.8 分；党群服务中心面积党校建立"网格学院"，"红色物业"建设成效不明显的，视情减 0.1—0.5 分	40分	县委组织部	组织办
					(4)大力推进"两新"组织党建提质增效(4分)。未全面掌握辖区内新经济组织、新社会组织、新就业群体等党建工作信息，视情减 0.5—1 分；新业态新就业群体整体情况党建工作开展不深入、实效不高，视情减 0.5—1 分；"两个覆盖"工作质效不高，扩覆盖工作推进不力、实体和功能型党组织在"灯塔-党建在线"管理平台应录尽录，未落实组织应建尽建，实体指导员工作指导流于形式，作用发挥不明显的，视情减 0.5—1.5 分；"两新"组织党建示范点培育、升级，引领园区党建工作没有及时推进落实，成效不明显的，视情减 0.1—0.3 分；楼宇园区党建工作推进不力、工作成效不大的，视情减 0.1—0.2 分			

第四章 基于东部某省 Z 街道基层领导干部考评实践的审视

续表

类别	序号	一级指标	二级指标	三级指标	四级指标	权重	县责任部门	街道责任部门
新时代党的建设	3	贯彻新时代党的组织路线情况	(二)履行抓基层党建工作责任情况		(5)健全完善党员教育工作体系情况(9分)。①《2019—2023全国党员教育培训规划》终期评估情况(1.5分)。②党员教育中心工作情况;党员教育内容资源建设情况(2分)。③街道党校(党员教育中心)建设和基层党员进党校教育培训全覆盖情况(1.5分)。④"灯塔一党建在线"网络平台信息维护、管理使用情况(1分)。⑤"我来讲党课""两季"教育活动开展情况(2分)。⑥村(社区)党员学历提升计划实施情况(1分)。(6)组织系统信息和宣传工作(3分)。突出特色亮点工作,抓好党组涉干舆情工作力度,根据县委组织部工作情况通报确定考核分值	40分	县委组织部	组织办
	4	党风廉政建设和反腐败工作情况			(1)坚持和完善党和国家监督体系情况(4分)。①不履行或不正确履行党内监督主体责任,政治生态分析不全面,"四责协同"、党内谈话等制度机制不健全,"一把手"监督、同级监督、对下监督工作落实不够有力度。以反纠错、整改要求走过场、行业性突出问题的,每起减0.4分。②组织领导巡视巡察履责不到位,落实整改要求不到位、不明显,虚假整改,减0.8分。纸面整改,推动党内监督、民主监督、群众监督、审计监督、统计监督、财会监督、司法监督事项会商研判、违纪违法问题线索移送等各项党内监督主体作用发挥不明显,每起减0.4分。奥论监督、贯通协调力度不够,重大监督事项会商研判、违纪违法问题线索移送等各项	10分	县纪委监委机关	纪检监察工委

续表

类别	序号	一级指标	二级指标	三级指标	四级指标	权重	县责任部门	街道责任部门
新时代党的建设	4	党风廉政建设和反腐败工作情况			机制不健全的，减 0.8 分。③对基层监督体系建设重视不够，未有效统筹监督力量，健全监督网络，监督质效不充分，造成涉腐涉纪负面舆情，群众反映强烈等不良影响的，每起减 0.8 分。④不严格落实《中国共产党纪律处分条例》有关要求，对在党的建设、党的事业中失职失责的领导干部应当问责而未问责的，每起减 0.8 分。不按照职责权限规范开展问责工作，特别是搞地保护、生态环保、生产安全责任事故、统计造假和舆情处置等问题在问责工作中，问责程序不规范，问责决定执行不到位的，每起减 0.4 分；问责不当或滥用问责，造成涉腐涉纪负面舆情、群众反映强烈等不良影响的，每起减 0.8 分 (2) 加强纪律建设，深入推进反腐败斗争情况（3 分）。①在贯彻党的路线方针政策、中央决策及习近平总书记对我省工作的重要指示要求方面不坚决、打折扣、搞变通，或缺乏正确政绩观，搞"政绩工程""形象工程"等，在政治上造成不良影响或严重后果的，或对本地区党员、公职人员违纪违法问题，瞒案不报、压案不查、查处不及时、不到位，对上级督办、交办案件查处不及时、不到位，因主体责任落实不到位导致问责人员出逃的，每人次减 0.3 分，每起减 0.3 分。②对本地区新时代廉洁文化建设不到位，未开展以案促改、以案促治、以案促建，对本地区典型案例、加强纪律教育和警示教育，做好监督执纪问责"后半篇文章"不重视，未结合典型案例，加强纪律教育和警示教育，未开展以案促改、以案促治、以案促建，贯彻落实《关于加强新时代廉洁文化建设的意见》不重视，不部署，减 1 分。③对本地区廉政文化建设不到位，未开展以案促改、以案促治、以案促建，因违纪违法受到党内严重警告（含）或政府主要负责人在本地区任职期间，因违纪违法受到党内严重警告（含）或	10 分	县纪委监委机关	纪检监察工委

第四章 基于东部某省 Z 街道基层领导干部考评实践的审视

续表

类别	序号	一级指标	二级指标	三级指标	四级指标	权重	县责任部门	街道责任部门
新时代党的建设	4	党风廉政建设和反腐败工作情况			者政务降级（含）以下处分的，每人次减 0.6 分；受到撤销党内职务（含）以上处分的，每人次减 0.9 分。其他领导班子成员受到党内严重警告（含）或者政务降级（含）以下处分的，每人次减 0.3 分；受到撤销党内职务（含）或者政务撤职（含）以上处分的，每人次减 0.45 分。其他县管干部受到党内严重警告（含）或者政务降级（含）以下处分的，每人次减 0.15 分；受到撤销党内职务（含）或者政务撤职（含）以上处分的，每人次减 0.3 分。上述主要负责人、其他领导班子成员及市管干部涉嫌职务违法、职务犯罪被移送司法机关追究刑事责任的，每人次加减 0.3 分。对因存在违纪违法行为，县纪委监委建议进行组织处理，不再由党政正职及党委、政府主要负责人，政府分别减 0.45 分、0.3 分、0.15 分。以上街道纪违法等问题，为街镇党委及县里管干部连纪违法区的扣分；⑤对组改组方式同黄委、政府被动发现被并被查实的，每起减 0.6 分；组织调整或处被员受到通报、减勉、组织调问责的，减 1.2 分。主要负责同志受到通报、减勉、组织处理方式问责的，每人次减 0.3 分；其他领导班子成员受到通报、减勉、组织调整或处理方式问责的，每人次减 0.15 分；对其他县管干部受到通报、减勉、组织调整或组织处理方式问责的，每人次 0.1 分。领导干部受到部受到党纪政务处分的，按照本项指标①减分	10 分	县纪委监委机关	纪检监察工委

93

续表

序号	类别	一级指标	二级指标	三级指标	四级指标	权重	县责任部门	街道责任部门
4	新时代党的建设	党风廉政建设和反腐败工作情况			(3) 深化落实中央八项规定及其实施细则精神情况（3分）。①落实作风建设主体责任不到位，传达学习中央和省委、市委、县委有关精神不及时，未设主体责任不到位，结合本地区作风建设问题有针对性开展纠治，减0.6分。②对本地区发现的违反中央八项规定精神突出问题瞒案不报，压案不查，造成涉腐纪负面舆情，群众反映强烈等不良影响的，每起案减0.3分。③落实"三个区分开来"要求不到位，未健全容错纠错、澄清正名，打击诬告等陪衬专项工作机制，营造干事创业浓厚氛围的，减0.3分。④任开展重大国家战略专项监督，扎实依法查办环境领域腐败问题等专项行动，开展乡村振兴领域腐败问题专项整治、粮食购销领域腐败问题专项整治，统计造假根窝案难等治理工作中，自查自纠、每起案减0.3分。⑤街镇党委、政府主要负责人，其他党成员及县管干部在任职期间，违反中央八项规定精神，或存在"四风"问题，查实后予以诫勉，每人次减0.15分；受到党纪政务处分的，按照"加强领导班子建设，深入推进反腐败情况"指标④予以减分。	10分	县纪委监委机关	纪检监察工委
5		推进统一战线工作情况			(1) 组织领导工作（2分）。把统战工作列入党（工）委工作重要议事日程，制定年度工作要点，建立健全统战工作组织网络和上级统战工作会议精神纳入领导班子学习内容，党（工）委参加上级统战部门组织的各项活动，认真听取联络统战成员汇报统战工作，按时参加上级统战部门安排的各项工作任务，认真完成上级统战部门安排的办公经费，有固定的办公场所，应完成工作要求的办公设备和办公经费，有统战工作档案专柜，档案详尽并整理规范；推动基层统战工作创先争优	10分	县委统战部	宣传办商会

续表

类别	序号	一级指标	二级指标	三级指标	四级指标	权重	县责任部门	街道责任部门
新时代党的建设	5	推进统一战线工作情况			（2）新型政党制度效能发挥情况和党外代表人士队伍建设工作（2分）。支持民主党派、无党派、党外知识分子、新的社会阶层人士参与调查研究，建立民主监督、无党派、党外知识分子的社会阶层领域的社会化管理，推荐后备干部名单中应包括党外干部，党外代表人士在任意行为并未造成不良影响；党（工）委每年应与党外代表人士在任专题研究新同心同向广"交友恳谈会少聚2次，围绕党委政府重要决策征求党外代表人士统战工作意见和建议，党政主要负责同志每年与党外代表人士统战工作创建工作品牌，善于总结无党派、党外知识分子、新的社会阶层人士统战工作亮点、有关工作建议、调研报告、经验材料、典型案例积极报送中央和省、市有关部门 （3）加强和改进工商联（商会）工作（2分）。党（工）委重视工商联工作，确定1名领导班子成员专门负责工商联工作，建立健全相关工商联工作制度。重视非公经济党建工作，不断加强商会党组织建设、引领非公有制经济人士理想信念教育，引导民营经济人士参政议政，参与民主监督。按照工商联章程正常开展各项工作、各项公益事业。加强工商联和商会常态化建设，经常组织会员企业开展为企服务活动，解决企业相关问题，县政府重点任务，积极参与有关工作建设。引导会员企业围绕县委、县政府中心工作开展，促进民企健康发展、高质量发展。工商联工作创新情况	10分	县委统战部	宣传办 商会

续表

序号	一级指标	二级指标	三级指标	四级指标	权重	县责任部门	街道责任部门
5	新时代党的建设		推进统一战线工作情况	(4) 民族宗教工作（2分）。党委（党组）要认真履行民族宗教工作主体责任，落实民族宗教工作"六个纳入"；做好迎接贯彻中央民族工作会议精神检查和宗教工作督查及反馈问题整改工作，健全完善民族宗教工作领导小组、民族宗教工作网络和专（兼）职工作者，宗教活动场所、少数民族群众、信教群众档案资料齐全；依法管理教职人员、教职人员学习培训，组织宗教政策法规宣传教育活动，积极参加上级统战部门安排的学习培训，组织宗教领域创建工作纳入年度学习《宗教事务条例》和有关政策法规，有效处理民族宗教领域矛盾纠纷案事件，打击非法宗教活动；落实宣传教育，深化民族意识教育，将民族团结进步创建工作和"红石榴"品牌创建活动，注重培养选拔少数民族干部和宗教界代表人士，加强经济发展总体规划，开展民族乡村振兴行动，加大对后备人才的培养力度	10分	县委统战部	宣传办
				(5) 港澳台侨和海外统战工作（0.5分）。对港澳台侨和海外人士反侨眷属建档立卡；每年走访台侨眷属不少于1次，召开台侨人员座谈会、情况通报会不少于1次，听取他们的意见和建议；做好台商、侨商及归侨侨眷侨属的服务工作，为他们解决实际困难，发展壮大爱国爱港爱澳力量，积极开展或协助开展好涉港澳活动			
				(6) 统战调研宣传信息工作（1.5分）（兼）。将统战理论调研宣传信息工作列入年度工作计划，设立专（兼）职统战信息员，及时上报统战信息，每月不少于1条；积极开展统战理论调研宣传，每年上报统战调研宣传文章不少于1篇。及时完成统战刊物征订任务			

第四章 基于东部某省 Z 街道基层领导干部考评实践的审视

续表

类别	序号	一级指标	二级指标	三级指标	四级指标	权重	县责任部门	街道责任部门
新时代党的建设	6	平安建设和法治建设情况	（一）平安建设情况	1.平安X市建设推进情况（15分）	(1)常态化开展扫黑除恶斗争（3分）。按扫黑除恶斗争日常工作排名赋分，最高得1.8分；按线索核查排查到期报送率赋分，最高得0.5分；按线索核实名举报人联系率赋分，最高得0.5分；查实名举报人员安置帮教成效赋分，最高得0.2分；查否涉黑涉恶线索被省扫黑办办查实的，每条减0.5分；核查报告不规范的，每条减0.1分。(2)打击治理电信诈骗（3分）。发案率考核2分，按应升降比例赋分；宣传防范考核1分。(3)重点地区重点问题集中治理（3分）。实施开展情况1分；整治工作成效1分；严重精神障碍患者等重点人群服务管理1分。(4)社会风险防范成效（6分）。社区戒毒社区康复办公室建设及人员管控情况0.5分；防范打击涉毒教育破坏及抵御境外渗透工作1分，开展反邪教警示教育宣传工作1分；防范化及巩固周促回归工作1分；对县级以上重大决策项目开展社会稳定风险评估2.5分，比例和质效进行赋分。未落实"三同步"要求，发生重大敏感舆情成群体上访的，最多减0.5分。	20分	责任单位：县委政法委 参与单位：县公安局 县司法局 县扫黑办	综治办 派出所
				2.深入开展创建平安情况（5分）	(1)基层平安建设（2.5分）。平安社区（村）创建、申报工作1分；道路交通安全工作0.5分；护路联防工作1分。(2)社会治安防控体系建设（0.5分）。根据新形势下社会治安防控体系建设要求，推进治安防控单元防控、市域单元防控、一体化防控机制建设等五大重点工程建设，按要素动态管控、网络全防控，按照完成质效赋分，每项0.1分。(3)涉法涉诉信访化解攻坚情况（2分）。涉法涉诉信访人稳控工作2分。			

续表

类别	序号	一级指标	二级指标	三级指标	四级指标	权重	县责任部门	街道责任部门
新时代党的建设	6	平安建设和法治建设情况	（二）加强和创新社会治理		（1）"一站式"矛盾纠纷多元化解工作成效（6分）。"一站式"矛盾纠纷多元化解（工作站）建设情况2分；矛盾纠纷调解平台数据后台查看、矛盾纠纷多元化解平台数据从高到低进行赋分；矛盾调解、矛盾回访、登录次数、受理、治理工作情况2分，开展矛盾纠纷源头专项行动，做好市矛盾纠纷源头专项治理工作。通过市矛盾纠纷源头治理系统查看、接收办理、组织评查等数据从高到低进行赋分。国家信访局登记本单位来访类别次信访量达标准情况进行赋分。根据各街道镇矛盾纠纷预防工作，防止民转刑案件的发生。发生1起减0.2分，最多减1分。各街镇万人起诉率达标准情况减，最多减1分，防止民转刑案件的发生。发生1起减0.5分 （2）城乡社区网格化服务管理工作成效（4分）。网格化服务管理工作1分分；社会治理综合服务暨县级创新社会治理工作1分	10分	责任单位：县委政法委 县社会治理综合服务中心 参与单位：县法院 县公安局 县司法局 县信访局	综治办 司法所 派出所
			（三）党政主要负责人履行推进法治建设第一责任人职责情况、法治政府建设情况	1.党政主要负责人履行推进法治建设第一责任人职责情况（5分）	（1）坚持党委（党组）理论学习中心组法治思想学习培训（0.5分） （2）组织本街镇开展法治教育培训（含习近平法治思想学习培训）2次以上；抽取一定数量的新入职公务员、执法人员、领导班子学法培训，新提任领导干部、法治学法用法律明白人，参加省、市、县法治素养考试，根据教育培训情况和抽考平均分进行赋分（1分） （3）党工委（党委）召开会议研究部署法治建设工作，及时研究解决问题（0.2分） （4）严格落实述法制度，党政主要负责人、领导班子成员在年终述职时进行，机关负责人出庭应诉述法内容；严格执行报告制度，行述法；	10分	县委依法治县办 县司法局	司法所

98

续表

序号	类别	一级指标	二级指标	三级指标	四级指标	权重	县责任部门	街道责任部门
6	新时代党的建设	平安建设和法治建设情况	（三）党政主要负责人履行推进法治建设第一责任人职责情况、法治政府建设情况	1.党政主要负责人履行推进法治建设第一责任人职责情况（5分）	按程序、时限要求，党政主要负责人向县委全面依法治县委员会提交年度述法专题报告（0.5分） （5）查看街镇年度法治政府建设情况报告县政府官网公开情况（0.5分） （6）开展"八五"普法规划中期评估自查工作，本年度组织开展习近平法治思想、宪法、民法典等主题宣传活动（1.6分） （7）开展新时代法治乡村（社区）建设工作；街镇建设法治文化广场或法治文化公园；实现村（社区）法治文化阵地全覆盖（0.7分） （8）分值范围内综合设加分项和减分项	10分	县委依法治县办县司法局	司法所
				2.法治政府建设情况（5分）	（1）各街镇合法性审查全覆盖工作，年底前实现合法性审查率100%；审查事项目录，年底大决策事项（含重大决策事项）、具体、规范（1分） （2）街镇集中执法队伍落实，按照"应执尽执"执法要求，开展行政执法工作、行政检查工作，按时报送行政执法数据，行政执法人员培训考试情况（1分） （3）加强行政执法监督工作，部署使用全市统一的行政执法平台，积极参与行政执法案卷评查活动（1分）			

续表

类别	序号	一级指标	二级指标	三级指标	四级指标	权重	县委责任部门	街道责任部门
新时代党的建设	6	平安建设和法治建设情况	(三)党委主要负责人履行推进法治建设第一责任人职责情况、法治政府建设情况	2.法治政府建设情况(5分)	(4)抓好行政复议和行政应诉工作(1.8分)①行政复议按期答辩情况(0.4分);②行政争议自查化解情况和行政行为被纠错率履行人民法院生效判决率(0.2分);③自觉应诉率100%,未达100%不得分(0.5分);④行政机关负责人出庭应诉率、败诉情况、败诉机关报送行政诉讼数据、败诉情况履行情况(0.5分);⑤按时报送行政应诉案件及时录入(0.5分) (5)做好社区矫正工作;健全矛盾纠纷多元调解机制、体系,调解卷宗档案规范、智慧调解系统及时维护,调解案件及时录入(0.2分) (6)分值范围内综合设加分项和减分项	10分	县委依法治县办县司法局	司法所
新时代党的建设	7	落实党管武装、退役军人工作情况	(一)落实党管武装工作情况		(1)制度落实(1分)。重点考核各街镇履行党管武装职责情况 (2)战备训练(1分)。重点考核国防动员任务落实、后备力量训练情况 (3)国防动员(2分)。重点考核民兵建设、征兵工作、基层武装部规范化建设、民兵营连"部室家"建设情况 (4)保障工作(0.5分)。重点考核民兵经费建设管理情况、军事设施建设管理情况 (5)"双拥"共建(0.5分)。重点考核"双拥"、"军民共建社会主义精神文明"工作开展情况	5分	县退役军人事务局	退役军人事务站

100

续表

类别	序号	一级指标	二级指标	三级指标	四级指标	权重	县责任部门	街道责任部门
新时代党的建设	7	落实党管武装、退役军人工作情况	(二)落实退役军人工作情况		(1)就业创业(1.5分)。①组织辖区内2023年度自主就业退役士兵参加适应性培训,未参加培训的每人次扣0.01分,辖区内2023年度自主就业退役士兵已报名"军岗日"退役军人专场招聘活动,全年举办1场以上退役军人专场招聘会,未开展不得分(0.25分);③规范管理专项公益岗,每发现1起未在岗情况,未开展不得分(0.25分);④完善军创联络员服务长效机制0.2分,加强创业扶持政策宣传0.2分,用足用好创业扶持基金0.1分(0.5分)。 (2)"双拥"优抚(1.5分)。①拥军优属工作情况。"双拥"重点任务推进缓慢、解决问题敷衍塞责,工作掩查应付等,每发现1起扣0.05分(0.75分)。②优抚政策落实情况。抚恤生活补助金实现按月社会化足额、及时发放,错发、漏发的每发现1起扣0.05分(0.25分);按时完成优抚对象核查工作,未按时完成的扣0.25分;按时完成优抚对象年度确认工作,未按时完成的扣0.25分。 (3)权益维护(1.5分)。①退役军人信访稳定工作情况。进京访每人每次扣0.1分;发生5人(含)以上的进京访体访的,扣0.25分;发生10人(含)以上的到省厅市局上访有预警无陪同的每人次扣0.05分,发生5人(含)以上10人以下的到省集体访的,扣0.5分。②到省厅市局上访10人以下的每人次扣0.05分,发生10人(含)以上20人以下的到省集体访的,扣0.25分,发生20人(含)以上的到省集体访的,扣0.5分。③重复信访集中治理,积案化解工作不到位的,每起扣0.5分。 (4)服务质效(0.5)。①服务体系建设和发挥作用情况。根据服务中心(站)建设管理指导标准以及建档立卡、困难帮扶等服务质效等进行赋分,每有1项落实不到位的扣0.05分(0.25分)。②退役军人工作评价情况。通过第三方抽样调查,评价满意、基本满意或不满意,得分=(表示"满意"+	5分	县退役军人事务局	退役军人事务站

续表

序号	一级指标	二级指标	三级指标	四级指标	权重	县责任部门	街道责任部门
8	有效扩大内需	（一）服务经济高质量发展工作成效		"基本满意"的人数)÷抽查总人数×0.25分（0.25分）按照财政局制定的具体考核办法打分，包括收入组织、财源培育等事项	50分	县政府办公室 县财政局	财政所
				(1) 目标任务（7分）。基础分占80%。采用功效系数法，考核固定资产投资目标完成率。得分＝（指标值－最小值）÷（最大值－最小值）×（指标分值－基础分值）＋基础分值			
		（二）固定资产投资增速、民间投资所占比例提高幅度和贡献率		(2) 总量和增幅（15分）。基础分占80%。总量方面：参照X市固定资产投资考核细则。第1组街道按总量，增幅6:4分配权重；第2组街道按总量，增幅5:5分配；第3组街道按总量，增幅4:6分配。将总量及增幅得分按公式计算得分，得分=指标权数×0.8＋指标权数×0.2×（街道数量－名次＋1）/街道数量	30分	责任单位 县发展和改革局 数据来源 县统计局	经发办 统计站
				(3) 民间投资所占比例提高幅度（5分）。基础分占80%。将民间投资所占比例提高幅度按照从大到小的顺序对街镇进行排序，按公式计算得分。得分＝指标权数×0.8＋指标权数×0.2×（街镇数量－名次＋1）/街镇数量			
				(4) 基础工作（3分）。①按时报送固定资产投资分析报告等日常基础性工作，晚报或等漏报1次减0.2分；②项目纳统方面：对于漏统、晚报不正常纳统时点的街镇，被通报1次扣0.2分，连续			

续表

类别	序号	一级指标	二级指标	三级指标	四级指标	权重	县责任部门	街道责任部门
服务和融入新发展格局	8	有效扩大内需	(二) 固定资产投资增速、民间投资所占比例和贡献度和贡献率		通报3次以上直接扣1分;③调整投资结构方面:项目入库结构准确,对于未认真研究项目纳统入库的(比如商业类项目日常入库投资结构方面调整纳统数据和数据上报的)减2分,减完为止。(5)加分项(最高加3分)。①调整投资结构方面:对调整投资结构有突出贡献的部分或全部剥离、重新纳统,且有利于投资结构调整纳统项目已纳统项目上报的给予加分;②突出贡献方面:对一季度"开门红"撑作用的街镇,根据投资贡献情况给予加分;③对全县固定资产投资取争取额外部线工程投资起到绝对支撑作用的街镇,根据投资总量做出贡献情况给予加分;④攻坚克难,担当作为,采取一系列行之有效措施完成单月目标任务,同时在今年新纳统项目中将符合高技术产业投资的项目进行认真研判,确保项目投资精准纳统的街镇予以加分。最终指标总得分不超过30分	30分	责任单位 县发展和改革局 数据来源部门 县统计局	经发办 统计站
			(三) 重点项目推进情况		(1)项目建设督查评议活动评价情况(20分)。开展全县重点项目(工程)督查评议活动,对各街镇重点项目建设项目化打分评价,采取量化打分方式,将重点项目(工程)督查评议量化80分,评议打分80分,日常调度20分,按权重换算赋分。对承担市级以上观摩评议活动、省级以上领导调研考察任务的,结合实际得分予以酌情加分 (2)项目数量(4分)。基础分值为权重数70%。重点县、市、县重点项目个数为依据,按照在建项目纳统项目数分组,以承担的省、市、县重点项目个数分别进行排序,根据公式计算得分。重点项目数量得分=(被考核单位个数+1)/被考核单位个数×(4-基础分)+基础分	50分	县委办公室 县发展和改革局 县重点项目管理服务中心	经发办 督查室

续表

类别	序号	一级指标	二级指标	三级指标	四级指标	权重	县责任部门	街道责任部门
服务和融入新发展格局	8	有效扩大内需	(三)重点项目推进情况		(3)项目质量(4分)。基础分值为权重的70%按照考核分组,在建项目(考核指标1所列项目)的规模或备案为核准、审批或备案为依据,项目投资规模1亿元以上或亩均投资强度超350万元以上的(不重复计算),按个数进行排名。重点项目质量得分=(被考核单位个数−名次+1)/被考核单位个数×(4−基础分)+基础分 (4)投资完成率(4分)。建设进度以完成投资为依据,承担的省、市、县重点项目完成年度投资计划目标的按完成比例赋分,达不到计划当年承担的省、市、县重点项目建设按完成投资/年度计划投资×4分。(完成率超过100%的按照100%计算) (5)投资贡献率(8分)。基础分值为权重的70%。按照考核分组,以承担的省、市、县重点项目为依据,将投资贡献率按照从大到小的顺序分别进行排序,投资贡献率=该街镇当年实际完成投资额/全县完成投资总额。投资贡献率得分=(被考核单位个数−名次+1)/被考核单位个数×(8−基础分)+基础分 (6)项目谋划(2分)。基础分值为权重的70%。按照考核分组,项目谋划以本年度各街道上报并列入X市策划储备项目库的项目个数进行排名。无项目得基础分。项目谋划得分=(被考核单位个数−名次+1)/被考核单位个数×(2−基础分)+基础分 (7)新开工项目(2分)。基础分值为权重的70%。基础分值为权重的70%。按照考核分组,省、市、县重点数量从多到少进行排序,根据公式计算得分。新开工项目得分=(被考核单位个数−名次+1)/被考核单位个数×(2−基础分)+基础分	50分	县委办公室 县发展和改革局 县重点项目服务中心	经发办 督查室

续表

类别	序号	一级指标	二级指标	三级指标	四级指标	权重	县责任部门	街道责任部门
服务和融入新发展格局	8	有效扩大内需	(三)重点项目推进情况		(8) 日常工作 (6分)。①有完善的重点项目调度、管理、信息报送制度，安排专门领导负责。有固定信息报送联络机构和联络员的，得1分，没有的不得分。②及时准确上报调度信息和报送项目进展情况及相关资料信息得1分；未按时报送或者项目进度计划投资的相关信息报送与实际信息得1分，未完成年度计划投资的，每个扣0.1分。本项分值减完为止。③加强项目建设宣传，被省重点项目督导服务平台采用宣传稿件数量达到3篇的，得1分，每少1篇扣0.4分，没有被采用宣传稿件的不得分。④服务项目有措施、有办法、项目应统筹达，能及时解决项目推进过程中的制约因素减得3分；因制约因素进过程中不力导致项目推进迟缓、出现项目未及时跟进处置，项目推进过程中出现群众上访等影响稳定问题的，每个扣0.1分；问题严重、影响恶劣的扣0.5分。本项分值减完为止	50分	县委办公室 县发展和改革局 县重点项目管理服务中心	督查室 经发办 宣传办
					(9) 加分项 (最多加3分，加分后重点项目总得分累计不超过30分)。①省市重点项目申报、完成情况。对列入2023年省级重点项目并完成年度计划任务的每个项目加0.5分 (完成投资以统计数据为依据)，未完成年度投资计划投资的每个项目不加分；对列入2023年市级重点项目并完成年度投资计划任务的每个项目加1分，未完成年度投资计划任务的每个项目不加分。②对承办办公室中开工活动和X市项目观摩活动的街镇，每次加1分。③项目建设平时考核成绩每季度均居前三位的街镇，每次加0.1分			
			(四)高技术产业投资完成情况		基础分占70%。考核得分为增长率、占固定资产投资比重增长率。分别将增长率、占固定资产投资比重按照从大到小的顺序对街镇进行排序，按公式计算得分。高技术产业投资得分=指标权数×0.7+指标权数×0.3×(街镇数量-名次+1)/街镇数量	5分	县发展和改革局	经发办

续表

类别	序号	一级指标	二级指标	三级指标	四级指标	权重	县责任部门	街道责任部门
服务和融入新发展格局	8	有效扩大内需	(五) 工业投资、技改投资总量及增幅		(1) 工业投资 (4分)。①目标任务 (1分)。基础分占70%，完成年度任务目标得分1分；未完成按任务完成比例得分=1×0.7+1×0.3×年度任务完成率。②总量、增幅情况 (3分)。考核得分为总量、增幅得分=1、3组分别按总量和增幅6:4、5:5、4:6的比例分配权重 (1组、2组、3组分别按总量和增幅6:4、5:5、4:6的比例分配权重)。总量、增幅得分=（指标值−最小值）/（最大值−最小值）×（指标分配权重值）+基础分值，基础分值为指标分值的70%。 (2) 技改投资 (6分)。①目标任务 (2分)。基础分占70%，完成年度任务目标得分2分；未完成按任务完成比例得分=2×0.7+2×0.3×年度任务完成率。②总量、增幅情况 (4分)。考核得分为总量、增幅得分=1、3组分别按总量和增幅6:4、5:5、4:6的比例分配权重 (1组、2组、3组分别按总量和增幅6:4、5:5、4:6的比例分配权重)。总量、增幅得分=（指标值−最小值）/（最大值−最小值）×（指标分配权重值）+基础分值，基础分值为指标分值的70%。	10分	县工业和信息化局	经发办统计站
			(六) 建安投资总量及增幅		(1) 年度目标值完成情况 (2分)。年度目标值完成率按照功效系数法计算得分，基础分占70%，完成情况得分=指标权数×0.7+指标权数×0.3×（某街镇年度目标值完成率−街镇年度目标值完成率最小值）/（街镇年度目标值完成率最大值−街镇年度目标值完成率最小值）。 (2) 指标总量和增幅完成情况 (3分)。考核得分为总量、增幅按照从大到小的顺序对街镇进行排序，按公式计算得分，基础分占70%，增幅得分=指标权数×0.7+指标权数×0.3×（街镇数量−名次+1）/街镇数量。街镇未取分组分类考核。	5分	县住房和城乡建设局	经发办统计站 建委

续表

类别	序号	一级指标	二级指标	三级指标	四级指标	权重	县责任部门	街道责任部门
服务和融入新发展格局	8	有效扩大内需	（七）限额以上批零住餐企业零售额、销售额及增速（扶持发展限额以上批零住餐企业）	1.限额以上批零住餐销售额及增速（6分）	指标概念和统计口径：限额以上批零住餐销售额是指限额以上批发零售住餐饮企业销售额（营业额）总和。 计分办法：第1组和第3组，最后一名为最小值，基础分值为指标值的70%。（1组按总量，增幅6:4，2组总量，增幅5:5，3组总量，增幅4:6；增速设置上限不超过100%）。 计算公式：（增速）得分＝限额以上批零住餐销售额及增速增速得分。限额以上批零住餐销售额总量得分＋限额以上批零住餐销售额增速得分。（最大值－最小值）/（最大值－最小值）×该项指标权重计算得分			
				2.限额以上批零住餐零售额及增速（10分）	指标概念和统计口径：限额以上批零住餐零售额是指限额以上批发零售住餐饮企业零售额总和。 计分办法：第1组、第2组和第3组，最后一名为最大值，合并采用功效系数法计算得分，即以指标第一名为最大值，最后一名为最小值，基础分值为指标值的70%。（1组按总量，增幅6:4，2组总量，增幅5:5，3组总量，增幅4:6；增速设置上限不超过100%）。 计算公式：限额以上批零住餐零售额及增速增速得分。限额以上批零住餐零售额总量得分＋限额以上批零住餐零售额增速得分。（增速）得分=[（完成值－最小值）/（最大值－最小值）]×0.3+0.7]×该项指标权重	20分	责任单位 县商务服务中心 数据来源 县统计局	经发办 统计站

续表

序号	类别	一级指标	二级指标	三级指标	四级指标	权重	县责任部门	街道责任部门
8	服务和融入新发展格局	有效扩大内需	(七)限额以上批零住餐企业零售额、销售额及增发展限额以上批零住餐企业)	3.新增升规纳统批零住餐单位家数(2分)	指标概念和统计口径：2022年新增批发零售住宿餐饮单位家数年初任务目标。计分办法：采用目标法计算得分，完成本年度升规纳统年初目标值得满分；未完成目标任务的，按比例得分。	20分	责任单位县商务服务中心数据来源部门县统计局	经发办统计站
				4.商贸流通工作评价得分(2分)	指标概念和统计口径：商贸流通工作完成情况，包括每月对限额以上批零住餐企业销售额、零售额报送时效、准确率，工作配合度等情况。计分办法：结合工作完成情况，并分别按"好""较好""一般""较差"4个档次提出差异化评价意见，并分别按权重的100%、75%、50%、25%赋分。			
9		对外开放提档升级	(一)稳住外贸基本盘	1.货物进出口总额和增长率率指标(7分)	指标概念和统计口径：货物进出口总额是指实际出口我国国境的货物总额，货物进口总额是指实际进口我国国境的货物总额。货物进出口为月度统计数据。计算办法：采用功效系数法，基础分权重的60%。总额、增幅分值占40%。总额分为指标权重，第1组分别占60%、40%，第2组各占50%，第3组各占40%。街镇考核数据依据商务局或海关反馈数据。计算公式：货物进出口增长率=[2023年货物进出口总额÷2022年货物进出口总额]×100%。指标得分=[(完成值-最小值)/(最大值-最小值)×0.4+0.6]×该项指标权重	15分	县商务服务中心	经发办统计站

第四章 基于东部某省 Z 街道基层领导干部考评实践的审视

续表

类别	序号	一级指标	二级指标	三级指标	四级指标	权重	县责任部门	街道责任部门
服务和融入新发展格局	9	对外开放提档升级	（一）稳住外贸基本盘	2.跨境电商进出口指标（4分）	指标概念和统计口径：跨境电商进出口额为纳入海关统计的跨境电商进出口额。考核数据依据海关部门反馈的X市跨境电商综合服务平台跨境监测数据。计分办法：3个组合并采用功效系数法计算得分，其中基础分为指标权重的60%。计算公式：指标得分＝[（完成值－最小值）/（最大值－最小值）×0.4＋0.6]×该项指标权重计算得分			
				3.服务进出口规模指标（2分）	指标概念和统计口径：根据商务部、国家统计局《国际服务贸易统计监测制度》，服务进出口是指服务提供者或从其他国家或地区内向中国关境内其他国家或地区提供服务或从其他国家或地区接受服务的消费，即中国向境外提供的服务或接受境外提供的服务，以及境外服务提供者或从中国境内的消费者提供的服务，即中国的服务进口。统计口径使用商务部业务统计下服务贸易重点监测企业直报管理应用、服务外包及软件出口信息管理应用和服务外包软件出口信息管理应用企业填报数据的60%。计分办法：采用功效系数法。计算公式：指标得分＝[（完成值－最小值）/（最大值－最小值）×0.4＋0.6]×该项指标权重计算得分	15分	县商务服务中心	经发办统计站
				4.外经外贸工作评价得分（2分）	指标概念和统计口径：外经外贸工作完成情况，包括新备案企业数量、每月预报工作准确度，进博会等参会参展企业数、对外投资总额等。计分办法：结合工作完成情况，按"好""较好""一般""较差"4个档次提出差异化评价意见，并分别按权重的100%、75%、50%、25%赋分，对外投资总额100万美元以上街道得2分			

续表

类别	序号	一级指标	二级指标	三级指标	四级指标	权重	县责任部门	街道责任部门
服务和融入新发展格局	9	对外开放提档升级	（二）服务开发区发展情况		指标概念和统计口径：聚焦2023年度《X省开发区考核办法》"党的建设"和"综合发展水平"两部分任务，全面助力开发区进位发展。计分办法：进行打分，按比例折算计入考核总分。	20分	县经济技术开发区管委会	经发办
	10	乡村振兴战略	（三）乡村振兴实绩考核整体成效	1.粮食和重要农产品产能（7.5分）	（1）粮食播种面积和产量（3分）。①播种面积（1.5分）。各街镇统计完成面积对比上年度面积增长的得满分，减少的按比例扣分。②粮食产量（1.5分）。根据各街镇增产及县级复测情况赋分，对比上年度产量增长的得满分，减少的按比例扣分。鼓励各街镇扩大种植大豆、油料作物面积。（2）生猪能繁母猪存量定度（2.5分）。①能繁母猪存量进行赋分。完成任务目标的得满分，未完成任务目标的按完成率赋分。②规模养殖场保有量（1分）。根据各街镇年度规模猪场保有量参照县任务完成率赋分。（0.5分）。完成任务目标的按完成率赋分。防疫经费按时完成情况。③动物防疫工作年度保有量（1分）。考核完成春秋季防疫任务完成情况，未承担任务的按完成率赋分、未完成按秋季防疫任务完成情况、年度内辖区重大动物疫情防范情况。（3）蔬菜稳产保供（2分）。①蔬菜总产值（1.2分）。本年度蔬菜总产值较去年增长4.3%的，得满分，每降低1%的，扣0.3分；产量减少扣分，视情况扣分。②蔬菜稳产保供保障工作开展情况（0.8分）。按时上报蔬菜生产统计报表完成情况得0.4分，根据各街镇蔬菜保供情况综合调度、及时完成认定X市"菜篮子"保供园区创建项目的得0.2分，本年度新认定X市"菜篮子"保供园区创建项目的得0.2分，农业高质高效创建特色	60分	县农业农村局 县委组织部 县委宣传部 县民政局 县人力资源和社会保障局 县住房和城乡建设局 县城乡水务局 县文广和旅游局 县生态环境局等县直相关单位	农委

续表

类别	序号	一级指标	二级指标	三级指标	四级指标	权重	县责任部门	街道责任部门
服务和融入新发展格局	10	乡村振兴战略	（三）乡村振兴实绩考核战略整体成效	2.乡村振兴样板村庄建设情况（3分）	宜居宜业和美乡村（3分）。承担2022年度省级美丽乡村示范村创建任务的街镇，依据市级评估和省直部门实地测评情况综合计算得分，以各街镇"四镇联创"开展自主打造示范村由县级审核予以评分。不承担2022年度省级美丽乡村示范村创建任务的，自主打造美丽乡村示范村情况由县级审核综合赋分			乡村振兴办
				3.巩固拓展脱贫攻坚成果任务完成情况（5分）	（1）防止返贫动态监测（1.2分）。1.预警机制运行情况。①镇级重点查看"主题党日+阳光议事"研究部署2023年防返贫监测集中排查及日常排查研判记录情况。②村级重点查看的会议记录及日常排查中排查符合条件的一般农户应纳入监测帮扶对象情况。重点查看及日常排查结果，得分=1-（应纳未纳户数÷抽查农户总户数）。2.应纳尽纳情况。依据抽查结果，重点查看机制运行情况及部门预警信息办处理工作台账。			
					（2）帮扶政策落实（1.3分）。1.重点考查各街镇各项帮扶政策落实到位情况，依据日常督导及考核抽查结果，每发现1项帮扶政策落实不到位的，扣减0.2分。2.日常工作情况，依据日常督导工作中查看资料内档案整理情况进行赋分，未及时整改到位的，每次扣减0.1分。日常上报表格数据不准确、上报不及时的，每次扣减0.1分			
					（3）衔接资金使用和项目管理（2.5分）。1.衔接资金使用管理依据资金绩效评价结果，得分＝财政衔接资金绩效评价结果÷100×2。2.项目管理依据抽查结果，按照项目储备、项目建议、资产登记、运营管理、收益分配等要求，得分=（符合项目管理要求项目个数÷抽查项目总数）×3。对按规定完工未完工的项目，每发现1个扣减0.2分			

续表

类别	序号	一级指标	二级指标	三级指标	四级指标	权重	县责任部门	街道责任部门
服务和融入新发展格局	10	乡村振兴战略	(三)乡村振兴战略实绩考核整体成效	4.高标准农田建设任务完成率(2.5分)	(1)年度建设任务与质量(0.6分)。完成或配合县农业农村局按时完成辖区内年度高标准农田建设任务,建设质量在市级验收中获得优秀等次或95分以上,按时完成资产移交得满分。未达到要求按比例扣分 (2)项目运行管护(1分)。辖区内2011年以来高标准农田建设项目管护到位。项目运行基本正常得满分,因管护不力影响项目运行按比例扣分,因管护问题造成群众上访,本项不得分 (3)日常工作(0.9分)。按时参加上级农业农村局安排的高标准农田建设方面的调研、报表等任务,得满分。未达到要求按比例扣分	60分	县农业农村局 县委组织部 县委宣传部 县民政局 县人力资源和社会保障局 县住房和城乡建设局 县城乡水务局 县文化和旅游局 县生态环境局 等县直相关责任单位	农委
				5.第一产业增加值(4分)	考核各街镇2023年一产增加值增加总量、一产增加值增长比率两项指标。采用功效系数法,分别计算两项考评指标得分。每项考核指标基础分值均为该项指标权重(分值)的60%,两项考核指标得分加总,形成第一产业增加值综合得分			
				6.规模以上农产品加工业数量和营业收入(4分)	(1)规模以上农产品加工业情况(3.5分)。采用功效系数法计算各街镇规模以上农产品加工业企业数量增长率、营业收入增长率,对全县规模以上农产品营业收入增长的贡献率,无规模以上农产品加工企业的街镇不得分;日常工作情况、管理规模以上农产品加工企业培育,根据各街镇情况0.5分 (2)龙头企业振兴行动推进情况(0.5分)。农业龙头企业日常工作情况,管理等情况对龙头企业培育对街镇综合赋分0.2分,其他根据各街镇对龙头企业情况综合赋分			

续表

类别	序号	一级指标	二级指标	三级指标	四级指标	权重	县责任部门	街道责任部门
服务和融入新发展格局	10	乡村振兴战略	(三)乡村振兴战略实绩考核整体成效	7.村庄清洁行动任务完成情况(6分)	(1)"三清一改"任务完成情况(1分)。根据对街镇农村庄清洁行动"三清一改"任务完成情况，根据日常工作推动情况、督导检查、问题整改、舆情和宣传报道情况综合计算得分 (2)农村人居环境整治任务完成情况(3分)。根据市农业农村局农村人居环境整治"一月一评估"通报成绩进行赋分。综合考评第一名得满分，每降低1个名次，扣0.1分 (3)农村生活污水治理任务完成成果(0.5分)。考核农村污水收集、管沟覆盖率和管护运行，村内生活污水等指标 (4)农村黑臭水体治理任务完成成果(0.5分)。各街镇巩固农村黑臭水体整治成效，已治理完成的农村黑臭水体，未出现返黑返臭，动态清零，对新排查出的农村黑臭水体按期完成整改。根据国家《省(自治区、直辖市)污染防治攻坚战成效考核指标评分细则(2023年修订)》中明确的问题整改不及时、不到位的，省级抽查、对省、市、县级帮扶督导发现的问题，进行累计减分 (5)农村"厕所革命"(1分)。①考核"回头看"问题整改完成情况。②群众满意度和省市考核中有无扣分情形。③在省、市组织的考核中是否出现正常扣分现象。④农村公厕正常运行及后续管护	60分	县农业农村局 县委组织部 县委宣传部 县民政局 县人力资源和社会保障局 县住房和城乡建设局 县城乡水务局 县文化和旅游局 县生态环境局 等县直相关责任单位	农委

续表

序号	类别	一级指标	二级指标	三级指标	四级指标	权重	县责任部门	街道责任部门
10	服务和融入新发展格局	乡村振兴战略	(三)乡村振兴战略实绩考核整体成效	8.乡村人才培训工作情况(3分)	(1)高素质农民培育(1.6分)。1.宣传发动(0.4分)。①根据推荐标准,在街镇和村居广泛开展发动摸底,积极组织符合条件的农民申报,省级的1次加0.1分,省级以上的1次加0.2分。②遴选推荐村居进行宣传报道的,省级乡村人口数量(0.6分)。根据街镇乡村人口数量,按照比例确定推荐参训人员人数(0.6分)。组织参训人员积极按时参加培训,服从管理,保质保量完成培训任务 (2)完成农村转移劳动力培训(1.4分)。根据城乡公益岗上岗人员培训职业技能培训任务指标完成情况进行赋分	60分	县农业农村局 县委组织部 县委宣传部 县民政局 县人力资源和社会保障局 县住房和城乡建设局 县城乡水务局 县文化和旅游局 县生态环境局等县直相关责任单位	人社中心
				9.村党组织建设工作情况(5分)	(1)推进村党组织全面规范(1分)。按照"创优""示范""强基"分类情况,持续开展对标改进,一村一策整改提升,推动实现整体建设提升、滚动升级 (2)建设乡村振兴"党建工作区"(1分)。各"党建工作区"自身建设,开展乡村级谋划发展路径、开展日常工作、服务下沉、有效指导帮助并级党建工作、形成乡实管用的运行机制 (3)优化提升村党组织带头人队伍(1分)。加强对村干部特别是"一肩挑"人员管理监督,村干部日常教育、监督管理 (4)加强驻村干部管理服务(1分)。加强第一书记、驻村工作队日常管理考核,有效开展帮扶(1分)。第一书记、驻村工作队作用发挥明显 (5)抓党建促村集体经济发展(1分)。多渠道增加村集体收入,村集体收入实现"一提双增"			组织办 乡村振兴办

续表

类别	序号	一级指标	二级指标	三级指标	四级指标	权重	县责任部门	街道责任部门
服务和融入新发展格局	10	乡村振兴战略	（三）乡村振兴战略实绩考核整体成效	10.深化文明实践工作成效（5分）	（1）文明实践工作开展情况（2分）。新时代文明实践所（站）"五有"标准提质增效，群众对文明实践工作的知晓度、参与率、满意率不断提升，按照全市第三方季度测评排名结果进行综合赋分	60分	县农业农村局 县委组织部	宣传办
					（2）乡村文明程度群众满意度（1分）。①建立健全村民议事会、道德评议会、红白理事会、禁毒禁赌会，有名单、有行责。有发挥主。②建立健全村规民约，组织群众，开展工作方面发挥主。②建立健全村规民约，履行村民主程序修订完善村规民约，红白事办理具体要求在村规民约中有所体现，让移风易俗有"法"可依。③组织开展移风易俗培训活动，组织开展村干部培训，反时收听收看各级培训，自行组织开展移风易俗培训活动，提高红白理事会工作能力与水平。④创新性开展移风易俗活动，通过自媒体开展移风易俗宣传或者禁止焚烧纸钱、文明安全健康祭扫等宣传，提高群众知晓度和认同感。⑤开展好媳妇好婆婆、星级文明户等系列评选活动		县委宣传部 县民政局 县人力资源和社会保障局 县住房和城乡建设局 县城乡水务局	
					（3）持续深入推进文化惠民（2分）。①"戏曲进乡村"演出行政村全覆盖基础上，按照戏曲进乡村演出总场次和村均演出次数分别进行排名并换算为得分，两项得分相加即为本辖区年度戏曲进乡村最终成绩。②推动乡村文旅融合高质量发展（1分）。主要指当年各乡镇、街道推进乡村文旅融合发展的成效，根据乡村旅游重点村、景区化村庄建设达标情况和"乡村好时节"		县文化和旅游局 县生态环境局 等县直相关责任单位	文旅办

基层领导干部落实力现代化考评体系研究

续表

类别	序号	一级指标	二级指标	三级指标	四级指标	权重	县责任部门	街道责任部门
服务和融入新发展格局	10	乡村振兴战略	(三)乡村振兴战略实绩考核整体成效	11.重点工作推进情况(11分)	(1)整县推进重点工作(6.5分)。①"一村一业、一村一策"和"万千工程"(1分)。考核"一村一业、一村一策"日常工作配合及项目质量谋划、"万千工程"工作开展及实际带动情况。②数字乡村建设(0.5分)。考核市级数字乡村建设配合度,具体考核实施方案制度建立、数字乡村应用场景搭建完善、日常运营管理、考核项目约签订及外部实际到位融资运营情况,考核项目约签订及外部实际到位情况。④一产固定资产投资(1分)。根据投资约额进行综合赋分。⑤"非粮化"整治(1分)。根据出现1处未按时完成出报位情况,及时完成到位情况,每出现1处未按时完成的扣0.1分。⑥特色产业发展(0.5分)。考核街镇特色产业推广、发展、带动增收情况等,结合材料报表和现场考察综合赋分。⑦大豆玉米带状复合种植(0.5分)。根据日常工作配合、实地面积航测进行赋分。未承担任务的街镇本年度得0.5分。⑧农事服务化解率情况(0.5分)。根据集体经济增收情况(1分)。与去年收入持平得0.8分;增幅5%以上的得0.9分;增幅10%以上的得1分;低于去年收入的不得分	60分	县农业农村局 县委组织部 县委宣传部 县民政局 县人力资源和社会保障局 县住房和城乡建设局 县城乡水务局 县文化和旅游局 县生态环境局 等县直相关责任单位	党政办 经发办 农委 建委 组织办 乡村振兴办
					(2)创新性工作开展情况(3分)。每街镇自主报报不少于两项创新性工作:一是围绕贯彻落实中央、省、市、县各级一号文件精神,安排部署的重点任务、重大工程;二是街镇年度自主安排推进的乡村振兴重点任务、重大工程、重大项目;三是特与特色考核指标重复。该项最多加3分			乡村振兴办
					(3)荣誉争创情况(1.5分)。乡村振兴工作受到省委省政府以上部门表彰、承担国家级以上重大活动、典型工作在省级以上主流媒体正面宣传报道等情形,酌情加分。该项最多加1.5分			

第四章 基于东部某省Z街道基层领导干部考评实践的审视

续表

类别	序号	一级指标	二级指标	三级指标	四级指标	权重	县责任部门	街道责任部门
服务和融入新发展格局	10	乡村振兴战略	(三)乡村振兴战略实绩考核整体成效	12."三变"改革(4分)	(1) 领导重视,机构建设情况(0.5分)。是否召开会议研究部署街镇农村"三变"改革工作;是否制定街镇农村"三变"改革实施方案及领导小组;是否成立五大街镇经济联合总社;村级是否成立五大合作社 (2) 制度建立、规范运行情况(0.5分)。包括五大街镇经济联合总社和村级五大合作社是否建立运营管理制度;是否制定盈余分配方案 (3) 清产核资,合账建立情况(0.5分)。是否核查各村耕地、建设用地、厂房等资产及承包租赁情况,做好固定资产统计;是否核查账户资金数量,做好固定资产统计;有无逐村建立账户核资合账 (4) 项目选定,主体引进情况(0.2分)。镇级"三变"改革项目是否由街镇经济联合总社提议,参与项目的村股份经济合作社商议、会审议,确定项目;对引进主体的资格审查、是否通过镇(街道)办公会审议、确定项目;村级"三变"改革项目是否通过相关民主程序 (5) 资金确定,收益分配情况(1分)。包括有无制定项目资金需求及收益签订分配预案,有无签订入股协议,制订入股合账等;是否按照收益分配方案进行分红 (6) 宣传报道,经验推广情况(1.5分)。是否借助各类媒体,积极进行宣传报道,并形成可复制可推广的典型经验,鼓励街镇积极做好推广试点工作,推广实施"三变"项目 (7) 维护稳定,能否做到程序、合规、合法,规范操作程序,维护好社会稳定。若发生是否到位,能否做到程序、合规、合法,规范操作程序,维护好社会稳定。若发生以上事项,"三变"改革事项不得分	60分	县农业农村局 县委组织部 县委宣传部 县民政局 县人力资源和社会保障局 县住房和城乡建设局 县城乡水务局 县生态环境局 县文化和旅游局等县直相关责任单位	乡村振兴办 乡村振兴办 组织办 宣传办

117

续表

类别	序号	一级指标	二级指标	三级指标	四级指标	权重	县责任部门	街道责任部门
增强经济社会发展创新力	11	科技自立自强	(一)科技创新能力建设		(1) 研发投入及提高幅度 (5分)。研发投入分值为3分,基础分占70%,各组分别采用功效系数法计分;提高幅度分值为2分,各街镇达到18%得满分,达不到的按比例赋分 (2) 规模以上工业企业中有研发活动企业所占比例及提高幅度 (4分)。各组分别采用功效系数法计分,规上工业企业中有研发活动企业所占70%,基础分配、提高幅度权重分配,第1组按6:4,第2组按5:5,第3组按4:6 (3) 万名就业人员中研发人员数量及提高幅度 (4分)。各组分别采用功效系数法计分,基础分占70%,每万名就业人员中研发人员数、提高幅度权重分配,第1组按6:4,第2组按5:5,第3组按4:6 (4) 技术合同成交额 (4分)。采取目标法计分,目标分值4分,完成任务目标4分,未完成任务目标按照完成比例得分 (5) 高新技术企业新增数量 (5分)。采取目标法计分,目标分值5分,设定基础分2分,完成任务得3分,未完成任务目标按照完成比例得分 (6) 科技型中小企业评价入库数量 (3分)。采取目标法计分,目标分值3分,设定基础分1分,完成任务目标1分,未完成任务目标按照完成比例得分,最低得基础分1分	30分	县工业和信息化局(科技局)县科技事业服务中心	经发办 统计站

第四章 基于东部某省Z街道基层领导干部考评实践的审视

续表

类别	序号	一级指标	二级指标	三级指标	四级指标	权重	县责任部门	街道责任部门
增强经济社会发展创新力	11	科技自立自强	（一）科技创新能力建设		（7）高新技术产业产值占规模以上工业总产值比重及增幅（1分）。比重及增幅分为高新技术产业比重及增幅，每个分项指标均设50%基准分。最终得分为高新技术产业所占比例得分与高新技术产业产值增幅得分之和。比重或比重增幅得分=（本街道完成数－本县街道最小值）/（本县街道最大值－本县街道最小值）×（0.5−0.5×50%）+0.5×50% （8）创新支撑能力（4分）。将规模以上工业企业中有研发机构（含省重大科技创新工程、市级以上工程技术创新联盟、中试基地等）企业数占比例，按考核单元采取组内功效系数法计分，设基础分值2分。其中，当年新增1家省级以上（含）研发机构或新获批1家省级以上（含）重大科技创新工程项目的街道镇按满分（4分）计分	30分	县工业和信息化局（科技局）县科技事业服务中心	经发办统计站
			（二）知识产权保护和高价值专利培育①		（1）发明专利建立账情况。通过摸排辖区企业，建立辖区发明专利台账，并标注专利年限及是否涉外。高价值得0.5分，得0.3分，最高得0.3分；台账翔实完善，得0.5分，最高扣0.5分 （2）知识产权质押融资笔数情况（1分）。支持企业通过知识产权质押解决融资问题，知识产权质押融资1笔，得0.25分；无知识产权质押融资笔数，扣1分	5分	县市场监督管理局	市场监管所

① 指标概念：包括高价值专利培育和知识产权保护两部分。高价值专利培育考核包括发明专利台账建立、高价值发明专利拥有量、知识产权质押融资笔数情况；知识产权保护考核包括规制非正常专利申请撤回及知识产权保护情况。

续表

类别	序号	一级指标	二级指标	三级指标	四级指标	权重	县责任部门	街道责任部门
	11	科技自立自强	（二）知识产权保护和高价值专利培育		（3）每万人口高价值发明专利拥有量（1.5分）。每万人口高价值发明专利基础分1分，增长率较上年度增长20%得0.3分，每拥有量基础上年度增长20%得0.5分，最高得0.5分；每降低1个百分点，扣0.05分	5分	县市场监督管理局	市场监管所
					（4）非正常专利申请撤回率（2分）。协助做好非正常专利线索的企业及个人做好沟通协调工作。对重复申请及拒不撤回的企业及个人做好沟通协调工作。撤回率达到100%，得2分；不撤回的，1件扣0.25分			
			（三）人才发展成效		依据《Y县2023年度人才工作考核细则》执行	40分	县委组织部	组织办
	12	新旧动能转换	（一）规模以上工业发展水平	1.规模以上工业总产值（25分）①	（1）目标法（5分）。本年度规上工业总产值目标完成情况量化，此项得分=本年度规上工业总产值完成数/年度目标任务×5，最低分3.5分	40分	县工业和信息化局	经发办
					（2）贡献率（8分），按照本年度规上工业总产值占全县比重分档计分，10%以上8分，5%以上6分，3%以上4分，基础分2分			
					（3）规上工业产值总量和增速（12分，总量和增速系数法计分，1组6：4，2组5：5，3组4：6，合并功效系数法计分，1组6：4，2组5：5，3组4：6，合并功效系数法分组计算，某项指标得分=（指标值－最小值）/（最大值－最小值）×（指标分值－基础分值）+基础分值，基础分值为指标分值的70%			

① 指标概念和统计口径：规模以上工业总产值是以货币形式表现的，辖区内规模以上工业企业在一定时期内生产的工业最终产品或提供服务性劳务的总价值量。

第四章　基于东部某省 Z 街道基层领导干部考评实践的审视

续表

类别	序号	一级指标	二级指标	三级指标	四级指标	权重	县责任部门	街道责任部门
增强经济社会发展创新力	12	新旧动能转换	（一）规模以上工业发展水平	2.规模以上工业企业营收利润率及提高幅度（10分）	直接排名法（营收利润率5分，提高幅度5分，基础分均为3分），末项指标分之和得分=5−2(M-1)/(17-1)，M为名次，此项总得分及两项指标分之和			
				3."亩产效益"评价（5分）	(1) 工作完成情况（3分）。主要包括参评企业数量、等，根据日常调研、工作调度、数据抽查等方式综合确定得分 (2) 改革绩效水平（2分）"增幅""亩均税收""亩均销售收入"增幅"（各0.5分，合并功效系数达计分。规模以上工业企业指标值−最小值)/（最大值−最小值）×（指标分值−基础分值）+基础分值，此项总得分为4项指标分之和			
			（二）工业综合管理水平	1.工业企业"新增纳统"①（15分）	(1) 工作完成情况（4分）。从筛选确认"种子"企业、持续服务培育企业等方面综合得分 (2) 新增纳统（7分）。其中：A 净增任务完成2分，未完成的按照完成比例得分，最低分1.4分；B 新增目标值得5分，采用直接排名法，得分=5−2(M−1)/(17−1)，M为名次 (3) 企业培育（4分）。结合所辖企业实际，分类建立工业企业"新增纳统"培育库，培育企业数量不低于所辖规上工业企业数量的10%	40分	县工业和信息化局	经发办

① 指标概念和统计口径：辖区内2023年1月1日以后新入县统计局规模统计的工业企业家数。

121

续表

类别	序号	一级指标	二级指标	三级指标	四级指标	权重	县责任部门	街道责任部门
增强经济社会发展创新力	12	新旧动能转换	(二)工业综合管理水平	2."两化融合"发展水平(10分)	(1)"两化融合"评估完成情况(3分)。按照辖区内规上工业企业两化融合评估参评比例评估分值 (2)信息化项目建设(4分)。以合同发票为准,统计辖区内企业数字化转型签约落地的信息化项目,按照落地项目个数和投资金额分别赋分 (3)创新发展水平(3分)。按照辖区内企业在数字化转型、信息建设中获得的市级以上荣誉、项目认证情况计算得分,每项0.5分,最高2分;按照两化融合、DCMM等认证情况计算得分,每项0.5分,最高1分			
				3.数字经济核心产业增加值及增速(10分)	按照目标法计分。根据下达的电子信息制造业、软件(含嵌入式)和信息技术服务业以统计填报范围企业数量及营业收入目标值,未完成目标值得7分;未完成目标按照完成比例扣分,完成任务目标得10分,超额完成任务按照超额完成比例给予加分,最高加分3分			
				4.通信基础设施建设(5分)	5G基站建设2分,场租压降、电费压降、固定宽带500Mbps及以上用户所占比例加1分,按照完成任务比例得分			
			(三)"四新"经济发展情况		基础分值为权重的70%。"四新"经济企业营业收入总量及增长速度、3个组合并采用功效系数法。第1组、"四新"经济企业营业收入总量、增长速度分值权重分别为5分、4分;第2组分别为6分、5分;第3组分别为4分、6分,分别将"四新"经济企业营业收入总量、增长速度按照从大到小的顺序对街镇进行排序,按公式计算得分。得分=指标权重×0.7+指标权数×0.3×(本组街镇数量-名次+1)/本组街镇数量	10分	县发展和改革局	经发办统计站

第四章 基于东部某省 Z 街道基层领导干部考评实践的审视

续表

类别	序号	一级指标	二级指标	三级指标	四级指标	权重	县责任部门	街道责任部门
增强经济社会发展创新力	12	新旧动能转换	(四)服务业发展规模及水平		(1) 净增规上服务业企业家数（4分）。设定基础分3分。采用目标值法，未完成年初下达的任务目标得4分 (2) 规上服务业营业收入及增速（6分）。考核得分为2023年规模以上服务业企业营收总额及增速得分之和。3个组合并采用功效系数法，3个组合并街道营收总额和增速权重分值按6：4分配，第2组街道按5：5分配，第3组街道按4：6分配。基础分值为指标分值的80%，功效分值为指标分值的20% (3) 规上服务业营收利润率及提高幅度（8分）。考核得分为2023年规模以上服务业营收利润率及提高幅度之和，3个组合并采用功效系数法，营收利润率及提高幅度权重分值按5：5分配。基础分值为指标分值的80%，功效分值为指标分值的20% (4) 规上服务业工作评价（2分）。视上服务业发展平时工作完成情况，包括县委县政府确定的重点工作开展、完成情况、每月调度规上服务业营收入报送时效、准确率、工作配合度等。结合办差异化评价意见，并分别按"好""一般""较差"4个档次提出差异化评价意见，按"好"100%、75%、50%、25%赋分	20分	县发展和改革局	经发办统计站
	13	深化改革创新	(一)营商环境优化		(1) 推进政务服务标准化（10分）。组织领导与运营管理，4分；便民服务平台标准化建设，4分；便民服务事项规范化管理，2分 (2) 推进政务服务规范化（10分）。政务服务"一窗受理"，3分；政务服务能力，4分；提升基层服务水平，3分 (3) 推进政务服务便利化（10分）。政务服务"就近办"，4分，政务服务"自助办"，3分，"智导服""体系建设，3分	30分	县行政审批服务局	为民服务大厅

续表

序号	一级指标	二级指标	三级指标	四级指标	权重	县责任部门	街道责任部门
13	深化改革创新	(二) 服务、数字政府及智慧城市建设		(1) 数字机关建设成效 (2分)。①应用系统接入情况 (0.25分)。主要考核面向机关内部使用的办公和业务应用系统接入"全省政务服务办公平台"情况，各单位每存在1个接入条件成熟但应接未接的内部办公应用，扣0.1分，扣完为止。②入驻系统有效使用情况 (0.3分)。主要考核用户进入"全省政务服务办公平台"使用情况，采用系统对系统法赋分，对系统用户覆盖范围、使用频次、稳定运行等情况综合评价。③"全省政务服务办公平台"综合使用情况 (0.7分)。主要考核"全省政务办公平台"组织架构（部门名称、人员排序、头像上传等）规范情况，通讯录（人员上传等）实际运行情况 (0.25分)。本单位在机关内部一次执"平台"运行的，有实际办理数据的通信信息更新不及时的，扣0.05分。④机关内部事项，有发现1处组实际运行情况 (0.25分)。本单位在机关单位所占比例超过70%。⑤机关内部通用办事项推广使用情况 (0.5分)。主要考核各单位通用事项的上线及网办事项使用情况			
				(2) 政务公开建设情况 (2分)。以《2023年X市政务公开工作要点》《2023年X市Y县政务公开工作要点》落实情况为主要考评依据，考核评估成绩由日常工作实绩、年度集中考核成绩、上级通报情况、扣分项综合赋分。考评内容主要涉及主动公开、依申请公开（暗访抽检、行政复议纠错、行政诉讼败诉情况）、工作创新及"省政务公开"微信公众号投稿情况	10分	县政府办公室	党政办

续表

类别	序号	一级指标	二级指标	三级指标	四级指标	权重	县责任部门	街道责任部门
增强经济社会发展创新力	13	深化改革创新	（二）服务、数字政府及智慧城市建设		（3）政府网站及政务新媒体建设情况（2分）。主要考核政府网站（1分）。①政府网站日常运维情况，每发现1次空白栏目、核对不安全、链接不安全等问题，扣0.1分，扣完为止。主要从开设流程、变更流程、关停流程、清理"僵尸"账号4方面考核，每次抽检通报1次扣0.1分，扣完为止。②政务新媒体备案管理情况（0.4分）。主要从信息发布审核情况、重要信息转载情况、交流互动回应情况与错敏词改正4方面考核。每被通报1次扣0.1分，扣完为止。③政务新媒体安全保障情况（0.2分）。每被通报1次扣0.1分，扣完为止。 （4）数字政府建设成效（4分）。①优秀场景打造情况（1分）。主要考核创新大数据应用、数据参加上级部门数字化、信息化、智慧城市建设优秀案例推广及试点争取情况，积极争取为数字化、信息化、智慧城市建设试点项目，被省市有关单位列为数字化建设试点的，或本单位数字化建设获求国家、省级主流媒体报道的，本项未得分。②政务云网（1分）。考核政务云资源的管理应用和管理情况。电子政务外网的建设和使用情况每次扣0.2分，信息系统缺乏有效数据漏洞整改及时情况，未能完成电子政务外网的接入工作的，扣1分。电子政务外网每个业务系统改进，网络漏洞整改每次扣0.1分，网络攻击整改不及时的，每次扣0.1分，电子政务外网络攻击整改不及时的，每次扣0.1分，扣完为止。③信息化项目审核（1	10分	县政府办公室	党政办

续表

类别	序号	一级指标	二级指标	三级指标	四级指标	权重	县责任部门	街道责任部门
增强经济社会发展创新力	13	深化改革创新	(二)服务、数字政府及智慧城市建设		分）。按要求主动提报进行信息化项目审核情况，每有1次未按要求报送县大数据局审核的，扣0.5分。②定期报送数据情况，配合县大数据局定期报送数据至县智慧城市底座（县一体化大数据平台）情况，未及时报送的，每次扣0.1分	10	县政府办公室	党政办
	14	防范化解风险	(一)守牢安全生产底线		结合X市"双轮驱动"季度安全生产评成绩和2023年度安全生产评成年度考核责任制考核结果，汇总形成年度考核结果。根据安全生产年度考核结果，按名次分4个等次进行得分。1~5名，得20分，6~11名，12~16名，17名以下各次，依次每1个等次扣2分	20分	县应急管理局	安监所
			(二)信访工作质效，守好信访安全底线		(1)及时受理率和按期答复率(1分)。每发生1件信访事项未及时受理或未按期答复的扣0.05分，扣完为止 (2)四级信访部门登记办理信访事项群众满意率(2分)。得分=2×群众评价率×参评群众满意率 (3)求决类到次信访事项一次性办结率(2分)。国家信访局、省信访局、市、县登记的求决类到次信访事项一次性办结率高于95%的得满分，低于95%每个百分点扣0.05分。一次性办结率是指前次信访事项办结后，省信访局统内无新增登记 (4)国家信访局登记求决类到次网信和书信访事项(1分)。每年次扣0.01分，扣完为止	15分	县信访局	信访办

续表

类别	序号	一级指标	二级指标	三级指标	四级指标	权重	县责任部门	街道责任部门
增强经济社会发展创新力	14	防范化解风险	(二)信访工作提质效，守好信访安全底线		(5) 中央信访联席办交办重复信访事项化解情况（3分）。未化解或化解后再次信访倒流的每件扣0.3分	15分	县信访局	信访办
					(6) 贯彻落实《信访工作条例》情况（1.5分）。按规定要求召开党工委会议或信访联席会议研究部署信访工作，党政领导主要干部阅办重要来信、网上投诉和接待来访的，认真开展《信访工作条例》落实年各项活动的，得0.5分；本单位信访听证率或高于全县信访听证率的得1分，低于全县听证率的，得分=（本单位听证率/全县信访听证率）×1分			
					(7) 进京访考核（3分）。本年度到国家信访局走访登记每人扣0.05分			
					(8) 信访帮办和人民网留言办理情况（1.5分）。信访帮办0.5分，得分=0.5×帮办质效×0.4+满意率×0.6）×1分			
			(三)守牢食品药品安全底线		(1) 各类食品安全示范创建情况（3分）。按照县食药安办工作安排，积极参与和组织各类食品安全示范创建活动，组织辖区食品安全管理水平。落实到位的，得3分；较好的，得2分；一般的，得1分	10分	县市场监督管理局	市场监管所
					(2) 食品安全"两个责任"，包括"属地管理责任和企业主体责任"落实情况（3分）。①落实食品安全"两个责任"属地管理责任和企业主体责任，根据省市时间节点要求，督导完成率100%的得分。②督导发现率在0.5—2的，得1分；问题发现率在0.5以下的不得分部纳入包保，检查覆盖率在70%以下要求，低10个百分点扣0.5分，得1分；问题发现率达到2以上的，得0.5分；问题发现率在0.5以下的不得分			

续表

类别	序号	一级指标	二级指标	三级指标	四级指标	权重	县责任部门	街道责任部门
增强经济社会发展创新力	14	防范化解风险	（三）守牢食品药品安全底线		（3）强化药品质量监管（2分）。各街镇每年至少专题研究药品安全工作1次。药品经营使用单位检查覆盖率100%，未达到100%的扣0.5分；监督检查问题发现率达到30%得1分，未达到30%的，扣0.5分 （4）加强食药安办建设（2分）。根据《"食安某省"建设三年提升行动计划（2023—2025年）》要求，推进乡镇食药安办实体化运行，严格落实"五有"（有机构、有职能、有人员、有条件、有经费），缺少1项扣0.4分	10分	县市场监督管理局	市场监管所
			（四）地方金融风险防控		（1）机制建设（1分）。建立防范和处置非法集资工作机制，明确牵头部门和配置工作人员得0.2分；落实宣传责任落实到位、处非工作相关经费得0.2分；防范和处置非法集资非法集资工作、排查工作机制的得0.2分；处非工作专班运转有效得0.2分；处非工作定期召开会议，每年至少研究2次非法集资风险防控工作得0.2分 （2）宣传工作（2分）。每年开展大型集中宣传活动不少于2次得0.4分，不开展不得分；通过电视（广播）、报纸、网络、宣传栏等公共媒体开展宣传得0.4分，没有不得分；开展"双零"社区建设工作，进社区和涉嫌非法集资经营场所周边宣传，发挥网格员、网络员的作用开展活动得0.4分；开展有特色的宣传活动得0.4分；创建志愿者、宣传队伍、防非宣传工作站，常态化宣传工作方面有创新得0.4分 （3）风险线索排查工作（1分）。组织辖区内重点区域、可疑公司排查，建立台账的得0.5分；落实上级排查任务，认真开展排查整治活动，及时上报排查台账报表的得0.5分	5分	县发展和改革局	经发办

第四章 基于东部某省 Z 街道基层领导干部考评实践的审视

续表

类别	序号	一级指标	二级指标	三级指标	四级指标	权重	县责任部门	街道责任部门
推动黄河流域生态保护和高质量发展	14	防范化解风险	（四）地方金融风险防控		（4）工作成效（1分）。对已经确定的涉嫌非法集资案件线索，及时化解处置得0.4分，每发生1起，减0.1分；辖区内风险总体可控或较上一年度明显好转得0.2分；未发生进京访和到省、市集体访得0.2分；未发生重大舆情事件得0.2分			
			（五）预算绩效管理水平		包括预算绩效管理和国有资产管理两项，各5分。预算绩效管理按照县财政局制定的具体办法打分折算，具体包括预算绩效评估、绩效目标管理、绩效监控管理、绩效评价管理、事前绩效评估、绩效信息公开等事项。国有资产管理按照县财政局制定的具体办法打分折算，具体包括制度建设、机构设置、基础管理、资产配置、资产使用、资产处置及资本收益、资产信息管理和报告等事项	10分	县财政局	财政所
	15	推动黄河流域生态保护和高质量发展	（一）水资源集约节约利用[水利改革发展与河（湖）长制]		（1）河（湖）长制（6分）。①开展河湖长巡河（湖）情况。巡河率达到100%，能够通过巡河发现问题并及时解决，村河长到位，巡河率达到80%，计1分；巡河率低于80%，计0.5分。②辖区内清源清淤清障和清"四乱"工作。按好（2分）、一般（1分）、差（0分）计分。③落实上级暗访督查整改情况。按好（2分）、一般（0.5分）、差（0分）计分	20分	县城乡水务局	水利站

129

续表

序号	类别	一级指标	二级指标	三级指标	四级指标	权重	县责任部门	街道责任部门
15	推动黄河流域生态保护和高质量发展	推动黄河流域生态保护和高质量发展	(一) 水资源集约节约利用与水利改革发展（湖）河长制		(2) 水利改革发展（10分）。①防汛抗旱工作责任制、组织、队伍、物料储备，防汛隐患排查整治工作开展及完成情况，预案修订及培训、演练完成情况。按好（2分）、一般（1分）、差（0.5分）计分。②雨水情站点管护，防汛抗旱工作信息及次情统计上报情况。按好（0.8分）、一般（0.5分）、差（0.3分）计分。③农村饮水安全、建设农村供水工程管理、水费收缴和水源地保护工作。按好（1分）、一般（0.5分）、差（0分）计分。⑤农村生活污水收集设施覆盖率、收集率、收集处理设施的运营情况和上级检查督导等情况。按好（3分）、一般（2分）、差（1分）计分。 (3) 水资源集约节约（4分）。①节水型载体建设情况。创建节水型单位、机关、社区、学校、医院达到5处或5处以上的计2分；达到2处或2处以上，5处以下（不含5处）的计1分；没有创建成果的计0分。②再生水利用情况。积极利用污水处理厂再生水用于灌溉、工业生产及景观用水等，鼓励农村地区就地消纳利用再生水资源，提供有效水利用台账。按好（2分）、一般（1分）、差（0.5分）计分	20分	县城乡水务局	水利站
			(二) 能源消耗强度管控		(1) 能耗总量和强度"双控"（节能减排）目标（2分）。规模以上工业万元产值能耗下降率以县统计局核定数据为准，完成年度计划目标（参考值下降2以上）得满分，完成目标的90%得0.9分，完成目标的80%得0.8分，依此类推。不降反升得0分。六大高耗能行业产值比重以县统计局核定数据为准，比重维持不变或者上升不得分	10分	责任单位县发展和改革局 数据来源部门县统计局	经发办 统计站

续表

类别	序号	一级指标	二级指标	三级指标	四级指标	权重	县责任部门	街道责任部门
推动黄河流域生态保护和高质量发展	15	推动黄河流域生态保护和高质量发展	（二）能源消耗强度管控		（2）"节能措施（共 8 件）。①能源总量和强度"双控"管理体系建设（1 分），建立健全能源总量和强度"双控"工作组织和工作体系，建立能源"双控"工作协调机制，明确眼责分工，定期召开会议，研究和协调重大问题。②能源"双控"目标分解和落实（1.3 分），加强节能统筹规划，合理分解能源"双控"指标任务，按完成节能量任务的企业家数所占比例 100%得 1 分，完成目标的 90%得 0.9 分，完成目标的 80%得 0.8 分，依此类推。③调整和优化结构（1.1 分），配合全县有关部门完成当年淘汰落后生产能力任务，严格落实辖区内固定资产投资项目节能评估和审查制度，大力推动节能环保和新能源产业发展。④节能技术推广（0.7 分），推行合同能源管理。辖区内所属企业组织推广节能产品技术和节能服务机制。⑤节能法律法规执行情况（1.1 分），结合本地实际制定或出台相关能源"双控"工作指导意见，执行节能法律法规标准，加强节能监督检查。⑥节能管理与服务（1.3 分），开展能源"双控"培训工作，完善能源统计制度并充实能源统计力量，按要求按时参加市县召开的能源"双控"工作会议，对上级文件、会议精神及时贯彻落实，动员全社会参与节能、公共机构节能、工业节能、建筑节能	10 分	责任单位 县发展和改革局 数据来源部门 县统计局	经发办 统计站

续表

类别	序号	一级指标	二级指标	三级指标	四级指标	权重	县责任部门	街道责任部门
推动黄河流域生态保护和高质量发展	15	推动黄河流域生态保护和高质量发展	(三)土地保护与集约利用		(1)耕地保护(3分)。认真履行耕地保护目标责任书,监管到位,严格落实永久基本农田"五不准"要求,耕地保有效保护,耕地保有量不减少,用地规范有序,确保永久基本农田数量不减少、质量不下降。耕地保有量、永久基本农田保护面积,年度进出平衡有1项不达标的扣1分,扣完3分为止	10分	县自然资源局	国土所
					(2)土地执法监管(4分)。加强土地执法作用,做好违法违规用地预防和查处工作,发挥街镇责任主体作用,严控违法违法占地。对辖区内发生违法占用耕地处置不及时的每发生1宗扣0.2分。新增乱占用耕地建房复耕不及时的每发现1宗扣0.2分,大棚房不能及时处置的每发现1宗扣0.2分,扣完4分为止	10分	县自然资源局	
					(3)矿产资源执法监管(3分)。①领导重视(0.9分)。组织机构健全,分工明确,配备专职矿产资源管护人员,人员变动应及时调整并上报备案(0.3分);制定打击非法采矿产资源工作方案,实施方案(0.3分);每月召开1次打击非法盗采矿产资源专题工作会议,安排部署打击非法采矿产资源工作,有会议记录或会议纪要(0.3分)。②落实责任(0.6分)。做到半年有小结,年终有总结,年初与各村、组签订工作责任书、易盗采区域、废弃采场从街镇到村要落实责任人(0.3分);层层落实打击非法盗采矿产资源工作责任人(0.3分)。③打击非法采矿(1.5分)。认真开展清了本辖区内非法空闲院落的巡查、重点区域每周巡查,非法石料加工点和易发生盗采空闲院落的巡查、重点区域每周巡查工作,全面奖清了本辖区内非法空闲院落(0.3分);加强对矿山、非法石料加工点和易发生盗采空闲院落的巡查、重点区域每周巡查	10分	县自然资源局	安监所

第四章 基于东部某省 Z 街道基层领导干部考评实践的审视

续表

类别	序号	一级指标	二级指标	三级指标	四级指标	权重	县责任部门	街道责任部门
推动黄河流域生态保护和高质量发展	15	推动黄河流域生态保护和高质量发展	（三）土地保护与集约利用		不少于 3 次，其他区域每周巡查不少于 1 次，同时做好巡查记录、影像档案资料保存工作（0.3 分）；巡查发现，打击处置要到位，辖区内非法开采巡查发现，制止、报告，处罚要到位，因打击非法采矿工作不力，被挂牌督办、警示约谈 1 次扣 0.3 分，因盗采被纪检部门追责问责和辖区内发生追究刑事责任的盗采案件的此项不得分（0.9 分）	10分	县自然资源局	安监所
			（四）生态环境质量改善	1. 空气质量改善（15 分）	（1）依据《X 市街道环境空气质量排名通报》，对每个街镇进行月度考核，12 个月度得分平均值为年度得分。街镇现状排名列 X 市所有街镇前 10 名的，加 15 分，11—20 名得 14.5 分，21—40 名得 14 分，41—60 名得 13.5 分，61—80 名得 13 分，81—110 名得 12.5 分，111 名之后得 12 分 （2）各街镇若改善排名位于 X 市所有街镇前 20 位的，在上述得分基础上加 1 分；改善排名位于 X 市所有街镇 21—50 位的，加 0.5 分；改善排名位于 X 市所有街镇 51 位后的，加 0.3 分 （3）各街镇围绕空气质量改善，开展的亮点工作，加 1—2 分 （4）各街镇围绕空气质量改善，投资情况适当加分，10 万—50 万元加 0.5 分，50 万—100（含）万元加 1 分，100 万元以上加 2 分 （5）在大气污染防治工作中，被国家、省督导、检查、巡查发现的突出问题每次减 0.5 分，市级督导巡查发现的问题减 0.3 分，县级督查鉴改的每次减 0.2 分 （6）出现严重污染天数的，按照 0.2 分×严重污染天数进行减分，出现重污染天数超过全县平均重污染天数的，按照 0.1 分×超出重污染进行减分（不足 1 天不减分）	30分	县生态环境分局	环保所

133

续表

类别	序号	一级指标	二级指标	三级指标	四级指标	权重	县责任部门	街道责任部门
推动黄河流域生态保护和高质量发展	15	推动黄河流域生态保护和高质量发展	(四)生态环境质量改善	2.水环境质量改善(7分)	地表水方面。各街镇应按照职责分工，严格落实水污染防治联防联控常态化工作机制。对未发现辖区水污染隐患问题的街道得满分。①对排查发现的水污染隐患问题由县级排查发现减0.1分，市级及以上排查发现每次减0.2分；②对水污染隐患问题未能及时整改到位并书面督办的，每发现1起，扣0.1分。扣完为止	30	县生态环境分局	各委
				3.土壤污染防治(5分)	2023年重点建设用地安全利用率达到100%的，得5分。对建设用地违规开发利用，未及时发现受审处置的，发现1起，减0.2分；存在违规开发或利用、自查未发现、被从其他方面发现或整改不彻底问题建设用地块的，每发现1起，减0.5分。减完为止			
				4.秸秆禁烧(3分)	(1)制定实施方案，建立街镇包村、村包组、组包片的责任网络明确责任。不按要求落实的分别扣0.2分。不按要求落实责任书，被发现者审实的扣0.3分 (2)开展全方位、多形式、反时调度落实的工作氛围，营造浓厚的宣传氛围，深层次禁烧情况，并上报禁烧信息，上报不及时的扣0.1分 (3)被国家遥感监测到1个火点扣3分，被省遥感监测到1个火点通报0.5分，被省有关部门检查发现每发现1个火点扣0.3分，被市检查发现1个火点扣0.3分，被县检查发现1个火点扣0.2分，被省通报1次扣0.5分，被市通报1次扣0.5分，发现火情处理不及时的扣0.3分。共计3分			

第四章　基于东部某省 Z 街道基层领导干部考评实践的审视

续表

序号	类别	一级指标	二级指标	三级指标	四级指标	权重	县责任部门	街道责任部门
16	改善人民生活促进共同富裕	促进共同富裕	（一）人力资源和社会保障	1.劳动就业创业服务工作（4分）	（1）加大就业服务力度，做好城镇新增就业和登记失业人员再就业工作（1.2分）。城镇新增就业录入完成任务指标得0.5分，未完成任务的，每低1个百分点扣0.1分，不足1个百分点的按1个百分点扣分。就业补助资金审计中发现的列入审计报告，视情节轻重，予以扣分。在县级以上审计中发现的列入审计报告的，每低0.5分，考核年度内，未按照要求完成任务数据的，每低1个百分点扣0.1分，不足1个百分点按1个百分点扣分，扣完为止。 （2）完成城乡公益性岗位开发安置任务（1分）。未完成任务的按照1个百分点扣0.2分，不足1个百分点的按1个百分点扣分，在城乡公益性岗位监管中发现吃空饷、优亲厚友等情况，每出现1起扣0.2分，扣完为止。 （3）达到职业技能培训任务完成率标准（0.5分）。完成率=2023年下达人社技能培训计划开展补贴性职业技能培训人次数×100%；按规定完成全县城乡公益岗区企业按要求开展职工岗前培训50人次以上的得0.25分；组织辖区企业按要求开展职工岗前培训任务指标的得0.15分；未完成任务的，每低1个百分点扣0.01分，不足1个百分点的按1个百分点扣分，考核年度内，在县级以上审计中发现非列入审计报告的，视情节轻重，予以扣分。 （4）完成"岗位归集"发布指标率（0.3分）。完成指标率80%得0.1分，完成率低于80%的不得分。 （5）高校毕业生就业率不低于90%，毕业生联系服务率100%（1分）。高校未就业高校毕业生联系服务率完成任务的得满分，未完成任务的，每低1个百分点扣0.1分，不足1个百分点按1个百分点扣分，扣完为止。	10分	县人力资源和社会保障局	人社中心

135

续表

序号	类别	一级指标	二级指标	三级指标	四级指标	权重	县责任部门	街道责任部门
16	改善人民生活促进共同富裕	促进共同富裕	（一）人力资源和社会保障	2.社会保险工作（3分）	（1）精准落实居民养老保险乡村振兴政策，完成脱贫享受政策和防止返贫监测对象、低保、特困、重度残疾等弱势群体政策扶持任务（0.5分）。未完成辖区内以上人员保险费政府代缴任务每发现1人扣0.1分，未完成以上人员到龄按时发放待遇每发现1人扣0.1分，扣完为止。 （2）认真落实居民养老保险关系注销、养老金发放和资格认证等工作下沉。做好参保登记、待遇发放各项业务工作，确保居民养老金应发尽发。协助上级业务部门做好居民养老保险精查和资格认证工作（0.5分）。不积极配合出现基金推接、业务差错每起扣0.1分；因工作组织不力，基金稽查回收率和资格认证率达不到100%，每降低5个百分点扣0.1分，扣完为止。 （3）做好辖区内被征地农民养老保险工作（0.5分）。社保补贴资金不任规定时间内落实到被征地农民个人账户，资金落实每降低2个百分点扣0.1分，扣完为止。 （4）积极宣传企业基本养老保险政策，做好社会保险精准扩面工作，积极引导农民工、新就业形态劳动者、高校毕业生参加企业养老保险，努力提高养老保险参保率（0.2分）。因工作突不力出现问题的，每1起扣除0.1分 （5）认真落实本单位开通网上申报，灵活就业人员参保登记、申报、一次性退保、在职死亡、社保转移等下沉业务事项（0.4分）。相应下沉业务未开展或成引起群众投诉的每1起扣0.1分	10分	县人力资源和社会保障局	人社中心

续表

类别	序号	一级指标	二级指标	三级指标	四级指标	权重	县责任部门	街道责任部门
改善人民生活促进共同富裕	16	促进共同富裕	(一)人力资源和社会保障	2.社会保险工作(3分)	(6) 协助上级业务部门做好辖区内企业职工养老保险待遇资格认证，协助追缴冒领的社会保险金等业务，不积极或推脱不协助每1起扣0.1分(0.4分)。 (7) 做好参保人社保卡制卡申请，启用和注销，挂失和解挂，交易密码维护、信息维护修改，查询和咨询等社保卡业务经办服务，做好电子社保卡签发工作(0.5分)。工作落实不力或出现舆情圈的，每次扣0.1分；未完成电子社保卡签发任务的每低1个百分点扣指标权重分的2，扣完为止	10分	县人力资源和社会保障局	人社中心
				3.劳动监察、劳动人事争议仲裁工作(2分)	(1) 积极配合上级劳动监察部门，至少每月1次对辖区内用人单位、工程建设项目开展日常巡视和专项检查，按要求向县欠薪领导小组办公室汇报农民工"工长"排查记录；及时受理、登记处理并反时上报；做好辖区内欠薪工作，协调处理辖区内农民工欠薪线索(0.5分)。对农民工工资清欠工作处理不力，被上级通报的，每次扣0.1分，扣完为止。发生1起劳动保障群体性突发事件并造成恶劣影响的，该项不得分 (2) 辖区内欠薪投诉数量与去年同期相比增幅率(0.5分)。增幅最小的街镇排第一位，以此类推，排名1—10名得0.5分，排名11—15名得0.3分，排名16名后得0.1分			

续表

类别	序号	一级指标	二级指标	三级指标	四级指标	权重	县责任部门	街道责任部门
改善人民生活促进共同富裕	16	促进共同富裕	（一）人力资源和社会保障	3.劳动监察、劳动人事争议仲裁工作（2分）	（3）积极协助开展辖区内劳动人事争议预防和调解工作，加大街镇及辖区内企业调解组织建设力度，保证场所配备人员、设备场所配置到位，考核不合格的每项扣0.1分。（4）积极开展辖区内劳动政策法规的宣传和咨询服务工作（0.2分）。考核期内要求开展2次，未完成的每次扣0.1分。（5）协助送达劳动争议仲裁文书，协助报告辖区内重大集体劳动人事争议案件（0.3分）。工作配合不力或发生重大集体劳动人事争议未报告的，每次扣0.1分。（6）及时处理全国劳动人事争议在线调解管理平台案件（0.3分）。因处理不及时造成案件超期的，每件扣0.1分	10分	县人力资源和社会保障局	人社中心
				4.基层公共服务平台建设（1分）	（1）按照基层公共服务平台建设标准要求，完善基础设施，强化制度建设，持续推进人社服务规范化建设（0.5分）。基层服务圈建设不达标的每项扣0.1分。（2）按照基层公共服务平台服务规范要求采取服务行为，不发生因服务质量、服务作风被投诉的情况。全面落实"练兵比武"、便民服务和实效（0.5分）。落实不力的每次扣0.1分			
			（二）农村居民人均可支配收入		承担住户调查工作的街镇（10分）：①积极配合抓好住户调查工作本管理维护工作（2分）；②加强业务指导，保障数出于户，不迟报、瞒报、漏报，及时记账（3分）。县政府中心工作、被县级以上媒体刊物采纳至少3篇（2分）。①全面、准确，及时做好粮食生产、畜牧业生产调查，蔬菜生产调查，电子记账达到100%（1分）；⑤积极推进电子记账，电子记账率达到100%（1分）。视情扣分，扣完本项为止	10分	县发展和改革局	统计站

第四章　基于东部某省 Z 街道基层领导干部考评实践的审视

续表

类别	序号	一级指标	二级指标	三级指标	四级指标	权重	县责任部门	街道责任部门
改善人民生活促进共同富裕	16	促进共同富裕	（二）农村居民人均可支配收入		（2）服务全县住户调查工作的街道（10分）。①围绕全县居民增收工作，全面、准确、及时做好粮食生产调查、畜牧业生产调查、蔬菜生产调查、产业增加值核算上报工作（4分）。②圆满迎接好国家、省、市统计调查系统督导调研检查（3分）。③完成上级农村居民增收调查等临时性业务工作（3分）。每项根据完成情况酌情扣分，扣完本项为止	10分	县发展和改革局	统计站
			（三）教育公平与保障		（1）重视学前教育事业发展（2分）。至少有1所街镇政府举办的中心幼儿园，计0.7分，无街镇政府举办的中心幼儿园不得分；街镇政府重视学前教育事业发展，对学前教育有投入的计0.6分，无投入的不计分；街镇政府积极推进省优质园所占比例提升工作（上级标准：省优质园所占比例达到58%），有工作进展的计0.5分，无进展的不计分；街镇中心幼儿园自主自聘教师缴纳社保，计0.2分，不缴纳社保的不计分 （2）考核街镇教育投入情况（1分）。查看镇财政所、幼儿园财务账目和凭证，核准各街镇经费投入金额。考核得分 = 街镇教育投入金额 ÷ 最大投入金额 × 指标权重 × 修正系数，没有投入的街镇不得分 （3）义务教育阶段控辍保学工作（1.5分）。随机抽取不同学段各1所学校，各2个班级，巩固率未达到100%的街镇，每降低1个百分点扣0.5分，扣完1.5分为止 （4）社区教育中心校建设（0.5分）。尚未建立社区教育中心校的街镇扣0.5分	10分	县教育和体育局	学校

续表

类别	序号	一级指标	二级指标	三级指标	四级指标	权重	县责任部门	街道责任部门
改善人民生活促进共同富裕	16	促进共同富裕	（三）教育公平与保障		（5）民办学校和培训机构管理（2分）。建立民办学校和培训机构综合管理机构和机制，并认真履行职责，落实上级安排的相关检查任务，有检查、有记录，并且档案齐全。治理效果好。根据查阅档案和现场调研情况打分 （6）校园周边环境排查与整治（1分）。街镇对校园周边环境排查计0.5分，无该项不得分；街镇对校园周边环境整治计0.5分，无该项不得分 （7）防溺水工作（2分）。街镇能够压紧压实教育、管理、监管责任，根据责任认定情况，另外适当减分，无该项不得分。发生未成年人溺水事故的，计2分	10	县教育和体育局	学校
			（四）文化和旅游融合发展		（1）公共文化服务体系建设（3分）。①文化设施建设（0.5分）。各街镇、村级分别建设标准化公共文化设施；各街镇文化站配备在职在岗人员，公共文化设施免费开放，至少48小时/周；农家书屋每年定期补充更新图书，每村开展阅读活动不少于4次（1分）。②文化数据在线填报多彩。全年组织开展文化活动不少于12次（0.5分）。③文化数据在线大平台（0.5分）。一是广泛开展文化活动、活动档案反时上传数字文化大平台（0.5分）；二是积极开展乡村阅读活动，各种形式的全民阅读活动，及时上传我省在线阅读在线平台。（0.5分） （2）文旅产业发展（3分）。①制定文旅产业发展规划，旅游和文旅项目建设（1.5分）。②旅游公共服务水平不断提升，积极推动各类特色投诉等各类问题。有文旅安全管理制度和应急预案并开展各类应急演练（0.5分）。③制作文宣品并利用各类新媒体平台进行宣传推广，举办本地特色节庆、民俗等系列活动（1分）	10分	县文化和旅游局	文旅办

续表

类别	序号	一级指标	二级指标	三级指标	四级指标	权重	县责任部门	街道责任部门
改善人民生活促进共同富裕	16	促进共同富裕	(四)文化和旅游融合发展		(3) 优秀传统文化和文物保护(2分)。①文物"四有"、分级管理到位，树立不可移动文物标识牌并建立档案，有文物巡查记录，定期上报工作情况(0.5分)。②文物安全保护。与各文物保护点所在村居签订文物安全责任书，无文物安全事故发生，文物存在安全隐患但未及时报告的视情况扣分(0.5分)。③文物修缮工作。有文物修缮计划、资金保障到位、项目规范有序(0.5分)。④新建、改建、提升各类历史文化主题展馆(乡村博物馆)1处，与周边学校、单位、村居共同组织开展历史文化展进社区、进村居、进学校活动(0.25分)。⑤与上级文博单位联合开展送历史文化展进社区、进村居、进学校活动，每年不少于1次(0.25分)	10	县文化和旅游局	文旅办
					(4) 文化市场综合行政执法(1分)。①开展"扫黄打非"有关工作任务、"扫黄打非"开展辖区内卫星电视传播秩序专项整治行动(0.3分)。②积极创建无"小耳朵"社区(村)，开展辖区内文化市场日常检查(0.2分)。③定期开展辖区应急广播示范基地(园区)建设工作，确保各级信息(0.2分)。④及时上报案件线索及工作信息(0.2分)			
					(5) 新闻出版广电行业发展(1分)。①协助开展辖区内出版物发行复制单位、印刷企业日常管理工作(0.2分)。②重视版权工作；引导著作权作品登记；发掘版权保护先进单位，推荐争创市级、省级版权示范基地(0.4分)。③协助开展辖区应急广播体系改造提升建设工作，确保各级有专人负责、管理和维护(0.4分)			

续表

类别	序号	一级指标	二级指标	三级指标	四级指标	权重	县责任部门	街道责任部门
改善人民生活促进共同富裕	16	促进共同富裕	（五）医疗卫生服务体系建设水平		（1）村卫生室房屋公建率情况（2分）。主要考核街镇辖区内所有卫生室房屋公建完成情况（含拆迁村卫生室）。计算公式：辖区内房屋公建村卫生室房屋公建数（包括拆迁前为个人或租赁、拟迁重置后房屋产权为公有的）÷辖区内所有村卫生室房屋迁前房屋产权为公有得满分，全部村卫生室房屋数×100%。全部村卫生室房屋产权为公有得满分，每下降1个百分点扣0.1分，扣完为止	10分	县卫生健康局	卫健办卫生服务中心
					（2）在岗乡村医生执业资质和学历情况（2分）。主要考核街镇辖区内在岗乡村医生执业资质历所占比例。计算公式：具有执业助理医师（含全科执业助理医师）资质及大专及以上学历的在岗乡村医生数÷辖区内在岗乡村医生总数×100%。执业助理医师（含全科执业助理医师）及大专及以上学历所占比例达到60%不扣分，每下降1个百分点扣0.1分，扣完为止			
					（3）医养结合和老龄健康工作（2分）。主要考核医养结合试点、安宁疗护、友善医疗机构等工作创建情况。失能、失智老年人健康与医养结合服务率和60岁及以上老年人健康服务率情况。计算公式：辖区内60岁及以上老年人健康服务率＝辖区60岁及以上常住老年人服务数÷辖区60岁及以上常住老年人数×100%；60岁及以上部分失能、失智老年人健康服务率＝60岁及以上部分失能、失智老年人服务数÷失能、失智老年人人数×100%。失能、失智老年人人数未设置床位扣0.05分，未设置床位未开展工作的得0.4分。①设置安宁疗护区或床位，开展安宁疗护工作得0.1分，未设置床位未开展工作的得0.05分；②建设医养结合机构并开展服务的得0.4分，没有床位及未开			

第四章 基于东部某省 Z 街道基层领导干部考评实践的审视

续表

类别	序号	一级指标	二级指标	三级指标	四级指标	权重	县责任部门	街道责任部门
改善人民生活促进共同富裕	16	促进共同富裕	(五)医疗卫生服务体系建设水平		展工作各扣 0.2 分；③开展长期照护工作得 0.1 分，未开展扣 0.1 分；④辖区60 岁及以上老年人医养结合服务率达 70%以上得 0.5 分，每下降 5 个百分点扣 0.05 分，扣完为止；⑤60 岁及以上部分失能、失能、失智老年人健康服务率达 80%以上得 0.5 分，每下降 5 个百分点扣 0.05 分，扣完为止；⑥高龄津贴按月发放到位得 0.1 分，发放不到位扣 0.1 分；⑦银龄安康任务落实得 0.1 分，不落实或落实不到位扣 0.1 分；⑧创建友善医疗机构得 0.2 分，不创建或复审不通过扣 0.2 分 (4) 职业健康工作（1 分）。主要考核辖区内用人单位按时进行职业病危害项目申报情况。辖区内用人单位按时进行职业病危害项目申报的每缺例扣 0.1 分，扣完为止 (5) 生育托育服务和奖励政策落实情况（1 分）。①出生人口及时上报，计划生育机构办未办 1 例生育登记或发现漏报出生 1 人或应办未办 1 例生育登记或发现漏报扣 0.4 分，每发现漏报或应退未退 1 人扣 0.01 分；③促进托育有机构托位数达到 4.35 个/千人，记 0.2 分，每减少 0.1 个点扣 0.02 分 (6) 计生协会工作（1 分）。主要考核组织队伍建设、宣传教育和日常业务工作开展情况。①组织队伍建设（0.1 分），加强街镇、村（社区）两级计生协会组织建设，加强新时期企事业单位协会建设，推进基层规范化建设，每有 1 项未完成扣 0.05 分，②暖心行动（0.4 分），暖心家园建设达标、完成年度任务目标，及时开展日常关怀活动，每有 1 项未	10 分	县卫生健康局	卫健办 卫生服务中心

143

续表

类别	序号	一级指标	二级指标	三级指标	四级指标	权重	县责任部门	街道责任部门
改善人民生活促进共同富裕	16	促进共同富裕	（五）医疗卫生服务体系建设水平		完成扣 0.05 分。③宣传教育工作（0.1 分），积极开展各类宣传教育活动，每年不少于 2 次，未完成扣 0.05 分；在市级以上各类媒体发表新闻报道、工作信息每年内不少于 5 篇，每少 1 篇扣 0.01 分。④日常工作（0.4 分），推进新型婚育文化建设记 0.05 分，开展青春健康教育行动记 0.05 分，做好计生协会工作优生优育指导工作记 0.05 分，实施家庭健康进行动记 0.05 分，推进新型婚育文化建设记 0.1 分，完成省人口关爱基金募捐与使用及时规范计 0.1 分，未完成不得分 （7）爱国卫生工作（1 分）。主要考核爱国卫生组织机构、活动组织、卫生创建及长效保持、病媒生物防制等。①组织机构健全（0.2 分），街镇设有爱卫会办公室，爱国卫生工作由党政领导负责爱国卫生工作，人员配备与辖区爱国卫生工作相适应得 0.1 分；社区（村）公共卫生委员会有专兼职爱国卫生工作人员，爱国卫生资料完整整齐得 0.1 分。组织机构缺 1 项和 0.05 分，资料不规范 1 处扣 0.01 分，扣完为止。②活动组织（0.3 分），扎实组织开展爱国卫生月、无烟日等爱国卫生活动。经常性组织开展健康教育宣传活动，有爱国卫生镇、社区、村居、单位等显著位置应设有健康教育宣传栏，内容符合季节性要求，满足大众需求；控烟工作有效落实，得 0.3 分，每项落实不到位的扣 0.02 分，扣完为止。③卫生创建（0.2 分），持续加强各级各类卫生镇、村、点、单位长效保持；积极保持开建省级卫生创建活动，省级卫生村命名达到或创建活动的每发现 1 项加 0.02 分，扣完为止。④病媒生物防制（0.3 分），积极开展病媒等生地调查、清理整治，有效控制病媒密度符合国家标准要求，按规定开展灭鼠、蚊、蝇、蟑、螂生物防制活动，长效保持落实不到位的每项扣 0.05 分，1 项活动未开展和 0.05 分，扣完为止	10 分	县卫生健康局	卫健办

144

续表

类别	序号	一级指标	二级指标	三级指标	四级指标	权重	县责任部门	街道责任部门
改善人民生活促进共同富裕	16	促进共同富裕	(六)城乡建设发展情况		(1)安置房建设（2分）。按照《2023年度街镇棚改旧改（安置房建设）综合考核评分细则》进行考核评分计分，所得分数根据指标权重折算。①棚改旧改项目管理。围绕安置房建设进度目标积极采取措施，现场管理到位，满足项目建设进度需求。督导人员、协调，现场管理不到位、视情况加0.02-0.2分。发现抓工地人员、检查中发现相关问题的，每发现1次扣0.02分。在相关任务中发现安置区制约因素未精零的，得0.3分。未按时完成择部交办任务，每项扣0.01分，安置区后期制约因素未精零的，每1项扣0.01分。未在规定时限内完成任务，每发现1项扣0.01分。该分值扣完为止。②安置房后期维修管理。对群众反映的问题及时化解，妥善处理安置房交付后的相关事项，平稳推进安置房建设专门工作机构，人员落实及时做好协调推进。成立棚改及安置房建设专门工作机构，人员落实到位，妥善处理交付后的相关事项，平稳推进。对群众反映的问题及时化解，妥善处理的因素未及时精零的，得0.4分。③组织协调推进。实行领导包保挂钩，得0.1分。④在收拆迁规范化与群众，没有因拆迁等造成群体性（越级、重复）上访事件，或发生上访等事件，倒能及时采取措施，化解矛盾的，得0.3分。未能及时协调，影响项目进展的，以上分值扣完为止。⑤信访和热线问题不及时或不准确报送月报、信息等棚改旧改及安置房建设材料，每发现1个项目点扣0.02分；资金使用不规范，年度资金余额无数据支持的，扣0.02分为止。④在收拆迁反资金使用不符合标准规范，没有因拆迁等造成或符合标准体系的，得0.1分。接收信访热线问题不及时或反馈时做好接待，政策解释，回复等工作，对待存在维修情况，每发现1次扣0.01分，扣完为止。⑥信息宣传：迟报、错报1次扣0.01报，信息等棚改旧改及热线问题及时化解不及时，反映不准确报送月情况，每发现1次扣0.01分，扣完为止。⑥信息宣传及时，准确报送月报、信息等棚改旧改及安置房建设材料，每发现1次扣0.01	10分	县住房和城乡建设局	安置办 建委

145

续表

类别	序号	一级指标	二级指标	三级指标	四级指标	权重	县责任部门	街道责任部门
改善人民生活促进共同富裕	16	促进共同富裕	(六)城乡建设发展情况		分。瞒报1次，扣0.06分，在各类媒体及时发表新闻、经验等稿件得0.1分，宣传工作措施或村民代表看新闻不到位或不配合宣传，每1次扣0.02分。扣完为止。①加分项目：承担县政府旧村改造及重点安置任务的，酌情加分，但最高不超过0.4分 (2) 村镇建设 (4分)。主要考核街镇户厕整改及农村公厕管护、自建房排查整治、农村危房改造、历史文化名村名镇、传统村落集中连片保护利用及历史建筑物保护工作。按照《X市及Y县村镇建设工作考核评分细则》进行考核，结合日常工作检查及年终集中考核进行得分。①户厕及农村公厕 (1.5分)。主要考核农村户厕改造后续管护情况，公厕是否正常开放使用，水、电是否接通，公厕管理制度是否及时维修，公厕是否配备废纸容器、坐便器、排气管等是否完好，是否张贴"明白纸"，是否改而未判，是否干净卫生，有无保洁工作人员，公厕是否设公厕导向标志牌；公厕进出口是否设牲别标志，开放时间，厕具损坏是否及时维修，公厕内是否张贴公厕管理铭牌，明确保洁人员、监督人员、监督电话，除臭时发现1处问题扣0.1分，扣完为止。②自建房排查整治 (1分)。主要考核是否成立工作领导小组，制定排查整治方案，出台相关文件；是否按照要求按时完成农村户房屋安全排查，做到应排尽排；是否建立日常巡查机制，有无巡查记录；是否对存在风险的房屋及时下达房屋安全整治告知单；是否按照要求完成房屋安全鉴定工作；是否按照文件要求建立复查制度，全面按时完成房屋整治，对存在安全隐患的房屋开展整治，整治后复核率达到10%；是否按时完成上标及规定时间内完成当年危房改造任务；是否加强档案管理，按规定建立上报档案资料、档案材料是否整齐规范、资料完好，有专人管理；是否加强质	10分	县住房和城乡建设局	建委

第四章 基于东部某省 Z 街道基层领导干部考评实践的审视

续表

类别	序号	一级指标	二级指标	三级指标	四级指标	权重	县责任部门	街道责任部门
改革人民生活促进共同富裕	16	促进共同富裕	(六)城乡建设发展情况		④历史文化名镇名村、传统村落核心保护区中迄片保护区风貌完整性、历史真实性，空间格局的功能。（1分）。主要考核各镇各村在迄片保护集中迄片中迄片管理人员，是否有专门保护管理机构，政府公布的挂牌历史建筑，是否成立政府牵头多部门组成的挂牌保护协调机构，传统村落集中迄片保护利用示范工作是否严格按现场查编制方案实施，且在规定时限内完成	10分	县住房和城乡建设局	建委
					(3) 物业管理（1分）。主要考核全县各街道建设主要考核全县各街道红色物业党建率是否达到90%以上，居民小区业委会组建率是否达到60%以上，物业企业党组织覆盖率是否达到100%以上，是否建立监督机制，定期巡查监督，定期对物业企业服务质量综合评价；信息公开公示主要考核各街道物业服务质量主要考核各街道核序维护，清洁卫生、共用部位公共设施维护管理，安全管理；违法违规行为治理主要考核各街道物业管理投诉情况，按照《居民小区物业管理问题受理电话、市民12345热线投诉总量增降情况。省市上访情况》子以评分。其中包含6项内容：信息公开公示、物业服务质量、违法违规行为治理、投诉纠纷处置具体考核要求进行考核评分，所得分数根据指标权重折算			建委社区
					(4) 城镇燃气安全（3分）。主要考核是否建立街道镇燃气管理机构，明确分管领导、人员配备，出台相关文件；是否建立日常巡查机制，每周有检查记			

147

续表

类别	序号	一级指标	二级指标	三级指标	四级指标	权重	县责任部门	街道责任部门
改善人民生活促进共同富裕	16	促进共同富裕	(六)城乡建设发展情况		(录、按时完成日常工作，及时报送相关数据；是否落实上级要求，开展燃气安全隐患大排查大整治，建立整改台账；是否开展农村用气宣传，培训，每年不少于1次；所有村居是否发放燃气安全使用"明白纸"，有张贴上墙、照片、工作记录。所有村居是否建立"双安全员"制度，在村居设置燃气安全宣传栏；是否建立燃气应急预案，开展农村燃气设施巡检、确保农村燃气管道、设施管理规范、无锈蚀、泄漏现象，设置防护设施；是否对辖区内流动瓶装液化气使用和销售单位开展定期巡查并消除隐患。按照《X市Y县燃气领域工作考核评分细则》进行考核，结合日常工作检查和年终集中考核进行得分			清洁燃煤办公室
			(七)城市综合管理水平		按照《X市Y县2023年度城市管理综合考评工作方案》计分，取季度考核结果平均值，按权重折算赋分	10分	县城市管理局	执法中队宣传办
			(八)基本医疗保险参保扩面任务完成率		(1)新生儿参保人数≥期末新生儿户籍人数97%的，得1.5分，每低1个百分点扣0.1分 (2)学生参保人数≥期末学籍人数及领取托幼机构人数97%的，得1.5分，每低1个百分点扣0.1分 (3)年龄60周岁及以上居民参保人数≥领取居养老保险人数97%的，得1.5分，每低1个百分点扣0.1分 (4)灵活就业和60周岁以下成年居民参保人数≥上年度末灵活就业和60周岁以下成年居民参保人数97%的，得0.5分，每低1个百分点扣0.1分	5分	县医疗保障局	人社中心
	17	特色发展指标			每个街镇巡报2项特色发展指标，每项指标满分10分，由相关县责任单位（单位）根据完成情况赋分			

续表

类别	序号	一级指标	二级指标	三级指标	四级指标	权重	县责任部门	街道责任部门
改善人民生活促进共同富裕	17	特色发展指标	(一)宅基地有偿退出		探索"永久性退出+有机更新"的宅基地有偿退出模式,流转房屋180户,吸引投资1.65亿元,实施民宿等项目,实现群众增收920万元,村集体增收187万元	20分	县农业农村局	乡村振兴办
			(二)衔接乡村振兴集中推进区		整合行业资金,社会资本1.6亿元,实施生态农业园、中草药基地等项目20个,实现村集体收入30万元以上行政村增长15%,就业保障350人次	20分	县农业农村局(乡村振兴局)	乡村振兴办
	18	综合评价	(一)县级领导评价		结合全县现场观摩检查等工作,组织县级领导采用无记名填写社会评价表的形式,重点对各街镇高质量发展成效作出评价。评价表以满分100分为标准计分,评价表中的"满意、比较满意、基本满意、不满意"4个等次,分别按100%、90%、70%、50%赋分,将评价结果加权平均得分	20分	县委组织部	组织办
			(二)部门评价		结合全县现场观摩检查等工作,组织县直部门(单位)主要负责人等有关人员,采用无记名填写社会评价表的形式。评价表以满分100分为标准计分,评价表中的"满意、比较满意、基本满意、不满意"4个等次,分别按100%、90%、70%、50%赋分,将评价结果加权平均得分	10分	县委组织部	组织办
			(三)基本公共服务满意度调查		(1)工作成效评价(10分)。主要依据各街镇工作安排部署情况、工作开展情况、反馈问题整改情况、平时督导检查情况。(2)全县群众满意度调查得分汇总平均后加权计算年度考核分值 根据4个季度群众满意度测评结果运用(20分)	30分	县委组织部 县统计局	组织办 党政办

基层领导干部落实力现代化考评体系研究

续表

类别	序号	一级指标	二级指标	三级指标	四级指标	权重	县责任部门	街道责任部门
改革人民生活促进共同富裕	18	综合评价	（四）营商环境评价		通过问卷调查、走访调研、企业座谈等形式，测评市场主体对营商环境的满意度和感受度；通过街镇互评、人大代表、政协委员政务监督员评价等方式，检验优化营商环境任务完成情况及工作整体推进情况	10分	具行政审批服务局	为民服务大厅
			（五）市民服务热线办理情况		主要考核承办单位的热线办理内容，按期办理率、回退重办率、重点督办等内容，以及承办单位《X市Y县12345市民服务热线办理工作考核办法》组织实施，按权重折算赋分＝12345热线办理情况得分÷100×权重分值	20分	县政府办公室	党政办
			（六）党风政风行风暨民主评议		按照《中共X市Y县委办公室、X市Y县人民政府办公室关于开展2023年度党风政风行风暨民主评议工作的意见》进行评价。根据党风政风行风暨民主评议成绩折算得分	10分	县纪委监委机关	纪检监察工委
加减分项目	19	综合、专项加减分	（一）综合加减分		参照《X市Y县2023年度高质量发展综合绩效考核办法》相关内容执行	最高加减10分	县委组织部	组织办
			（二）专项加减分	1.深化改革	（1）推进全面深化改革的工作效能（最高加5分）。考核改革主体责任落实，街道党改主要负责同志亲自抓改革制度落实，认真负责牵头县委改革委部署和县委深改委推进落实事项，配强改革分管领导及联络员，领衔推进改革事项，全面加强改革基础工作，建立健全改革推进落实机制，形成浓厚改革氛围，工作成效明显提升的，最高加5分	最高加20分	县委政研室（改革办）	督查室

第四章 基于东部某省 Z 街道基层领导干部考评实践的审视

续表

类别	序号	一级指标	二级指标	三级指标	四级指标	权重	县责任部门	街道责任部门
加减分项目	19	综合、专项加减分	(二)专项加减分	1.深化改革	(2)深化改革求突破的实际成效（最高加 8 分）。考核改革工作整体推进。①改革文表彰的（不包括集体和个人表彰事项），中央办公厅、国务院办公厅正式发文表彰的（不包括集体和个人表彰事项），中央办公厅、国务院办公厅正式发文以正式文件公布的考核结果中，获得"优秀"或列前 3 名的对应加 3 分，2 分。②在党中央各部门和国务院组成部门、直属（特设）机构、办事机构以正式文件公布的考核结果中，获得"优秀"或列前 3 名的对应加 3 分（不包括集体和个人表彰事项），每项加 4 分；省级、市级对应改革事项（不包括集体和个人表彰事项），每项加 3 分。③对新争取到的国家、省级改革试点、示范、试验，以及当年度通过上级评估验收的改革试点任务，每项按照国家级 2 分、省级 1 分的标准进行加分，最高加 3 分 (3)走在前列的改革创新经验（最高加 7 分）。考核改革经验宣传推广。根据县委改革办日常调度，各乡镇对本单位亮点工作进行深入挖掘，总结提炼形成改革创新案例进行报送，按照材料报送的数量和上级刊发选用情况予以加分，对不报送和报送不及时形式正式刊发的，单篇刊发加 4 分；综合性刊发的每项加 3 分。②省委、省政府主要领导，就全面深化改革工作作出肯定性批示的，每项加 4 分；市委、市政府主要领导，就全面深化改革工作作出肯定性批示的，每项加 3 分。③以省委改革办《地方改革案例》《改革专报》报中央领导或典型的、省委改革办《地方改革案例》《改革专报》报中央领导或典型的，每项加 2 分。④在省委改革办公众号刊发的，每项加 2 分。⑤改革经验做法被省级以上部门刊发的，每项加 2 分。⑥改革经验做法被省级以上部门宣传报道或刊发比较好的，采取认定方式，给予加分，最高加 2 分			

续表

类别	序号	一级指标	二级指标	三级指标	四级指标	权重	县责任部门	街道责任部门
加分减分项目	19	综合、专项加减分	(二)专项加减分	2. 服务"双招双引"成效	根据街镇服务"双招双引"成效情况据实加分	最高加10分	县投资促进局	经发办
				3.负面清单	3-1.对贯彻黄河重大国家战略、深化新旧动能转换重点任务落实不力,造成负面影响的;相关工作在2023年中被省(国家)和省级、市级督查检查反馈问题后或审计中被指出存在问题,非受到考核通报、批评、警示的;相关工作推后或没有取得明显成效、市政府督查检查反馈改善不力,出现以上情形之一的减20分。(2)《X市Y县推动黄河流域生态保护和高质量发展2023年工作要点》确定的各项重点任务未完成工作目标的,按年度工作完成比例减分。完成不到60%的减10分;完成60%—80%的减5分;完成超过80%但不到100%的,按工作落实不力,扣减0.5分,3次反以上视情况减分。(3)调度材料报送质量情况减分。推动工作中每通报或催报1次减0.2分,2次减0.5分,3次反以上视情重视情减分。(4)档案管理工作,根据档案管理质量情况另行印发	每项最高减10分,累计减分不超过20分	县委办公室县政府办公室县发展和改革局	党政办督查室经发办
					3-2.落实国家安全责任制不到位。有关内容另行印发		县委国安办	派出所

续表

类别	序号	一级指标	二级指标	三级指标	四级指标	权重	县责任部门	街道责任部门
加减分项目	19	综合、专项加减分	（二）专项加减分	3. 负面清单	3-3.意识形态工作责任制不到位。有关内容另行印发	每项最高减10分，累计减分不超过20分	县责任部门 县委宣传部（网信办） 县参与部门 县委统战部 县委政法委	宣传办
					3-4.坚守好重大传染病防控底线不力。（1）新冠病毒感染等重大传染病监测任务完成率。完成率＝规定时间节点内应完成的传染病调查处置数（含标本采集数）÷县级下达的任务数。目标值为100%，每降低1个百分点减1分，最高减4分。（2）重大传染病及公共卫生事件监测系统运行情况，主要考核重大传染病及公共卫生事件监测及覆盖率和机构网络运行率。①覆盖率＝辖区点单位数×100%。②机构网络接入重大传染病及公共卫生事件监测系统的重点单位数÷辖区点单位总数×100%。目标值为90%，每降低1个百分点减0.5分，最高减2分。②机构网络正常运行率（%）＝辖区网络正常运行机构数÷传染病诊疗机构数×100%。目标值为100%，每降低0.5个百分点减0.4分，最高减2分。（3）传染病信息及突发公共卫生事件信息报告质量，主要考		县卫生健康局	卫健办

153

续表

类别	序号	一级指标	二级指标	三级指标	四级指标	权重	县责任部门	街道责任部门
加分减分项目	19	综合、专项加减分	(二) 专项加减分	3.负面清单	核传染病卡片及时报告率、传染病卡片及时审核率和突发公共卫生事件报告及时率。①辖区传染病卡片及时报告率=报告传染病卡片数÷传染病卡片数×100。目标值为100%，每降低1个百分点减0.1分，最高减0.8分。②传染病卡片及时审核率=辖区及时审核传染病卡片数÷传染病卡片数×100%，目标值为100%，每降低0.1个百分点减0.1分，最高减0.6分。③突发公共卫生事件报告及时率（报告突发公共卫生事件数÷报告不及时事件数）÷报告突发公共卫生事件数×100%，目标值为100%，每降低1个百分点减0.2分，最高减0.6分。(4) 重点人群新冠病毒疫苗接种个案管理率、规范管理率。主要考核重点人群新冠病毒疫苗接种每月随访情况。规范管理率=视范管理的重点人群新冠病毒疫苗接种个案数量÷应管理的重点人群新冠病毒疫苗接种个案数。目标值为90%，每月每降低1个百分点减0.2分，最高减3分，最终减分为每月减分的均值。各街镇均达标时，对管理率有关工作方式不当或处置不当导致发生疫苗接种不良事件的，发生1起减1分，最高减1分。(5) 疫苗接种情况。主要考核适龄儿童国家免疫规划疫苗全程接种率、2岁内儿童麻腮风疫苗第1、2剂次及时接种率。①辖区适龄儿童国家免疫规划疫苗全程接种率目标值为不低于95%，按照1～7岁儿童国家免疫规划疫苗全程接种率校正后全程接种率（流出失访比例不超过6%部分从全程接种率较目标值每降低0.1个百分点减0.6分，最高减3分。2岁内儿童麻腮风疫苗第1、2剂次接种率达到95%以上，未达标减1分。②2岁内儿童麻腮风疫苗第1、2剂次及时接种率。以街镇为单位，校正后各街镇2剂次及时接种率目标值为不低于95%，每降低0.1个百分点减0.6分，最高减3分。③预防接种门诊建设情况。按照上级要求建设智慧化预防接种门诊，未按要求建设智慧化预防接种门诊，最高减2分。			

第四章 基于东部某省 Z 街道基层领导干部考评实践的审视

续表

类别	序号	一级指标	二级指标	三级指标	四级指标	权重	县责任部门	街道责任部门
加分减分项目	19	综合、专项加减分	（二）专项加减分	3.负面清单	3-5.重大舆情应对处置不力。有关内容另行印发		县委宣传部（网信办）县委宣传部	宣传办
加分减分项目	19	综合、专项加减分	（二）专项加减分	3.负面清单	3-6.数据造假。（1）依据当年认定的统计违纪违法案件进行减分。①受到通报批评。严重违反统计法律法规和党纪政纪规定，被国家通报批评的最多减10分，被省里通报批评的最多减5分，被市里、县里通报党纪政纪处分，此项最高减10分。②相关责任人员受到党纪政纪处分，科级及以下干部每人次减0.3分，此项最高减5分。③部每人次减0.2分，处级及以上干部每人次减0.5分，此项最高减0.05分，请统计调查对象受到行政处罚1个单位减5分，少报等情形，减5分；介于30%（含）与60%（不含）之间的，减3～4分；介于60%（含）与90%（不含）之间的，减1～2分；低于90%（含）的。②按失实数额占检查数额比例进行减分。①按失实情况进行减分。对于虚报、漏报、瞒报等情形，视失实情形予以减分。（2）依据统计数据质量核查情况进行减分。	每项最高减10分，累计减分不超过20分	县参与部门县委办公室县政府办公室县公安局县统计局	统计站

续表

类别	序号	一级指标	二级指标	三级指标	四级指标	权重	县责任部门	街道责任部门
加分减分项目	19	综合、专项加减分	(二)专项加减分	3.负面清单	30%(不含)的,减0~1分。②按失实企业占检查企业比例减分。超过90%(含)的,减5分;超过60%(不含)且低于90%(不含)的,减3~4分;超过30%(含)且低于60%(不含)的,减1~2分;低于30%(不含)的,减0~1分。(3)两类减分同时并行,按照就高不就低原则执行,此项最高减10分。县重大治理活动中自查自纠发现问题的,可酌情少减分数。在国家和省、市、县重大治理活动中自查自纠发现问题的,可酌情少减分数。街道党工委(镇党委)、街道办事处(镇政府)认识态度好、处置及时得当,按规定报送分处理结果、数据质量整治效果明显的,可酌情最高少减0~2分。发现统计违法行为的,视情多减2分。发生与中央、省委、市委、县委重大政策密切相关的统计违法违纪案件,教育、市、县领导批示的,当年未处理完毕,先减0~2分;下年度处理完毕后,再减剩余应减分值	每项最高减10分	县统计局	统计站
					3-7.重大失信事件。(1)严重失信惩戒对象名单企业所占比例最高减4分。按照线性扣减函数减分,即各街镇所辖企业(含个体工商户、农民专业合作社,下同)的数量。严重失信惩戒对象名单企业所占比例1%及以下的不减分;所占比例1%~8%的,按照线性扣减函数减分;所占比例8%及以上的减4分;严重失信惩戒对象名单企业被列入惩戒对象名单,只按1个主体计算)除以所辖在营企业数量。严重失信惩戒对象名单包括重大税收违法案件当事人名单、失信企业黑名单、电子商务黑名单、海关失信名单、安全生产黑名单、失信被执行人名单、统计上严重失信企业名单、严重质量失信名单、严重违法超限超载运输失信当事人名单、证券期货领域失信名单、根据政策需要列入其他种类的严重失信对象名单。(2)各街镇(含下属机关、事业单位)存在政府机构被人民法院列入失信被执行人情形的,直接减10分	累计减分不超过20分	县发展和改革局	经发办

第四章 基于东部某省 Z 街道基层领导干部考评实践的审视

续表

序号	类别	一级指标	二级指标	三级指标	四级指标	权重	县责任部门	街道责任部门
					3-8.重大金融风险事件。(1) 辖内非法集资风险防控不到位,产生重大风险的,最高扣 3 分。(2) 因风险防范不力、处置不及时,辖内新发重大非法集资、非法网络借贷、非法证券期货等非法金融活动的,按本兑付涉案金额(或未兑付人数)扣分,其中 100 亿元以上(或 10 万人以上)的,每发生 1 起扣 3 分;50 亿元以上(或 5 万人以上)的,每发生 1 起扣 2 分;10 亿元以上(或 1 万人以上)的,每发生 1 起扣 1 分。(3) 辖内地方法人金融机构出现严重信用风险,难以维持正常经营,发生兑付风险事件的,每发生 1 起扣 3 分。辖内地方法人金融机构未严格遵守国家法律法规和监管政策规定开展业务,发生重大案件的,每发生 1 起扣 2 分。辖内新增高风险地方法人金融机构的(央行口径),按季度考核扣 0.1 分计算,年度考核结果按照上年第 4 季度末与当年末 3 个季度的评级结果为未退出未退出的,按照每季度扣分情况累计计算,予以扣分。(4) 在评价周期内,民营企业发生恶性债券违约的,每新增 1 家扣 0.4 分;国有企业发生恶性债券违约的,每新增 1 家扣 0.2 分。上述公司为上市公司的,每家增加扣 0.2 分。(5) 在评价周期末,每有 1 家证监部门口径处置迟缓高风险私募机构,引入风险私募机构、私募机构,扣 0.1 分;每有 1 家在证券市场造成重大负面影响非被证监部门调查的上市公司、私募机构,扣 0.05 分。(6) 在评价周期内,辖内地方金融组织违反国家有关规定和监督政策开展业务,发生严重影响金融稳定风险事件的,每发生 1 起扣 1 分。(7) 经市金融监督局组织认定的其他重大金融风险扣分		县发展和改革局 县金融事业发展中心	经发办

基层领导干部落实力现代化考评体系研究

续表

类别	序号	一级指标	二级指标	三级指标	四级指标	权重	县责任部门	街道责任部门
加减分项目	19	综合、专项加减分	（二）专项加减分	3.负面清单	3-9."三保"保障不力。对上级检查发现"三保"政策不落实等违规问题，发生"三保"保障不到位等风险事件，造成不良影响的，每次扣2分；对发生"三保"风险事件，特别是出现群体上访或者重大负面舆情的每次扣5分	每项最高减10分，累计减分不超过20分	县责任部门	财政所
					3-10.严重影响安全稳定事件。（1）发生影响国家政治安全重大案事件造成重大影响的，每发生1起最少减1分；发生大型非法宗教聚集活动未能及时处置造成恶劣影响的，发生重大暴力恐怖袭击事件的，根据严重程度，每发生1起最少减1分。（2）发生重大失泄密案件的，每发生1起减1分；发生其他失泄密案件的，每发生1起减0.1分，以上累计减分不超过2分。（3）发生参与人数在50人以上到省、5人以上进京集体访的，10人以上起减0.5分；发生参与人数在100人以上到省、50人以上进京集体访，每发生1起减1分（重大会议活动和敏感时期5人以上）进京集体访，20人以上（重大会议活动和敏感时期10人以上）进京集体访、国家信访局、公安部、退役军人事务部和省相关部门工作联席会议办公室、国家信访局、公安部、退役军人事务部和省相关部门（重大会议活动和敏感时期市级以上集题安保指挥部）通报批评的，每发生1起分别减1分（国家部委）、2分（省级）、3分（省级）；事先有信息预警但仍实际发生的，每起多减1分；在退役军人安置、重复矛盾扩大造成不良影响、解京工作中、因政策登记或来市、到省、进京集访的，参照上述情形每起多减0.1分。（4）根据省、市、县防范处置矛盾风险维护稳定工作机制规定，因防范处置工作不力，发生一般群体聚集事件的，视情减0.1—1分；发生较		县委办公室、县教育和体育局、县文化和旅游局、县退役军人事务局、县信访局	文旅办、综治办、党政办、派出所、安监所、乡村振兴办、学校

第四章　基于东部某省Z街道基层领导干部考评实践的审视

续表

类别	序号	一级指标	二级指标	三级指标	四级指标	权重	县责任部门	街道责任部门
加分减分项目	19	综合、专项加减分	(二)专项加减分	3.负面清单	发生较大群体聚集事件的，每发生1起，视情减0.1—2分；发生重大群体聚集事件的，每发生1起，视情减0.1—3分。(5)两条规定减时并存的，按(3)(4)发生上述事件，可酌情多减0.1—1分；因责任不落实，工作不到位，属处置反复，引导、答复不得力，矛盾扩大，性质变化等突出情况到现场接谈，视情多减0.1—1分。(6)发生死亡3人以上重大交通事故、责任事故的，或者重伤6人以上特大危爆物品失控导致被盗、丢失造成严重后果的；因其他群死群伤治安突发事件并造成较大影响的，视情减0.1—1分。(7)发生学校负有安全管理责任的校园群体性食品安全事故的，学生非正常死亡事件，校园损毁反人员伤亡严重后果的，以及校园消防安全责任事故的，每发生1起，视情减0.1—1分。(8)发生1起视情减0.1—1分。(9)在美丽宜居乡村建设中，因工作落实不力，造成较大或重大负面影响的，根据"6·27"工程不力，导致省级文物保护和社会影响，省级文物保护单位为全国重点文物保护单位的；发生故意损毁国家保护的珍贵文物或者故意损毁国家确定为省级文物保护单位的文物，造成严重后果的，视情减0.1—1分。(10)开展全县青少年毒品预防教育"6·27"工程不力，引发较大或者被确定为全国重点文物保护单位的；发生吸食毒品问题的；发生未成年人在校吸毒肇事事件，引发较大	每项最高减10分，累计减分不超过20分	县责任部门 县委政法委 县委参与部门 县委统战部 县农业农村局 县委办公室 县教育体育局 县公安局 县文化和旅游局 县退役军人事务局 县信访局	文旅办 综治办 党政办 派出所 安监所 乡村振兴办 学校

159

续表

类别	序号	一级指标	二级指标	三级指标	四级指标	权重	县责任部门	街道责任部门
加分减分项目	19	综合、专项加减分	（二）专项加减分	3.负面清单	大影响的；因监管不力，发生易制毒物品重大流失流弊问题，或发生芬太尼类物质走私出境引发重大事端的；被列为国家毒品问题重点整治地区或省重点整治地区的，每发生1起，视情减0.1—1分。(11)落实有关工作不力，报送信息不及时，根据影响程度，每发生1次减0.1分至1分，在重大活动、敏感时期，根据影响程度，每发生1次减0.2—2分，报上级通报的，每发生1次减1—3分			
					3-11.重大网络安全事故。有关内容另行印发		县委宣传部（网信办）	宣传办
					3-12.生产安全事故 1.较大及以上生产安全事故。辖区内发生较大及以上生产安全责任事故的扣10分。 2.铁路沿线环境综合治理。(1)铁路沿线各街道未按照要求建立、调整"双段长""双安长"制度的；未落实"双段长"定期巡查、定期会议等制度的，未落实市、区交办铁路沿线整治任务，或已整治问题发生反弹的，每件减0.1分。(3)本区域内排查出的轻质、硬质飘浮物问题未加固或加固措施不到位，导致硬质飘浮物每件减0.1分；高速铁路沿线（带）至供电设备或线路上影响行车超过45分钟的，普速铁路每件减0.2分；异物来源可追溯的轻质飘浮物刮（带）至供电设备或线路上影响行车时间超过45分钟，每段最高减2分。最高减10分。	每项最高减10分，累计减分不超过20分	1.县应急管理局 2.县域乡交通运输局	安监所 综治办

续表

类别	序号	一级指标	二级指标	三级指标	四级指标	权重	县责任部门	街道责任部门
加分减分项目	19	综合、专项加减分	（二）专项加减分	3.负面清单	普速铁路每件减0.05分，高速铁路每件减0.1分；危树倒伏等其他环境问题影响行车时间超过45分钟的，普速铁路每件减0.1分，高速铁路每件减0.2分。最高减2分。(4) 因铁路沿线环境问题整治不到位造成铁路交通事故，被国家铁路安全监管部门认定构成一般D类事故的，每件（次）减0.5分；构成一般C类事故的，每件（次）减1分；构成一般B类事故以上的，每件（次）减2分；构成一般A类事故的，每件（次）减3分；构成较大及以上事故的，每件（次）减10分。(5) 因工作不到位，被国家或省市有关部门通报，约谈的，每件（次）减0.2分。(6) 日常调度数据报送不及时的，每次减0.05分；因问题提供书面材料，逾期不提供的，减0.1分。(7) 同一环境问题符合上述多种减分情形的，按最高标准计算，不重复减分。3-13. 重大产品和服务质量事件。(1) 重大产品质量事件。产品质量事件是指产品在使用过程中发生的，因产品质量问题造成人身伤亡及直接经济损失的，因使用不当或抗力造成的事故除外。发生以下情形之一的，为重大产品质量事件：①造成3人以上（含10人以上）死亡以下（含3000万元）。②直接经济损失3000万元以上（含3000万元）。(2) 重大服务质量事件。对发生在本行政区域内的重大产品质量事件，发生1起减10分。(2) 重大服务质量事件。服务质量事件是指由于组织无法提供满足规定、约定以及顾客需求的服务，而产生人身伤害、重大经济损失、重大社会影响的服务。发生以下情形之一的，为重大服务质量事件：①死亡（失踪）3人以上；或者受伤30人以上；②因服务质量问题受到国务院办公厅通报批评、责令整改、要求检讨等；③5000人以上工作、生活受到影响；④因服务质量问题受到中共中央办公厅或国务院办公厅同一服务质量事件受到党纪政纪处分；⑤10人以上行政人员因同一服务质量事件受到党纪政纪处分；⑥造成特别严重		县市场监督管理局	市场监管所

基层领导干部落实力现代化考评体系研究

续表

类别	序号	一级指标	二级指标	三级指标	四级指标	权重	县责任部门	街道责任部门
加减分项目	19	综合、专项加减分	(二)专项加减分	3.负面清单	社会影响。上述标准所称的"以上"包括本数，所称的"以下"不包括本数。对发生在本行政区域内的重大服务质量事件，发生1起减10分。 3-14.食品药品安全事件。 1.食品安全事件。(1)对发生在本街镇内的食品安全事件（含进入批发、零售市场或生产加工企业后的食用农产品，下同），未及时报告并组织开展有效处置，造成不良影响或危害的，视情节轻重，危害节大小，每1起减2—10分。(2)对本街镇内存在的区域性食品安全问题，未及时组织整治，造成不良影响或危害大及重大食品安全事故（食品安全事故分级按照《X市Y县食品安全事故应急预案》明确的标准确定）或者3个月内连续发生食品安全事件的，视情节轻重，危害节大小，每1起减5—10分。 2.药品安全事件。(1)发生特别重大（Ⅰ级）药品安全事件扣10分。(2)发生重大（Ⅱ级）药品安全事件扣5分。(3)发生较大（Ⅲ级）药品安全事件扣3分。(4)发生一般（Ⅳ级）药品安全事故扣1分。药品安全事故分级按照《X市Y县药品安全事故应急预案》明确的标准确定。 3.农产品质量安全事件。责任范围内发生较大农产品质量安全及农业投入品质量事件，每次扣5分；发生Ⅳ级农产品质量安全事故，每次扣10分。农产品质量安全监管中有严重弄虚作假行为或者发生农产品质量安全事故隐瞒不报的，每次扣10分		1.县市场监督管理局 2.县市场监督管理局 3.县农业农村局	市场监管所 农委

续表

类别	序号	一级指标	二级指标	三级指标	四级指标	权重	县责任部门	街道责任部门
加分减分项目	19	综合专项加减分	(二)专项加减分	3.负面清单	3-15.破坏生态环境重大事件 1.环境损害（最高减10分）。(1)重大活动期间空气质量保障情况。根据重大活动保障内容的不同设置明确细化空气质量保障目标，重点时段空气质量管控情况，重点时段空气质量管控情况，未完成空气质量保障目标的，减1~5分。重点时段（消公历元旦、农历小年、农历除夕至正月十六、农历二月二等）每出现1个重污染天，减0.1分。(2)因管理和处置不力，造成一般突发环境事件的（含辐射事故，下同）每发生1起减1分；造成较大突发环境事件的每发生1起减2分；在突发环境事件应对中存在处置不力等履职不到位情形的，在上述减分基础上，每发生1起减1分。省生态环境厅、省控、市控环境空气质量自动监测站（断面）监测的，每被通报1起减1分，累计减分不超过2分。(4)发生一般工业固废随意倾倒，未能按要求及时清理的，明确环境监管责任后，负有环境监管责任的移除倾地和被倾倒地，每发生1起减0.5分；发生非法转移倾倒危险物的，且负有环境监管责任的移除倾倒地和被倾倒地，每发生1起减1.5分，累计减分不超过3分，同时造成人员死亡的，直接减6分。(5)省委省政府、生态环境部或中央生态环境保护督察办公室检查发现（位或死灰复燃等问题，省级生态环境保护督察反馈问题（包括县交办信访件）整改不到位的，约谈2分；县委县政府（包括县生态环境委员会办公室、省级生态环境保护督察反馈问题（包括县交办信访件）整改不到位或死灰复燃等问题，约谈1次减2分；县生态环境整改办检查发现位或死灰复燃等问题，约谈1次减1分。	每项最高减10分，累计减分不超过20分	1.县生态环境分局	环保所

续表

类别	序号	一级指标	二级指标	三级指标	四级指标	权重	县责任部门	街道责任部门
加分减分项目	19	综合、专项加减分	(二)专项加减分	3.负面清单	0.5分，每专项督察1次减1分；累计减分不超过3分。省环境保护督察热线转办信访件办理不到位、被省生态环境保护督察办公室通报或者形成舆情的，每通报1次减1分，形成舆情的减2分；省环保督察热线转办信访件办理不到位，本年度省环保督察热线转办信访件数量达到5件减0.5分，达到8件减1分，达到10件减1.5分；累计减分不超过2分。2.生态河湖（最高减10分）。(1)各街镇落实习近平总书记关于幸福河建设的重要指示精神不力，未按要求完成省级美丽河湖示范河湖建设任务的，每少完成1条扣1分；未按美丽河湖达标基准完成年度计划的，至少扣1分，每少10条加扣10分。该项最高扣10分，在规定期限内完成整改的，可酌情少扣分。(2)各街镇综合整治、水域岸线空间河湖管控、河湖整治等方面突出问题被水利部办公厅或省水利厅办公室警示约谈、挂牌督办的，每发生1起扣1分，敌水利部办公厅以及省河长制办公室警示约谈、挂牌督办的，每发生1起扣2分，敌水利部以及省政府、省副总河长、省级河长警示约谈、挂牌督办的，每发生1起扣5分；副总河长、市(县)级河长、市(县)政府、市(县)通报批评的，每发生1起扣7分；被全国、全省通报或挂牌督办，责令迅速整改，效果明显的，分别扣7分、5分、3分。被警示或警示约谈、通报批评后，整改效果不到位，每发生1起，按上述规定加倍扣分。(3)行政区域内存在依法履行水土流失防治责任，可酌情少扣分。造成严重水土流失的违法违规行为，根据整改效果进行扣分。街道按照省、	每项最高减10分，累计减分不超过20分	2.县城乡水务局	水利站

第四章 基于东部某省Z街道基层领导干部考评实践的审视

续表

类别	序号	一级指标	二级指标	三级指标	四级指标	权重	县责任部门	街道责任部门
加分减分项目	19	综合专项加减分	(二)专项加减分	3.负面清单	市、县水利厅、局统一部署，指导组织街镇范围内违法违规项目查处工作，按照属地管理的要求，对辖区范围内查处不力或存在弄虚作假等情形的进行约谈，每约谈1次扣0.5分，故约谈后能够迅速整改、效果明显的，可酌情少扣分。累计扣分数不超过10分。(4)对行政区域内群众反映或媒体曝光的河湖(库)突出问题和严重影响的，每发生1起扣2分。(5)辖区内外自备水源取水许可证的企事业单位未办理取水许可证的，发现1处扣1分；供水管网外自备水源取水许可证的，发现1处扣1分	每项最高减10分，累计减分不超过20分	2.县城乡水务局	水利站
					3-16.落实耕地等自然资源保护不力，违规用地用林问题突出等触碰事关全局的强制性、约束性、纪律性要求的			
					(1)各街道年度新增违法占用耕地未按期整改到位1处减0.2分；违法占用耕地面积总和每超过1亩的减1分，最高减10分；故市挂牌督办的减10分。		县自然资源局县林业和绿化局	国土所
					(2)森林湿地资源管理(最高减2.5分)。①发生破坏森林湿地资源行为，未及时发现、制止、上报、经查属实的，每发生1起扣0.1分，0.5分。②因破坏森林湿地资源问题，故市级警示或通报的，每起0.25分，每发生1起扣1分，不能按期完成，重大破坏森林湿地资源问题，被市级森林湿地资源督查、被上级挂牌督办的，每发生0.5分。③因在国家森林城市创建中，督促整改过程中，被上级卫片整改示范或通报的，每发生0.5分。			

续表

类别	序号	一级指标	二级指标	三级指标	四级指标	权重	县责任部门	街道责任部门
					(3) 森林自然灾害防控（最高减3分）。①因森林火灾预防不力发生森林火灾，造成受害森林面积在1公顷以上2公顷以下的，每发生1起扣0.5分，累计扣过3分；在2公顷以上10公顷以下的，每发生1起扣1分，累计不超过3分；在10公顷以上的或发生人员伤亡的，直接减3分。②因森林病虫害防控不力，被上级约谈或通报的，每发生1次扣0.1分；因林业病虫害指挥部通报的，每发生1次扣0.1分；被县林业有害生物防控指挥部通报的，每发生1次扣0.25分；被上级通报的，每发生1次扣0.5分；被列入上级督查事项的，每发生1次扣1分，累计不超过3分			农委
				3-17.相关工作在国家及省市督查检查考核中成绩较差、受到通报、批评、约谈、警示，对县工作大局造成负面影响的，由县委办公室、县政府办公室根据市相关规定扣分情形执行		10	县委办公室县政府办公室	党政办督查室
				3-18.巡视巡察反馈重大问题整改不到位。由县纪委监委机关根据市相关规定扣分情形执行			县纪委监委机关	纪检监察工委

第二节 基层领导干部工作落实考评
实践的积极成效

调研问卷结果统计显示，有31.8%的基层领导干部认为目前涉及基层干部落实力方面评价考核的总体成效非常好，有56.1%的基层领导干部认为目前涉及落实力方面考核评价的总体成效比较好，认为非常好和比较好的人数之和的所占比例为87.9%。其中女性基层领导干部中，有34.7%的人员对此评价为非常好，有54.7%的人员对此评价为比较好，认为非常好和比较好的人数之和的所占比例为89.4%。男性基层领导干部中，有30.2%的人员对此评价为非常好，有56.8%的人员对此评价为比较好，认为非常好和比较好的人数之和的所占比例为87.0%。

35岁及以下的副科级基层干部中，有32.2%的人员认为目前涉及落实力考核评价方面的总体成效非常好，有50.1%的人员认为目前落实力考核评价方面的总体成效比较好，认为非常好和比较好的人数之和的所占比例为82.3%。

36—45岁的副科级基层干部中，有21.9%的人员认为目前涉及落实力考核评价方面的总体成效非常好，有68.7%的基层干部认为目前落实力考核评价方面的总体成效比较好，认为非常好和比较好的人数之和的所占比例为90.6%。

46—55岁的副科级基层干部中，有55.6%的人员认为目前落实力考核评价方面的总体成效非常好，有33.3%的基层干部认为目前落实力考核评价方面的总体成效比较好，认为非常好和比较好的人数之和的所占比例为88.9%。

35岁及以下的正科级基层干部中，有31.6%的人员认为目前落实力考核评价方面的总体成效非常好，有68.4%的基层干部认为目前落实力考核评价方面的总体成效比较好，认为非常好和比较好的人数之和的所占比例为100.0%。36—45岁的正科级基层干部中，有33.3%的人员认为目前涉及落实力考核评价方面的总体成效非常好，有50.0%的基层干部认为目前落实力考核评价方面的总体成效比较好，认为非常好和比较好的人数之和所占比例为83.3%。46—55岁的正科级基层干部中，有37.5%的人员认为目前落实力考核评价方面的总体成效非常好，有62.5%的基层干部认为目前落实力考核评价方面的总体成效比较好，认为非常好和比较好的人数之和的所占比例为100.0%。

36—45岁的副处级基层干部中，有37.3%的人员认为目前落实力考核评价方面的总体成效非常好，有49.2%的基层干部认为目前落实力考核评价方面的总体成效比较好，认为非常好和比较好的人数之和的所占比例为86.5%。46—55岁的副处级基层干部中，有25.0%的人员认为目前落实力考核评价方面的总体成效非常好，有50.0%的基层干部认为目前落实力考核评价方面的总体成效比较好，认为非常好和比较好的人数之和的所占比例为75%。

36—45岁的正处级干部中，有16.7%的人员认为目前落实力考核评价方面的总体成效非常好，有48.7%的基层干部认为目前落实力考核评价方面的总体成效比较好，认为非常好和比较好的人数之和的所占比例为65.4%。46—55岁的正处级基层干部中，有28.6%的人员认为目前落实力考核评价方面的总体成效非常好，有71.4%的基层干部认为目前落实力考核评价方面的总体成效比较好，认为非常好和比较好的人数之和的所占比例为100.0%。（见表4-2）。

表4-2 基层领导干部对现行涉及落实力考核结果正向评价统计分析

	非常好（%）	比较好（%）	总计（%）
35岁及以下副科级	32.2	50.1	82.3
36—45岁副科级	21.9	68.7	90.6
46—55岁副科级	55.6	33.3	88.9
35岁及以下正科级	31.6	68.4	100.0
36—45岁正科级	33.3	50.0	83.3
46—55岁正科级	37.5	62.5	100.0
36—45岁副处级	37.3	49.2	86.5
46—55岁副处级	25.0	50.0	75.0
36—45岁正处级	16.7	48.7	65.4
46—55岁正处级	28.6	71.4	100.0

资料来源：作者根据调研材料整理。

本书作者调研中发现，目前各地方自行制订的高质量发展绩效评价考核指标体系，多采用"共性指标+个性指标+加减分项"的指标设计，注重分类设置考核内容，强调指标的精细化、定量化。如上一节Z街道高质量发展综合绩效考核指标中，综合指标考核部分就采用了千分制功效系数法考核+加减分项的考核方法。作者调研中发现这种考核方式不是个例，而在全国许多地方对基层都存在着这种不同形式的千分制考核方式。这种方法辩证地看，存在着一定的积极方面，但也存在着不足之处，不足之处将在下节详述。积极方面主要表现在：

一 指标涵盖范围比较全面

不同于以前的将GDP作为核心评价指标，当前对基层的评价通常是基于经济社会发展多方面的综合评价指标体系。众所周知，过去有段时间我们曾简单以国内生产总值（GDP）增长作为各地方发展程度的统一衡量标准，GDP也成了对各级官员考核的主要指标，导致了地方政府和干部的GDP锦标赛。"但GDP统计有着不容忽视的缺陷，主要是不能反映经济增长背后的环境污染和生态成本，不容易准确地反映经济增长的质量和结构，不容易反映人们实际享有的社会福利水平，也不能准确地衡量社会分配和社会公正。"[1] GDP反映的只是各地方当年财富的增量，不能反映出财富的积累存量，没有将经济增长导致的生态和环境恶化作为成本加以扣除，甚至还将治理费用认作对经济增长的贡献。所以GDP不能衡量经济的效益和质量，也不能反映收入分配和人们的福利状况。在实践中GDP统计也导致一些地方重经济指标，轻社会进步；重物质成果，轻人的价值；重眼前利益，轻长远福祉等现象。总之，将GDP作为核心评价指标，而把文化、教育、卫生、人民生活、社会福利及环保等社会发展和提高居民生活质量等均放在较次要的地位。

因此，习近平总书记提出："要改进考核方法手段，既看发展又看基础，既看显绩又看潜绩，把民生改善、社会进步、生态效益等指标和实绩作为重要考核内容，再也不能简单以国内生产总值增长率来论英雄了"[2]，高质量发展战略由此应运而生。高质量发展是满足人民日益增长对美好生活需要的发展，是体现新发展理念的发展。高质量发展不仅是一个经济要求，更是对经济社会发展方方面面的总要求，这就要求对于各级政府和干部的考核不能只是关注GDP指标，而是应当基于经济、文化、教育、卫生、人民生活、社会福利及环保等多方面的，是涵盖范围更广泛的评价体系。

---

[1] 喻新安：《建立符合科学发展观要求的综合评价体系》，《光明日报》2005年12月27日第7版。

[2] 习近平：《习近平著作选读》第一卷，人民出版社2023年版，第138页。

二 指标设定非常精细

从Z街道的考核体系可以看出，该指标体系结合习近平总书记对该省工作提出的要求共分6大类。这6大类分别是新时代党的建设、服务和融入新发展格局、增强经济社会发展创新力、推动黄河流域生态保护和高质量发展、改善人民生活促进共同富裕和加分减分项目。6大类之下又分一级指标19项，二级指标62项，三级指标94项，四级指标310项，其中四级指标内又分设不等数量小项目。这些指标是核心指标和一般性指标、常规性指标和动态性指标、正面激励性指标和负面禁止性指标相结合的具体体现。

该考核体系既包括政治判断力、政治领悟力、政治执行力建设情况；履行抓基层党建工作责任情况；服务经济高质量发展工作成效；乡村振兴战略实绩考核整体成效；医疗卫生服务体系建设水平；守牢安全生产底线……一系列主要核心业务指标，也包括民间投资所占比例提高幅度和贡献率；限额以上批零住餐企业零售额、销售额及增速……一系列分析工作趋势、掌握工作动态的一般性指标。既包括深入开展精神文明建设情况；固定资产投资增速；规模以上工业发展水平；服务业发展规模及水平；人力资源和社会保障……一系列常规性指标，也包括重点项目推进情况；知识产权保护和高价值专利培育；"四新"经济发展情况；基本医疗保险参保扩面任务完成率……一系列涉及国家大局或者中心工作落实的特定动态性指标。既包括推进全面深化改革的工作效能；深化改革求突破的实际成效；走在前列的改革创新经验……一系列正面激励性指标，也包括对贯彻黄河重大国家战略、深化新旧动能转换重点任务落实不力；落实国家安全责任制不到位；重大舆情应对处置不力；数据造假；生产安全事故；重大产品和服务质量事件；食品药品安全事件；破坏生态环境重大事件……一系列负面禁止性指标。

指标具体地设定也非常精细周详，如规定"加强对矿山、非法石料加工点和易发生盗采空闲院落的巡查，重点区域每周巡查不少于3次""农家书屋每年定期补充更新图书，每村开展阅读活动不少于4次（1分）""文化活动丰富多彩。全年组织开展文化活动不少于12次（0.5分）"等等，每周巡查的次数、全年组织开展活动次数都规定得非常明确。

三　指标赋分非常具体

从Z街道的考核指标体系看，该指标体系采取了积分制，由基础分和加减分两部分构成，对街道和基层干部进行量化考核。考核基础分为1000分，加分项最高可加40分，减分项最高可减140分。这样既可以对基层干部日常工作和阶段目标的完成情况进行评价，又可以对基层干部在承担急难险重任务、处理复杂问题、应对重大考验时的表现进行评价。

整个考核评价指标体系的分值量化非常具体，扣分项最低明确到以0.01分起计分。例如各项计划生育奖扶政策扶助金兑现到位可得0.4分，而每发现漏报或应退未退1人则扣0.01分；再如组织辖区企业按要求开展职工岗前培训50人次以上的可得0.1分，而对于未完成任务的，每低1个百分点则扣0.01分……加分项最低以0.1分起计分，例如重点项目建设平时考核成绩每季度均居前三位的街镇，每次分别可加0.1分；再如乡村人才培训工作情况在中央、省级新闻媒体进行宣传报道的，省级的1次可加0.1分……

同时注重采用功效系数法计算得分，计算公式为：

得分 =（实际值 – 最小值）÷（最大值 – 最小值）×（指标分值 – 基础分值）+ 基础分值

假设基础分值为指标分值的 60%，计算方法为：得分 =〔（实际值 – 最小值）÷（最大值 – 最小值）×（1 – 60%）+ 60%〕×权重。例如，跨境电商进出口指标，考核数据依据海关部门反馈的跨境电商综合服务平台监测数据。指标权重为 4 分，其中基础分为指标权重的 60%。功效系数计分公式：指标得分 =〔（完成值 – 最小值）/（最大值 – 最小值）×0.4 + 0.6〕×该项指标权重计算得分。

第三节 基层领导干部工作落实考核实践的局限

正如上节所述，当前大多数基层领导干部对现行涉及基层干部落实力考核方面的评价是好的，调研统计结果显示参与问卷调研者中评价为非常好和比较好的人数占总调研人数的 87.9%。但通过作者调研统计发现，也存在部分有待提升之处。

有 10.3% 的基层领导干部认为目前落实力考核评价方面的总体成效一般，有 0.9% 的基层领导干部对此评价为较差，还有 0.9% 的基层领导干部对此评价为非常差。其中女性基层领导干部中，有 9.3% 的人员认为目前基层领导干部落实力考核评价方面的总体成效一般，有 1.3% 的人员对此评价为较差。男性基层领导干部中，有 10.8% 的人员认为目前基层领导干部落实力考核评价方面的总体成效一般，还有 0.7% 的男性干部对此评价为比较差，1.4% 的男性干部对此评价为非常差。

35 岁及以下的副科级基层干部中，有 7.1% 的人员认为目前基层领导干部落实力考核评价方面的总体成效一般，还有 7% 的人员对此评价为比较差，3.6% 的人员对此评价为非常差。36—45 岁的副科级基层干部中，有 6.3% 的人员认为目前基层干部落实力考核评价的总体成效一般，有 3.1% 的人员认为目前基层领导干部落实力考核评价的总体成效比较差。46—55岁的副科级基层干部中，有11.1%的人员认为目前基层领导干部落实力考核评价的总体成效一般。

36—45岁的正科级基层干部中，有16.7%的人员认为目前基层领导干部落实力考核评价方面的总体成效一般。

36—45岁的副处级基层干部中，有11.8%的人员认为目前基层领导干部落实力考核评价方面的总体成效一般，还有1.7%的人员对此评价为比较差。46—55岁的副处级基层干部中，有25.0%的人员认为目前基层领导干部落实力考核评价方面的总体成效一般。

36—45岁的正处级干部中，有22.2%的人员认为目前基层领导干部落实力考核评价方面的总体成效一般，有6.8%的人员认为目前基层领导干部落实力考核评价方面的总体成效比较差，有5.6%的人员认为目前基层领导干部落实力考核评价方面的总体成效非常差。（见表4-3）

表4-3 基层领导干部对现行涉及落实力考核结果一般和负向评价统计分析

	一般（%）	比较差（%）	非常差（%）
35岁及以下副科级	7.1	7.0	3.6
36—45岁副科级	6.3	3.1	—
46—55岁副科级	11.1	—	—
35岁及以下正科级	—	—	—
36—45岁正科级	16.7	—	—
46—55岁正科级	—	—	—
36—45岁副处级	11.8	1.7	—
46—55岁副处级	25.0	—	—
36—45岁正处级	22.2	6.8	5.6
46—55岁正处级	—	—	—

资料来源：作者根据调研材料整理。

第四章 基于东部某省Z街道基层领导干部考评实践的审视

作者通过对调研数据进行分析，归纳出当前基层领导干部对现行的基层干部落实力考核评价方面反映比较突出的前5位问题，按人数所占百分比由高到低分别是：有59.8%的人员提到现行的考核评价指标操作性不够强，科学性和准确性得不到很好验证；有59.5%的人员提到考核评价方法和技术有待优化；有51.0%的人员提到考核评价结果运用不充分；48.1%的人员提到现行考评指标体系结构维度设计不太合理；有46.4%的人员提到评价主体过于单一等等。以上现行关于落实力考核评价的不足之处，也都应当成为今后进一步完善对基层领导干部落实力考评指标体系建设需要重点着力之处。（见表4-4）

表4-4 基层领导干部对现行涉及落实力考核评价方面反映突出的问题

序号	问题表现	百分比（%）
1	考评指标操作性不够强，科学性和准确性得不到很好验证	59.8
2	考评方法和技术有待优化	59.5
3	考核评价结果运用不充分	51.0
4	指标体系结构维度设计不太合理	48.1
5	评价主体过于单一	46.4

资料来源：作者根据调研谈材料整理。

一 考评指标操作性不够强，科学性和准确性得不到很好验证

许多地方指标设定得非常精细，赋分也非常具体，但是有一些地方的考评指标设置看似精细，却存在不太精准、操作性不够强甚至过度考核等问题。

（一）可操作性不够强

1. 有的地方指标设定往往过于理想化，忽略了基层的实际状况和工作的客观规律，使得一些指标难以落实，也催生了一些地方基层干部的数据造假问题。例如，有的地方要求基层干部上报落实情况的报告材料里，问题所占的部分不得少于总篇幅的三分之二。致使有的基层干部私下直言，如果自己要是能发现的问题，还会在落实当中故意犯这些问题吗？

2. 有的指标很难量化，定性评分带有较大的主观性，很难保证考核的公正与公平。例如表4-1Z街道高质量发展综合绩效考核指标表中的"中心组年度学习不少于12次，主题突出、专题设计好、交流研讨充分的得1分；较好的得0.8分；一般的得0.6分。"在这样的指标设计中，年度学习12次很容易量化考核，但是关于"主题突出、专题设计好、交流研讨充分的得1分；较好的得0.8分；一般的得0.6分"部分，所谓"充分""较好"和"一般"这样的评分，并没有给出相应的具体对应标准，操作过程中带有很大的主观性。

(二) 科学性不够强

有的地方对基层干部的考核指标设置的科学性不强，对于不同街镇的考核经常搞"一刀切"。例如，设定考察各基层街镇生猪的存栏量、粮食的产量等指标，这对于农业乡镇是没问题的，但是对于城市周边的一些街道，有的地方基本没有什么耕地也实行一刀切，也实行这样的指标考核，显示出指标设置缺乏科学性，其结果可想而知。如表4-1Z街道高质量发展综合绩效考核指标表中也有这样的指标：

(1) 粮食播种面积和产量（3分）。①播种面积（1.5分）。各街镇统计完成面积对比上年度面积增长的得满分，减少的按比例扣分。②粮食产量（1.5分）。根据各街镇测产及县级复测情况赋分，对比上年度产量增长的得满分，减少的按比例扣分。鼓励各街镇扩大种植大豆、油料作物面积。

(2) 生猪生产稳定度（2.5分）。①能繁母猪存栏量（1分）。根据各街镇年度能繁母猪存栏量任务完成情况进行赋分。完成任务目标的得满分，未完成任务的按完成率赋分。②规模猪场保有量（1分）。根据各街镇年度规模猪场保有量任务完成情况进行赋分。完成任务目标的得满分，未完成任务的按完成率赋分。③动物防疫工作（0.5分）。考核完成春秋季防疫任务完成情况、防疫经费拨付情况、年度内辖区重大动物疫情防范情况。

(3) 蔬菜稳产保供（2分）。①蔬菜总产值（1.2分）。本年度蔬菜播种面积、产量增长，且产值较上年增长4.3%的，得满分，每降低1%扣0.3分；受极端天气等不可抗力影响产量的，视情况减少扣分。②蔬菜稳产保供工作开展情况（0.8分）。本辖区蔬菜稳产保供工作稳步推进，及时完成蔬菜保供调度、按时上报蔬菜生产统计报表的得0.4分，根据各街镇完成情况综合赋分；本年度新认定X市"菜篮子"保供园区承担单位的、承担省级高效特色农业高质高效创建项目的得0.2分。

(三) 精准性不够强

尽管一些地方指标设定得非常精细，但也存在精细而不精准的现象。指标考核可以分为两种：结果性考核和过程性考核。过去我们往往关心的是对领导干部的结果性考核，将取得满意的结果作为组织管理的"目的"所在。随着现代管理方法的不断升级，为了防止出现单位时间内达不成预期结果的现象，考核越来越多地由结果性考核转向过程性考核。"过程性考核，它实质上是披着考核外衣的过程辅导，是不断跟进过程，在关键性指标的反馈中，发现不好的地方，并给予指导，帮助改善，这才是绩效考核的精髓部分。但现实中，很多人却混淆了这两者的区别，一味地混用。结果不满意，就考核过程；过程不满意，就指标再细化。"① 这也导致了一些地方对考核过程设置越来越多、越来越细的指标，以确保获得满意的预期结果，有的地方甚至出现了过度考核的情况。

例如：表4-1Z街道高质量发展综合绩效考核指标表中高标准农田建设任务完成率部分（2.5分），下设3个四级指标。

（1）年度建设任务与质量（0.6分）。完成或配合县农业农村局按时完成辖区内年度高标准农田建设任务、建设质量在市级验收中获得优秀等次或95分以上、按时完成资产移交得满分。未达到要求按比例扣分。

（2）项目运行管护（1分）。辖区内2011年以来高标准农田建设项目管护到位、项目运行基本正常得满分，因管护不力影响项目运行按比例扣分，因管护问题造成群众上访，本项不得分。

（3）日常工作（0.9分）。按时参加上级或县农业农村局安排的高标准农田建设方面的会议、培训，按时完成高标准农田建设方面的调研、报表等任务，得满分。未达到要求按比例扣分。

该项考核中，高标准农田建设质量应是重中之重，是目标性指标，赋分为0.6分，而"按时参加上级或县农业农村局安排的高标准农田建设方面的会议、培训，按时完成高标准农田建设方面的调研、报表等任务"是过程性指标，但是赋分却为0.9分，超过前项指标0.3分，使得这项考核出现本末倒置的情况。

二　考评方法和技术有待优化

调研中发现许多基层领导干部提出亟须进一步优化落实力考评方面相关的方法和技术问题。涉及：

---

① 华翔：《过度考核的"不懂"与"怕"》，《镇江日报》2023年12月15日第9版。

第四章　基于东部某省 Z 街道基层领导干部考评实践的审视

（一）考评时间的优化

基层领导干部需要充分合理的时间来保障工作落实，这是落实工作最基本的条件。但是，当前也存在着一些不给基层干部充分落实工作时间的情况。例如：通常当年的考评指标体系本应在该考核年度的年初就发到各个基层单位，以便让基层领导干部能够在当年的工作中有明确的工作目标和方向，做到工作落实有的放矢。而在有些地方对基层干部的考评指标会拖到该年度的第三季度，甚至第四季度才出台下发，也就是说这些地方工作都做了大半年了才看到相应的考评指标体系。再如，有的地方上午发通知，下午下班前就要上报落实的文字材料。这种有悖正常工作规律的极端做法让基层干部们深恶痛绝，也催生出许多被迫弄虚作假的情况。

（二）考评方式的优化

考核评价的结果要树立实绩导向，"多让事实发声，少用'材料'说话。考核部门既要看纸质报表材料，也要去实地看发展成效；既听干部的汇报和说法，也听他们管理服务对象的意见和看法；既看功在当下的'显绩'，也看打基础利长远的'潜绩'"[1]，降低各种本本和材料在考核评价中的权重，更多的分值应向实绩倾斜，真正将基层干部的落实成效考准考实。当前，一些地方对基层干部的考评重留痕轻实绩，考评结果以"资料"论英雄。考评时，要求体现安排部署、责任分工、实施过程、特色亮点、自选动作的图片和资料一应俱全。有些地方甚至出现基层干部工作干得好不如材料填报好，导致大家陷入耗费大量精力在填写材料和各种留痕上，缺少了干实事的时间和精力，也助长了做虚功、玩花活之风。

---

[1] 杨谦：《解开过度考核的"绑绳"》，《中国组织人事报》2023 年 12 月 18 日第 6 版。

（三）考评技术的优化

随着数字技术、信息技术的快速发展和广泛应用，为基层干部落实力考核评价工作提供了巨大的动能。积极用好数字信息技术，加强信息资源共享也是建立健全现代化、科学化、规范化的干部落实力考核评价机制，减轻基层干部负担的重要技术手段。但是，在有些地方这些新技术非但没有成为提高工作效率，为基层干部减负的手段，反而异化为基层干部落实工作过程中新的负担。例如，随着移动办公的普及，有些地方的基层干部手机上要装7、8个政务APP，有的还要关注10多个微信工作公众号，每天都要完成APP上的"留痕"任务，全部认真做下来要耗费数个小时。有些地方甚至不同部门都要单独搞一套APP，单独考核，导致一些同质化的数据需要基层干部来回重复填报，使得基层干部疲于"应付"。

三 考核评价结果运用不充分

考核评价的结果在于运用，深化对基层领导干部落实力考核评价结果的运用，将落实力考核评价结果与干部使用进行有机结合，与干部的职务职级晋升、教育培训、交流轮岗、奖励惩戒相挂钩，推动干部能上能下、能进能出，形成能者上、优者奖、庸者下、劣者汰的正确导向。对于落实力考核评价好的基层领导干部予以表彰奖励，对于落实力考核评价弱的基层领导干部能够准确反馈问题，使其明差距、知不足，进一步补短板，提升自己。

（一）考评结果反馈得不积极、不及时、不规范

一些基层领导干部认为相较于考评结果，考核本身往往是得到了相关部门的足够重视，但对考评结果运用的重视程度就逊色许多。同时，有的地方还存在着考评结果反馈不积极、不及时、不规范的问题。"考

核时'楼梯震天响',结果运用却'不见猫下楼',考核无异于'银样镴枪头',中看不中用。挤占时间精力,耗费公共资源不说,还严重挫伤干部干事创业的积极性,影响各项任务在基层的落实。"①

(二)对考评结果过度重视问责

一些地方基层领导干部提到,个别地方在运用基层领导干部考核评价结果时过度重视问责。这些地方存在着上级领导或部门持续将责任下压的现象,基层领导干部面对千头万绪的工作任务,一旦出现问题,就成为问责的主要对象。过去有些地方曾经出现过在年终的评优评先上,单位内部所有成员实行"优秀轮流当"的轮流坐庄制。现在,由于一些地方考核评价指标设置的名目繁多、操作性差等问题,使得有些考核目标即便基层干部再努力也难以完成。为了应对问责,有的单位出现了内部所有成员实行"问责轮流当"的轮流坐庄现象,这些问题也在一定程度上造成考核评价结果的异化。本来,考核的初衷在于促进基层干部做好工作,而不是一味强调问责,这也是目前考核评价结果运用中较突出存在的问题。

四 指标体系结构维度设计不太合理

一些地方对基层领导干部的考评指标设置上存在偏差,难以全面涵盖一个班子和干部的所有工作绩效。一些地方的指标设置缺乏重点和主线,存在着指标过多过滥的现象,甚至有的地方"千分制"不够还整出了"双千分制""三千分制"。考核评价指标体系的文本动辄数百页,仔细看一遍都需要好几个小时,更别说要逐条理解落实。面对这数千分的考评指标,许多基层干部真是分身乏术,

---

① 常妍、李一丹:《影响干部担当作为的关键因素——当前干部考核存在的问题及治理》,《人民论坛》2021年第9期。

这必然催生出做虚功、走过场的形式主义做法。老子说"大道至简",一个现代化的、好的考核评价指标体系应当是简而精,精而清,清而实的指标体系,是一个抓纲举目的指标体系,而不是眉毛胡子一把抓,平均撒胡椒面的指标体系。否则,随着改革发展不断推进,面对的任务也必然越来越多,越来越复杂,"四千分制""五千分制"恐怕也会应运而生。所以没有科学的考评指标体系,就不可能实现考准考实。

(一) 缺少对体现基层干部正确政绩观的考评

政绩观是干部对如何履行职责去追求何种政绩的根本价值取向,包括对政绩为谁,树立什么样的政绩和怎么样树立政绩的认识。许多地方对基层领导干部的考核评价指标体系存在着重考核经济发展、招商引资等硬性实绩,而轻考核社会民生等软性实绩;重考核眼前的显性实绩,而轻考核一些打基础利长远的隐形实绩的问题。这种考评指标必然会导致急功近利,导致"政绩工程""形象工程"的发生。

(二) 缺少对体现基层领导干部工作态度的考评

缺乏对基层领导干部是否具有敬业担当的工作作风,是否具备勤勉、严谨、务实的工作态度的考核评价。如果基层领导干部工作态度不端正,即便其他方面的条件再完备,落实也难以取得真正有效的政策结果。反过来说,即便有的基层干部由于一些客观因素制约不一定按时完成某项指标,但是只要他是扎扎实实,认认真真地在落实这项工作,那么也应当将这些辛勤付出的部分考核出来,记在功劳簿上,这样才能对基层干部的整体落实绩效给出恰如其分的评价,否则就会产生投机取巧,甚至产生为达目的不择手段的风气。

(三) 缺少对绩效成本的考评

一些地方的考核评价指标缺乏"绩效成本分析"的理念。对基层领导干部的考评既要看其做出的实绩，也要看创造政绩的人、财、物投入情况，要考评出其付出的成本和代价。任何成绩的取得，都要付出一定的成本，这是一个人人皆知的常识。在工作中，以最小的成本实现最好的发展，是科学发展观和高质量发展之路的内在要求。但是，也有的基层干部不顾当地实际，不惜"寅吃卯粮"，甚至是大肆举债，透支了子孙后代的钱财，以换取所谓的"实绩"；还有的基层干部创造"实绩"是以资源浪费、环境污染、牺牲民生指标为代价，这些都是得不偿失的"负实绩"。

五 评价主体过于单一

基层领导干部落实力评价的主体，也就是有权对基层领导干部的落实力做出评议评判的主体。目前，对基层领导干部落实力方面的评价，主要是依靠上级领导或相关职能部门。"鲜有倾听基层群众、服务对象对干部工作的评价，群众参与度低、考察范围小的问题一直存在，致使考核结果缺乏准确性。"[①]。现代化的考核评价体系中，各级干部服务的对象必须是重要的评价主体，基层领导干部工作落实得好与不好，其政策目标受众和服务的对象最有发言权。基层领导干部落实力考核评价过程也必须加大服务对象和政策受众的直接评价权重。

（一）公众参与机制有待进一步健全

目前许多地方对基层领导干部的考评也设有"基本公共服务满意度调查"等项目，通常由当地统计部门组织年满18周岁、在受访地居住1年以上的城乡居民进行电话调查，对基层干部在幼有所育、学有所教、病有所医、老有所养、弱有所扶、文体服务、生态环境等方

---

① 常妍、李一丹：《影响干部担当作为的关键因素——当前干部考核存在的问题及治理》，《人民论坛》2021年第9期。

面的工作进行满意度评价。本来,政府所做的一切工作都是为了满足人民对美好生活的向往,提高人民的幸福度和满意度这个最终目标。俗话说"金杯银杯比不上老百姓的口碑",所有党员干部都应当把人民放在心中最高位置,做到全心全意为人民服务。始终把人民拥护不拥护、赞成不赞成、高兴不高兴、答应不答应作为衡量一切工作得失的根本标准。但是目前存在的问题是:一方面,"基本公共服务满意度调查"这个指标通常在整个对基层领导干部的考核评价指标体系中所占分值比例不是太多;另一方面,调研中也发现在一些地方,有的基层领导干部也会通过提前对相关目标群体进行干预的方式来影响评价结果,而使这项测评流于形式。

(二)考评的监督机制有待进一步健全

基层领导干部是人民的勤务员,既要接受上级领导,也要自觉接受群众监督。基层领导干部落实力的提升,表面上看是在推进落实力本身,而从深层次看,落实力提升的根本价值旨归实质上是在于更好地为人民服务,这是由我们党的性质和宗旨决定的。

指标工具的广泛使用,使得上级对基层的治理体现为一种"指标治理"的方式。指标治理一方面强化了上级对基层干部的指标设定、指标发放、资源分配和考核评价等权力的结构优势,从而能够较好地控制基层干部行动,以达到预期目标。另一方面,指标治理导致了基层领导干部对上级的资源结构依赖性加强,更容易导致只对上负责、不对下负责的现象。美国专家 Donald T. Campbell 也曾指出,"社会决策中使用的任何定量社会指标越多,它就越容易受到腐败压力的影响,也就越容易扭曲和腐败它想要监控的社会过程……"[①] 如果没有

[①] Donald T. Campbell, "Assessing the Impact of Planned Social Change", *Evaluation and Program*, Vol. 2, 1979, p. 67.

健全的新闻媒体和广大群众对考核评价过程的监督机制,没有完善的政务公开及满足公众知情权的有效机制,就难免会造成服务对象无法对基层领导干部的落实力成效进行准确有效的评价,难免会造成考评过程中的脱离实际、脱离群众、弄虚作假、欺上瞒下等现象。

第五章
基层领导干部落实力现代化考评指标体系的构建

按照力学原理,"力"有大小、方向、作用点三大要素,它们都影响力的作用效果。力的大小通常是对物体施加强度的量度;力的方向描述了事物受到作用力的指向;力是通过作用在事物上的某一点上来产生效果的,这一点被称为力的作用点。落实力作为力的一种,也具有大小、方向、作用点这三要素,对基层领导干部落实力的考评也离不开对这三要素的考评。考评落实力的方向即考评其在落实过程中端正正确价值取向的程度;考评落实力的大小即考评其在落实过程中态度倾向和能力力度的强弱;考评落实力的作用点即考评其落实的落脚点,也就是落实应当取得的实际效度。落实力三要素包含的这4个部分,构成本书基层领导干部落实力现代化考评指标体系的一级指标基本维度。

第一节 基层领导干部落实力现代化考评指标体系框架

基于以上落实力的生成机理分析以及通过对相关调研问卷的数据

统计，从理论和实践两个层面对基层领导干部落实力面临的共性方面问题进行了深入研究，本书作者有针对性构建了一套对基层领导干部落实力进行考评的现代化指标体系，共设 100 分。该指标体系分为落实取向度、落实态度、落实力度、落实效度等 4 个一级指标；一级指标之下设立了 23 个二级指标，分别是以人民为中心树立正确的政绩观、不搞官僚主义、不滥用权力、不贪赃枉法、不搞形式主义，不弄虚作假、坚持实事求是、落实科学化程度、落实法治化程度、落实民主化程度；对政策拥护程度、落实的坚决程度、落实的认真程度、对政策受众热情度；政策领会能力、统筹谋划能力、组织整合能力、抓关键环节能力、因地制宜能力、沟通协调能力、团结协作能力、身先示范能力；政策受众满意度、问题的解决率、落实任务完成率、任务结果吻合度、落实成本费用比率。希望为今后实施具体的基层领导干部落实力专项测评工作提供可参考的依据。

第二节　各项指标的考评标准解析

为了更好地对本基层领导干部落实力现代化考评指标体系框架进行理解和操作，本节主要是对各项指标的各自含义、评价标准和如何进行评价的规则进行具体阐释和解析。

一　落实取向度

该项一级指标是指各级干部落实过程中应当遵循的基本价值标准，落实取向度直接决定着基层干部落实力的方向。落实力是一个矢量，遵循正确的方向是其内在的优先规定性。提高落实力，不仅要提高落实政策的能力，更重要的是要遵循正确的方向来落实政策，如果

表 5—1　基层领导干部落实力现代化评价指标及标准框架

一级指标	二级指标	评价标准				
落实取向度	以人民为中心,树立正确的政绩观	非常强。把人民放在心中最高位置,做到全心全意为人民服务,没有私心杂念,推动实现人的自由全面高质量发展,始终拥护政策目标受众不赞成、不高兴、不答应作为衡量落实工作得失根本标准	比较强。立足于满足人民美好生活需要,能够坚持做为民造福的打基础、利长远之事,没有见异思迁的急躁,能够把解决群众的急难愁盼问题,能够做到政策目标受众心坎上	一般。能够以人民的利益为重,能够做到既注重显绩又注重潜绩,只注重数量而轻质量,不违背客观规律	比较弱。一是存在本位主义倾向,过多在意个人的得失;二是心浮气躁,好大喜功,重显绩而轻潜绩,只关注数量不关注质量	非常弱。一是个人主义严重,急功近利,结党营私,徇私舞弊;二是搞华而不实、劳民伤财、寅吃卯粮、涸泽而渔的"政绩工程";三是只见物不见人,唯GDP论英雄
	不搞官僚主义,不滥用权力,不贪赃枉法	非常强。政治立场坚定,始终尊重人民的历史主体地位,具有非常强烈的责任意识和责任担当,相信群众,依靠群众,问计于民,问需于民,始终尊重群众的人格尊严和劳动成果	比较强。政治立场坚定,把政策目标坚定,能够当亲心关心群众疾苦,倾听群众呼声,能够换位思考,不慕虚荣,不务虚功	一般。政治立场坚定,平等待人,能够做到从群众中来到群众中去,做为民用权,目标受众决策,不与民争利	比较弱。一是对群众比较漠视,落实工作时,只关注上级的喜好,而忽视群众的意愿;二是搞"瞎折腾"、"伪创新";三是行政流程复杂影响工作效率	非常弱。一是官气熏天;二是狂妄自大,独断专行;三是不作为,乱作为;四是拍脑袋决策,腐化权;五是贪污腐化,权力寻租;六是搞特权,吃拿卡要

续表

一级指标	二级指标	评价标准		
落实取向度	不搞形式主义、不弄虚作假，坚持实事求是。	非常强。严格遵循客观规律办事，工作始终追求高标准、高质量，具有非常强的责任感，真抓真干，能够做到对于自己职责范围内的事项"首问负责"，表里如一，始终说老实话，办老实事，做老实人	比较强。能够遵循客观规律办事，落实工作能够做到有部署、有检查、跟踪问效，一抓到底，能够做到坚守干事，久久为功	一般。能够尊重客观规律，具有一定实干精神，不欺上瞒下，不投机取巧	比较弱。一是重"留痕"、轻实绩，精力主要用在各种工作台账和材料上；二是做表面文章，机取巧，热衷于造势一时而不是造福一方；三是喜欢搞政策执行"一刀切"	非常弱。一是当面一套背后一套，做"两面人"；二是欺上瞒下，弄虚作假，伪造业绩，是调研走马观花，按提前"规定"好的人员路线"走过场，将表决心等同于落实；四是以文件落实文件、五是以会议落实会议，搞文山会海
	落实科学化程度	非常高。善于使用"任务部署、设立台账、督导问效、成果巩固"的全链条系统工作方法；能确保目标责任制、督检查制、奖惩追究制和资源联动等保障机制在落实工作中的有机衔接和有效运转，落实流程简约高效，真正能助力各项政策加速落实落地	比较高。有健全的"明责、履责、督责、追责"闭环落实机制，落实流程简约、无冗余步骤，建有较健全的目标责任制、监督检查制、奖惩追究制和资源联动等保障机制和资源联动机制，落实效果较好	一般。建有责任清晰、事权明确的落实机制，落实过程无冗余步骤，建有较合理的目标责任制、监督检查制和资源配置等保障机制和资源联动机制	比较低。一是相关制度、机制不健全，资源配置方面尚不合理，二是各系统环节之间衔接不强影响落实效率等	非常低。一是许多制度、机制设计时就存在缺陷，浮在面上，大而化之，"失之于粗"，"失之于虚"，缺乏科学性、合理性、可操作性。二是各系统环节之间衔接脱节；三是落实程序流程繁杂导致落实效能差

续表

一级指标	二级指标	评价标准				
		非常高	比较高	一般	比较低	非常低
落实取向度	落实法治化程度	非常高。能够牢固树立法治思维,严格审查,确保执行合法性的内容合法,办事程序合法施,遇事找法,解决问题用法,化解矛盾靠法	比较高。能够用法治思维和法治方式想问题、作判断,出措施。严格依照法规开展工作,解决问题,推动各项工作在法治轨道上运行	一般。能够依照法规开展工作,法律行动中,承认具体法律原则上承认对法律原则上承认对法律规避、变定职责必为,法无授权不可为	比较低。一是法律意识淡薄,视法律意为工具,实际工作中,对法行动违反;二是承认法律原则上头上承认但具体法律头去寻找法规避、变通,突破的空间	非常低。一是不学法,不懂法,不用法;二是以言代法,以权压法;三是逐利违法,徇私枉法,贪污受贿
	落实民主化程度	非常高。具有强烈的民主意识,能够提供听取民意的政策目标受众提供听取民意的政策目标通过座谈会、面访、网络热线、电话热线及方法广泛参与到政策目标落实之中,坚持集体领导,民主协商,使政策能够得到政策受众的真心拥护	比较高。具有较强的民主素养。能够做到民主意识广泛发扬民主,及时回应好政策目标受众的利益关切,使政策能够最大程度地符合他们的利益,落实能够得到的认可	一般。具有参与意识和回应下属群众民的切实践行民主集中制,使政策落实能够符合大多数政策目标受众的利益	比较低。一是民主意识淡薄,将参与和回应群众摆成"摆样子";二是群众参与结果得不到有效地运用,政策目标落实热情不高甚至不认可	非常低。一是民主缺乏,家长制,一言堂,独断专行,所不进别人的不同意见,码头文化,搞小圈子;三是落实工作造成政策目标受众参与抵触和抵制

第五章　基层领导干部落实力现代化考评指标体系的构建

续表

一级指标	二级指标	评价标准			
落实态度	对政策拥护程度	非常拥护。完全赞成并全力落实	比较拥护。较赞成，能够积极落实	一般。能够做到自觉落实	比较抵触。上面不推，下面不动	非常抵触。有令不行，有禁不止或弄虚作假，阳奉阴违
	落实的坚决程度	非常坚决，不达目标誓不罢休	比较坚决，面对困难，能够做到不轻易放弃	一般，遇到困难或有选择重就轻落实	比较迟疑。畏首畏尾，容易拖延或落实有始无终，虎头蛇尾	非常迟疑。行动在嘴上，停留在会上，只说不做或一曝十寒
	落实的认真程度	非常认真，一丝不苟，精益求精	比较认真。能够做到勤勤恳恳，兢兢业业	一般，能做到严谨不马虎	比较敷衍。应付了事或照抄照搬，本本主义	非常敷衍。推诿扯皮，推卸责任或政策下有对策
	对政策目标受众热情度	非常热情。不辞辛苦，待政策目标受众如亲人，想人之所想，急人之所急	比较热情。举止文明，待政策受众主动，为政策目标受众排忧解难	一般，能做到耐心周到，礼貌待人	比较漠视。忽视政策目标受众权益，对诉求置若罔闻	非常漠视。生冷横硬，高高在上，简单粗暴，侵害政策目标受众权益

续表

一级指标	二级指标	评价标准				
落实能力	政策领会能力	非常强。能够吃透政策的精神实质，理解政策的核心要义，把握政策的基本取向。能够抓住政策的关注重点及争取的项目、资金、试点示范等。能够准确研判政策实施对本地带来的新挑战、产生的新影响	比较强。能够领会政策的精神实质与核心要义，了解政策的关注重点和基本取向	一般。基本了解政策的精神实质	比较弱。对政策一知半解，囫囵吞枣	非常弱。对政策一问三不知
	统筹谋划能力	非常强。计划非常周密，能制定目标明确的阶段工作方案、流程，具有非常强的操作性	比较强。计划比较周密，能够制定具体化和量化的阶段工作方案、流程，具有比较强的操作性	一般。能够制定有操作性的时间表和路线图，没有大的漏洞	比较弱。虽然能够制定相应计划，但是计划比较粗糙，可操作性差，透过计划也不知怎么落实	非常弱。没有计划性，想到哪里抓哪里，突击式、运动式抓落实
	组织整合能力	非常强。能盘活并科学配置内外各方面资源，发挥好人、财、物等资源组合对落实目标的最大效能	比较强。能优化配置人、财、物各种资源，取得较好合力效应	一般。能将所拥有的一切资源围绕落实目标进行合理配置	比较弱。虽然能将所拥有的资源投向落实目标，但存在资源重复投入或严重倾斜、浪费现象	非常弱。没有集中配置资源的能力，没法发挥资源的合力优势，不能为落实目标赋能

第五章 基层领导干部落实力现代化考评指标体系的构建

续表

一级指标	二级指标	评价标准				
		非常强	比较强	一般	比较弱	非常弱
落实能力	抓关键环节能力	非常强。善于从错综复杂的工作中抓重点，抓大事。善于把握好全局和局部、当前和长远、宏观和微观、主要矛盾和次要矛盾的关系，并取得良好的落实效果	比较强。能够做到提纲挈领，按照客观规律，做好工作的排序，善于抓住重点，以点带面，取得较好落实效果	一般。能够分清工作的轻重缓急，合理安排工作主次，忙中有序而不乱于事	比较弱。工作也有轻重之分，但轻重缓急排序本身就不科学，落实效果较差	非常弱。轻重缓急不分，胡子眉毛一把抓，平均用力撒"胡椒面"，落实效果非常差
	因地制宜能力	非常强。充分了解实际情况，善于将上级政策精神与本地实地实际有机结合，科学创新路径、方法，能够实现客观时间和实际检验的高质量和实际检验的高质量和落实效果	比较强。较了解实际情况，能够将上级政策精神实质与本地实际相结合，根据基层需求，实事求是地设计工作路径、方法，能够取得较好效果	一般。对实际情况比较了解，能够结合上级政策变化将实际在行动	比较弱。落实过程中存在不顾实际情况生搬硬套，机械、教条地落实和"一刀切"现象	非常弱。严重脱离实际，不顾条件蛮干，因循守旧，停步不前
	沟通协调能力	非常强。能够做好上情下达，下情上达和横向沟通。能够积极征求他人的意见和建议，及时跟进反馈，实现相互理解和支持，形成共抓共落实的协同作战效应	比较强。能够做到上情下达，下情上达和横向沟通。做到信息共享。能够虚心倾听他人的建议，及时反馈，调动各落实方面的积极性	一般。能相关沟通与经常沟通，解决好信息不对称落实过程中相关化解方面的误解和冲突	比较弱。不能做到有效沟通，各相关方互不认同，各方不对称不认同，各唱各的调	非常弱。沟通不畅，相关各方相互掣肘，彼此拆台

193

续表

一级指标	二级指标	评价标准				
		非常强。非常尊重团队成员,具有很强的亲和力,积极共享自己的信息和资源,主动帮助他人,善于和其他成员合作,密切配合共同完成目标	比较强。能够尊重团队成员,能够共享自己的信息和资源,能够积极做帮助配合他人共同完成目标	一般。可以做到尊重他人,能够与他人优势互补,配合他人共同完成目标	比较弱。虽然也能与其他成员配合共事,但任任有所保留	非常弱。以自我为中心,不能相互配合,一盘散沙,各人自扫门前雪
落实能力	团结协作能力					
	身先示范能力	非常强。面对落实任务,亲自部署落实任务,亲自把关关键环节,亲自督查落实情况,以身作则,身先士卒,带动下属和群众共同推进工作落实	比较强。面对落实目标任务,能够积极以身作则,严格按照时间节点,标准冲锋在前,较好地带动工作落实	一般。在落实任务面前能够主动靠前,攻坚克难	比较弱。虽然任务中急难险重,但在一般性事务中能够自愿靠前	非常弱。不作为、慢作为、不担当,热衷于与下属签订下"状",将责任无限下移甩锅,起不到带头示范的作用

194

第五章 基层领导干部落实力现代化考评指标体系的构建

续表

一级指标	二级指标	评价标准				
落实效能	政策受众满意度	非常满意。满意率90%以上	比较满意。满意率75%—90%	一般。满意率60%—74%	较不满意。满意率40%—59%	非常不满意。满意率40%以下
	问题的解决率	非常高。解决了预期问题的90%以上	比较高。解决了预期问题的75%—90%	一般。解决了预期问题的60%—74%	比较低。解决问题的40%—59%	非常低。解决预期问题的40%以下
	落实任务完成率	非常高。提前于规定落实时间的1/10上时段内完成落实目标的100%	比较高。提前于规定落实时间的1/10时段内完成落实目标的100%	一般。规定落实时间内完成落实目标的90%以上	比较低。规定落实时间内完成落实目标的60%—90%	非常低。规定落实时间内完成落实目标的60%以下
	任务结果吻合度	非常高。实际落实任务结果质量与任务目标质量的吻合度为100%	比较高。实际落实任务结果质量与任务目标质量的吻合度为90%—99%	一般。实际落实任务结果质量与任务目标质量的吻合度为80%—89%	比较落实。实际落实任务结果质量与任务目标质量的吻合度为60%—79%	非常低。实际落实任务结果质量与任务目标质量的吻合度为60%以下
	落实成本费用比率	非常低。落实成本费用占落实预算成本费用的90%以下	比较低。落实成本费用占落实预算成本费用的91%—99%	一般。落实实际成本费用与落实预算成本费用基本相当	比较高。落实实际成本费用超出落实预算成本费用的5%以内	非常高。落实实际成本费用超出落实预算成本费用的5%以外

195

方向不对，越努力越会南辕北辙。落实力一旦背离了政策制定的初衷或偏离了原定的政策价值目标，基层领导干部落实的能力越强，态度越积极，就越会导致相反的落实效果。因此分析和把握好基层领导干部落实工作的价值取向，是构建好基层领导干部落实力现代化考评指标体系，有效地开展基层领导干部落实力考评活动的基础。没有正确的落实价值取向度测评，或者在设置考评指标的过程中偏离、背离了国家治理现代化的价值要求，就难以构建真正科学的、现代的落实力考评指标体系，也就难以达到有效地开展基层领导干部落实力考评的目的。本书的落实价值取向应当体现国家治理现代化的特征和要求，结合调研问卷统计分析可分为以下6项二级指标：一是以人民为中心，树立正确的政绩观；二是不搞官僚主义，不滥用权力，不贪赃枉法；三是不搞形式主义，不弄虚作假，坚持实事求是；四是落实科学化程度；五是落实法治化程度；六是落实民主化程度。

（一）以人民为中心，树立正确的政绩观

该项二级指标主要考核基层领导干部在落实政策过程中是否坚持了正确的政绩观。干部必须要树立正确的政绩观，政绩是任期内履行相关职务取得的工作成绩和贡献。政绩观是干部对如何履行职责去追求何种政绩的根本认识和态度，包括对政绩为谁，树立什么样的政绩和怎样树立政绩的认识。以人民为中心是树立正确政绩观的核心理念，习近平总书记反复强调"为民造福是最大政绩"。基层干部在落实工作中都应当把人民群众放在心中最高位置，围绕人民对美好生活的向往，做到全心全意为人民服务，将实现人民群众自由全面的发展和幸福获得感提升作为政绩的主要目标。在取得政绩的过程中不能有私心杂念，不能见物不见人，要始终坚持局部效益和全局效益、经济效益和社会效益、短期效益和长远效益相统一；要做到既注重显绩更注重潜绩，多做打基础利长远之事，政绩要能经得起实践和时间检验；要把工作做到政策目标受众心坎上，始终把人民拥护不拥护、赞成不赞成、高兴不高兴、答应不答应作为判断衡量政绩的根本标准。

与以人民为中心的政绩观相对应的是以个人为中心的"政绩观"，强调的是精致利己主义，即以自己或者小部分人的利益得失作为一切工作的出发点，一切行为都只是为了达成自己的利益。在这样的"政绩观"之下，落实工作中就会出现急功近利、结党营私、徇私舞弊、拈轻怕重等现象；就会搞华而不实、劳民伤财、寅吃卯粮、涸泽而渔的"政绩工程"；就会只注重显绩不注重潜绩、只注重面子不注重里子，显山露水的事乐此不疲，默默无闻的事不理不睬；就会只见物不见人、唯GDP论英雄等。

该项指标设"非常强""比较强""一般""比较弱""非常弱"5个档次。"非常强"体现为把人民放在心中最高位置，做到全心全意为人民服务，没有私心杂念，推动实现人的自由全面高质量发展，始终把政策目标受众拥护不拥护、赞成不赞成、高兴不高兴、答应不答应作为衡量一切工作得失的根本标准。"比较强"体现为立足于满足人民美好生活需要，能够坚持做为民造福的打基础利长远之事，没有见物不见人倾向。主动解决政策目标受众的急难愁盼问题，能够把工作做到群众心坎上。"一般"体现为能够以人民的利益为重，能够做到既注重显绩又注重潜绩，不违背客观规律。而存在有下列情形之一的评为"比较弱"：一是存在本位主义倾向，过多在意个人的得失；二是心浮气躁、好大喜功，重显绩而轻潜绩，只关注数量、没有关注质量。存在有下列情形之一的评为"非常弱"：一是个人主义严重，急功近利、结党营私、徇私舞弊；二是搞华而不实、劳民伤财、寅吃卯粮、涸泽而渔的"政绩工程"；三是只见物不见人，唯GDP论英雄。

（二）不搞官僚主义，不滥用权力，不贪赃枉法

该项二级指标主要考核基层领导干部在落实政策过程中是否存在官僚主义及其表现问题。官僚主义是指做官当老爷、脱离群众、欺软怕硬、官官相护、贪污腐败的领导作风，其根源是官本位思想严重、权力观扭曲。官僚主义表现为高高在上、官气熏天、独断专行、狂妄自大，拍脑袋决策、瞎指挥，只见物不见人，甚至搞贪污腐化、权力寻租，吃拿卡要。官僚主义恶化党群关系，损害群众利益，如果任由其发展最终必将动摇党的执政地位。基层干部落实政策过程中必须摒弃官僚主义的作风，牢固树立马克思主义群众观、权力观。基层领导干部要牢记共产党干部的权力是人民赋予的，要时刻记住自己的职位是为人民服务的岗位，手中权力是为人民服务的工具，做到公权力姓公，也必须为公。必须坚持一切为了群众，一切依靠群众，从群众中来，到群众中去的群众路线，密切同人民群众血肉联系，保持对人民群众的真挚感情；要做到问计于民、问需于民，充分保障人民群众的民主参与、民主管理、民主决策、民主监督权利。

该项指标设"非常强""比较强""一般""比较弱""非常弱"5个档次。"非常强"体现为政治立场坚定，始终尊重人民群众的历史主体地位，具有非常强烈的公仆意识和责任感，始终相信群众、依靠群众、问计于民、问需于民。始终尊重政策目标受众的人格尊严和劳动成果。"比较强"体现为政治立场坚定，把政策目标受众当亲人，能够做到关心群众疾苦，倾听群众呼声，能够换位思考，不折腾，不慕虚荣，不务虚功。"一般"体现为政治立场坚定，平等待人，能够做到从群众中来到群众中去，权为民用，帮政策目标受众办实事，不与民争利。存在有下列情形之一的评为"比较弱"：一是对政策目标受众比较漠视，落实工作时，只关注上级的喜好，而忽视群众的意愿；二是搞"伪创

新""瞎折腾"。存在有下列情形之一的评为"非常弱":一是高高在上,颐指气使,官气熏天;二是狂妄自大,独断专行;三是不作为,乱作为;四是拍脑袋决策,瞎指挥;五是贪污腐化,权力寻租;六是搞特权,吃拿卡要。

(三) 不搞形式主义,不弄虚作假,坚持实事求是

该项二级指标主要考核基层领导干部在落实政策过程中是否存在形式主义及其表现问题。形式主义指的是一种只看事物的表象而不加分析其本质的思想方法和工作作风。形式主义实质是主观主义、功利主义,其用轰轰烈烈的形式代替了扎扎实实地落实,用光鲜亮丽的外表掩盖了矛盾和问题。表现为以文件落实文件、以会议落实会议;搞文山会海、空话套话;当面一套、背后一套,做"两面人";欺上瞒下、欺诈造假、伪造业绩;调研蜻蜓点水、走马观花,变成逐级要材料;将表决心等同于落实;不切实际,不求实效。要破除形式主义,唯有"真"字当头、"实"字当头,不弄虚作假,才能刹住形式主义歪风。基层领导干部在落实政策的过程中必须严格遵循客观规律办事,俯下身子沉下心来察实情,听真话,真正找到各种问题的症结所在;必须将更多的时间、精力用在解决实际问题上,真抓真干,而不是用在文字材料堆砌上;必须说真话、出实招、办实事,真正解决好老百姓的"急难愁盼"问题,真正把工作做到群众心坎上。在工作内容上必须坚决摒弃偷工减料,投机取巧,泛化虚化,欺诈造假等顽疾,真正实现落实的形式和内容相统一,始终说老实话、办老实事、做老实人。

该项指标设"非常强""比较强""一般""比较弱""非常弱"5个档次。"非常强"体现为严格遵循客观规律办事,工作始终追求高标准、高品质。具有非常强的责任感,真抓真干,能够做到对于自己职责范围的事项"首问负责"。能做到表里如一,始终说老实话、办老实

事、做老实人。"比较强"体现为能够遵循客观规律办事，落实工作能够做到有部署，有检查，跟踪问效，一抓到底；能够做到笃实干事、久久为功。"一般"体现为能够尊重客观规律，具有一定实干精神，不欺上瞒下，不投机取巧。而存在有下列情形之一的评为"比较弱"：一是重"留痕"轻实绩，精力主要用在各种工作台帐和美化材料上；二是投机取巧，热衷于作秀而不是做事，热衷于造势一时而不是造福一方；三是喜欢搞政策执行"一刀切"。存在有下列情形之一的评为"非常弱"：一是当面一套背后一套，做"两面人"；二是欺上瞒下，欺诈造假，伪造业绩；三是调研走马观花，按提前"规定好的人员和路线"走过场；四是空话套话，将表决心等同于落实；五是以会议落实会议，以文件落实文件，搞文山会海。

（四）落实科学化程度

该项二级指标主要考核基层领导干部在落实政策过程中能否以科学的方法推进落实工作、以科学的流程整合落实路径、以科学的制度保障落实效果。科学化是国家治理现代化的重要特征之一，国家治理现代化要求各类治理主体都拥有科学履行各自功能的能力、方法和条件。基层领导干部在落实政策目标的过程中也必须遵循并体现科学化要求。要加强闭环管理，建立"任务部署、设立台账、督导问效、成果巩固"的全链条系统工作方法；要优化落实流程，减少落实过程中的重复、冗余、障碍步骤，形成简约高效的落实流程，以提高落实效率；要建立健全目标责任制、监督检查制、奖惩追究制和资源联动制等机制保障，注重系统集成、整体衔接，防止彼此掣肘现象，形成科学合理、切合实际、运转高效的落实保障体系。确保落实目标件件有着落、事事有回音，坚决避免把说了当做了、把做了当做成了、把做过了当做好了。

该项指标设"非常高""比较高""一般""比较低""非常低"5

个档次。"非常高"体现为善于使用"任务部署、设立台账、督导问效、成果巩固"的全链条系统工作方法；能确保目标责任制、监督检查制、奖惩追究制和资源联动制等保障机制在落实工作中的有机衔接和有效运转；落实流程简约高效，真正能助力各项政策加速落实落地。"比较高"体现为有健全的"明责、履责、督责、追责"闭环落实机制，落实流程简约有效，有较健全的目标责任制、监督检查制、奖惩追究制和资源联动制等保障机制，落实效果较好。"一般"体现为建有责任清晰、事权明确的落实机制，落实流程无重复、无冗余步骤，建有比较合理的目标责任制、监督检查制、奖惩追究制和资源联动制等保障机制。存在有下列情形之一的评为"比较低"：一是相关制度、机制的基本规则、落实流程、资源配置方面尚不健全；二是各系统环节衔接性不强影响落实效率。而存在有下列情形之一的评为"非常低"：一是许多制度、机制设计时就存在缺陷，浮在面上、大而化之，失之于"粗"、失之于"虚"，缺乏科学性、合理性、可操作性。二是各系统环节衔接脱节；三是落实程序、流程繁杂导致落实效能差。

(五) 落实法治化程度

该项二级指标主要考核基层领导干部落实政策行为的合法性和程序化程度。领导干部工作中要依法设定权力、规范权力、制约权力、监督权力，健全依法落实机制，设置权力清单、责任清单和负面清单，真正实现"法定职责必须为，法无授权不可为"。法治化水平也是衡量一个国家治理现代化水平的重要指标，法治是我国治国理政的基本方式，一个国家要走向现代化，必须先走向法治化。落实工作过程中，法制健全，干部能够做到依法行政，落实效能就会得到有效提升。反之，落实效能就会下降。因此，基层领导干部在落实政策过程中必须知敬畏、存戒惧、守底线，清白做人不逾矩，干净做事担使命；必须坚持法治思维、带头守法、依法行政、强化法治保障，使落实结果体现社会公平正义。

该项指标设"非常高""比较高""一般""比较低""非常低"5个档次。"非常高"体现为能够牢固树立法治思维，严格执行合法性审查，确保落实工作的内容合法、程序合法。能够严格依法施政，办事依法、遇事找法、解决问题用法、化解矛盾靠法。"比较高"体现为能够用法治思维和法治方式想问题、作判断、出措施。严格依照宪法、法律法规开展工作、解决问题，推动各项工作在法治轨道上运行。"一般"体现为能够依照宪法、法律法规开展工作、解决问题。能够做到法定职责必须为，法无授权不可为。存在有下列情形之一的评为"比较低"：一是法律意识淡薄，视法律为工具。在实际工作中，对法治口头承认行动违反，原则承认具体违反；二是面对法律总是去寻找规避、变通、突破的空间和可能。存在有下列情形之一的评为"非常低"：一是不学法、不懂法、不用法；二是以言代法、以权压法；三是逐利违法、徇私枉法，贪污受贿。

(六) 落实的民主化程度

该项二级指标主要考核基层领导干部落实政策过程中，积极扩大人民群众参与和有效回应人民群众关切，以保障其民主权利的实现程度。中国式现代化是人口规模巨大的现代化，实现国家治理现代化必须充分调动人民群众的积极性、主动性、创造性。这就要求党员干部在制定政策、落实政策时都要广泛听取人民群众的意见，充分发挥人民群众的知情权、参与权、表达权、监督权等民主权利。凡是涉及广大人民群众的根本利益，事关社会发展全局的政策，都应该做好政策目标受众的事前协商、事中监督、事后评估全链条参与机制，使之真正符合他们的最根本利益。这也是基层领导干部在落实工作中避免来自政策目标受众阻力

第五章　基层领导干部落实力现代化考评指标体系的构建

的不二法门，是确保全过程人民民主在基层落地落实的重要一环。

该项指标设"非常高""比较高""一般""比较低""非常低"5个档次。"非常高"体现为具有强烈的民主意识。能够为政策目标受众提供听证会、座谈会、面访、网络热线、电话热线以及参与建设等多种渠道和方法参与到落实中，不存在"干部干，群众看"的现象。能坚持集体领导、民主协商，使政策落实能够得到政策目标受众的真心拥护。"比较高"体现为具有较强民主素养。能够做到通过多种渠道和方法广泛发扬民主，及时回应好政策目标受众的利益关切，使政策能够最大程度地符合他们的利益，使政策落实能够得到他们的认可。"一般"体现为具有较强的民众参与意识。能够正确理解和切实践行民主集中制，使政策落实能够符合大多数政策目标受众的利益。而存在有下列情形之一的评为"比较低"：一是民主意识淡薄，将群众和下属的参与，以及回应群众搞成装样子、充门面的"摆设"；二是群众参与结果得不到充分有效地运用，政策目标受众对政策落实参与热情不高甚至不认可。存在有下列情形之一的评为"非常低"：一是民主意识缺乏。家长制，一言堂，独断专行，听不进别人的不同意见；二是山头主义、码头文化，搞小圈子；三是落实工作造成政策目标受众的抵触和抵制。

二　落实态度

该项一级指标是指基层领导干部落实工作过程中对落实目标和客体所持有的稳定心理倾向，其蕴含着个体的主观评价以及落实的决心和落实过程中反映出的精神面貌。落实力的大小，既包括能力方面，也包括态度方面，而态度方面对于落实力的大小尤为重要。态度不端，会使政策落实力度难以做到持久发力，即使落实能力再强，也难以有效完成政策目标。所以，提高落实力必须首先端正落实态度。本课题结合调查问卷统计分析将落实态度维度共分为：对政策拥护程度、落实的决心程度、落实的认真程度和对政策目标受众热情度4个二级指标。

（一）对政策拥护程度

该项二级指标主要考核基层领导干部对需要落实的政策是否拥护、赞成并全力落实的程度。该项指标设"非常拥护""比较拥护""一般""比较抵触""非常抵触"5个档次。"非常拥护"体现为完全赞成并全力落实；"比较拥护"体现为比较赞成，能够积极落实；"一般"体现为能够做到自觉落实；"比较抵触"体现为上面不推，下面不动；"非常抵触"体现为有令不行，有禁不止或弄虚作假、阳奉阴违等方面。

（二）落实的决心程度

该项二级指标主要考核基层领导干部落实政策过程中做到坚定不移，专注如一的程度。落实工作是一个艰苦复杂的过程，通常不可能总是一帆风顺，总会遇到这样那样的困难。但基层领导干部一旦坚定落实决心，就应持之以恒坚持到底，而不是"三分钟热度"或一遇到挫折坎坷就灰心丧气、踌躇彷徨，这样是不可能做好落实工作的。该项指标设"非常坚决""比较坚决""一般""比较迟疑""非常迟疑"5个档次。"非常坚决"体现为锲而不舍，久久为功，不达目标决不罢休；"比较坚决"体现为面对困难，能够做到不轻易放弃；"一般"体现为遇到困难容易避重就轻或有选择落实；"比较迟疑"体现为畏首畏尾，容易拖延或比较有始无终、虎头蛇尾；"非常迟疑"体现为行动在嘴上，停留在会上，只说不做或一曝十寒等方面。

（三）落实的认真程度

该项二级指标主要考核基层领导干部对需要落实的工作是否严肃对待，不草率马虎的程度。该项指标设"非常认真""比较认真""一般""比较敷衍""非常敷衍"5个档次。"非常认真"体现为能够做到

第五章 基层领导干部落实力现代化考评指标体系的构建

一丝不苟，精益求精；"比较认真"体现为能够做到勤勤恳恳，兢兢业业；"一般"体现为能做到严谨不马虎；"比较敷衍"体现为应付了事或照抄照搬，本本主义；"非常敷衍"体现为推诿扯皮，推卸责任，或上有政策下有对策等方面。

（四）对政策目标受众热情度

该项二级指标主要考核基层领导干部落实工作全过程中对政策目标受众情感友好表达的程度。该项指标设"非常热情""比较热情""一般""比较漠视""非常漠视"5个档次。"非常热情"体现为待政策目标受众如亲人，不矫揉造作，想人之所想、急人之所急；"比较热情"体现为举止文明友好，能够积极主动为政策目标受众排忧解难；"一般"体现为能做到耐心周到礼貌待人；"比较漠视"体现为忽视政策目标受众权益，对政策目标受众的诉求置若罔闻；"非常漠视"体现为生冷横硬、高高在上，简单粗暴，侵害政策目标受众权益等方面。

三　落实能力

该项一级指标是指基层领导干部确保落实目标能够不折不扣、保质保量实现的自身能力总和。落实态度是决定落实力大小的基本层面，对待需要落实的工作，必须有积极认真负责的态度，这是做好工作的前提。但是，同样一项工作，在同等落实态度下，有的人举重若轻，很快就能够圆满完成；而有的人辛辛苦苦，加班加点才勉强完成，这就体现出工作能力的差异。胜任落实工作的能力不是单一能力的体现，而是多种能力的综合展现。本书结合调研问卷的统计分析结果将落实能力维度主要归纳为：政策领会能力、计划统筹能力、组织整合能力、抓关键环节能力、因地制宜能力、沟通协调能力、团结协作能力和身先示范能力等8个二级指标。

（一）政策领会能力

该项二级指标主要考核基层领导干部在落实政策目标时对上级政策精神内涵完全准确地理解、悟透的一种思考转化能力。政策领会能力是落实能力的基础和前提，只有先吃透上情，才能把准落实工作的重点。如果理解领会不到位，落实过程中就容易走样跑偏。该二级指标设"非常强""比较强""一般""比较弱""非常弱"5个档次。"非常强"体现为能够吃透政策的精神实质、理解政策的核心要义，把握政策的基本取向。能够抓住政策的关注重点及可能向上争取的项目、资金、试点示范等。能够准确研判政策实施可能对本地带来的新挑战、产生的新影响；"比较强"体现为能够领会政策的精神实质与核心要义，了解政策的关注重点和基本取向；"一般"体现为基本能够了解政策的精神实质；"比较弱"体现为对政策一知半解，囫囵吞枣；"非常弱"体现为对政策一问三不知等方面。

（二）统筹谋划能力

该项二级指标主要考核基层领导干部在落实政策过程中能否通过对工作任务进行整体分析，制定系统全面、切实可行的工作方案和流程的能力。落实工作过程往往不可能一蹴即就，需要将目标转化成可执行的具体阶段任务，并做出相应的时间安排。只有具备较强的统筹谋划能力，才能更好地把握问题，对问题的各要素进行优先级排序，制定出合理的方案，形成对时间、任务、资源进行分解的流程表，使落实工作事半功倍。该二级指标设"非常强""比较强""一般""比较弱""非常弱"5个档次。"非常强"体现为计划非常周密，能制定目标和重点非常明确的阶段性工作方案、流程，具有非常强的操作性；"比较强"体现为计划比较周密，能够制定较具体化和可量化的阶段性工作方案、流程，具有比较强的操作性；"一般"体现为能够制定有操作性的时间表和路线图，没有大的漏洞；"比较弱"体现为虽然能够制定相应计划，但是计划比较粗糙，可操作性差，或透过计划也不知怎么落实；"非常弱"体现为没有计划性，想到哪里抓到哪里，突击式、运动式抓落实。

（三）组织整合能力

该项二级指标主要考核基层领导干部在落实政策过程中能否采用一定方式方法合理配置和管理各种资源，从而高效实现落实目标的整合能力。充足的各项资源是确保落实力的重要依托，而拥有较强对所具备资源组织整合的能力，就能够在落实过程中选择、汲取、激活各种不同来源、不同层次、不同结构、不同内容的资源，并恰当地组合使用，使之发挥出 1+1＞2 的效应。该项二级指标设"非常强""比较强""一般""比较弱""非常弱" 5 个档次。"非常强"体现为能盘活并科学配置内外各方面资源，发挥好人、财、物等资源组合对落实目标的最大效能；"比较强"体现为能优化配置人、财、物各种资源，取得较好合力效应；"一般"体现为能将所拥有的一切资源围绕落实目标进行合理调配；"比较弱"体现为虽然能将所拥有的资源向落实目标倾斜，但存在资源浪费或重复投入现象；"非常弱"体现为没有集中配置资源的能力，无法发挥资源合力优势，不能为落实目标赋能。

（四）抓关键环节能力

该项二级指标主要考核基层领导干部在落实政策过程中能否善于在复杂的事务中找到处于支配地位、对事物发展起决定作用的主要矛盾，并能够集中力量先解决这个主要矛盾，以主要矛盾的突破带动整体工作推进的能力。人的时间和精力通常是有限的，基层领导干部在落实政策的过程中需要有主攻方向，能扭住"牛鼻子"。要分清事物的主次、轻重、缓急，先找到决定整个落实工作成败与进度的核心环节，集中力量先解决这个主要矛盾。该主要矛盾可能是人员，可能是资金，可能是时间，可能是技术，还可能是区域，具体因素需要结合具体工作来谈。通过抓好这个关键环节的落实，以点带面，推动整个落实工作的突破。当然，抓主要矛盾并不代表不要抓非主要矛盾，只有分清主次、张弛有度地推进，才能始终掌握工作主动。该项二级指标设"非常强""比较强""一般""比较弱""非常弱"5个档次。"非常强"体现为善于从错综复杂的工作中抓重点、抓要害，能够把握好全局和局部、当前和长远、宏观和微观、主要矛盾和次要矛盾的关系，并取得良好的落实效果；"比较强"体现为能够做到提纲挈领，按照客观规律，做好工作轻重缓急的排序，善于抓住重点，以点带面，取得较好落实效果；"一般"体现为能够分清工作的轻重缓急，合理安排工作主次，巧干而不乱干；"比较弱"体现为虽然对工作也有轻重缓急之分，但轻重缓急排序本身就不科学，落实效果较差；"非常弱"体现为轻重缓急不分，胡子眉毛一把抓，平均用力撒"胡椒面"，落实效果非常差。

(五) 因地制宜能力

该项二级指标主要考核基层领导干部在落实政策过程中能否理论联系实际，实事求是，把上级政策的精神和本地区、本部门的实际结合起来，在确保符合上级精神的前提下，制定相应的妥善办法，以提升落实工作质量和实效的能力。落实过程是一个因地制宜、精准施策的过程。中国地域广阔，东、中、西不同地区的自然禀赋、发展基础差距较大，各地经济发展水平和居民消费水平也千差万别，落实政策目标时必须紧扣当地实际情况，在确保落实上级精神的前提下，因地制宜地提出最适合的工作措施。而不能一味将上级精神生搬硬套，搞上下一般粗，或机械照抄别人的经验做法，致使政策实施和现实情况脱节。该指标设"非常强""比较强""一般""比较弱""非常弱"5个档次。"非常强"体现为充分了解实际情况，善于将上级政策精神实质与本地实际情况有机结合，科学创新路径、方法。能够实现经得住时间和实际检验的高质量落实效果；"比较强"体现为能较好地了解实际情况，能够将上级政策精神实质与本地实际情况相结合，根据基层需求，实事求是地设计工作路径、方法，能够获得较好落实效果；"一般"体现为对实际情况比较了解，能够结合客观实际使上级政策转化为符合客观情况实实在在的行动；"比较弱"体现为落实过程中存在不顾实际情况生搬硬套，机械、教条地落实和"一刀切"现象；"非常弱"体现为严重脱离实际、不顾条件蛮干，或因循守旧，停步不前。

（六）沟通协调能力

该项二级指标主要考核基层领导干部在落实政策过程中能否通过语言、文字、图片、行为等方式，交流思想、观念、意见、情感等信息，调整好落实工作各相关者之间的相互关系，减少内耗和摩擦，缓解或化解矛盾，达到团结共事、协调合作，以实现组织目标的能力。研究表明，工作中70%的错误是由于不善于沟通造成的，良好的沟通协调能力是推动有效落实的助推剂。该项二级指标设"非常强""比较强""一般""比较弱""非常弱"5档。"非常强"体现为能够做好上情下达，下情上达和横向沟通。能够积极征求他人的意见和建议，并及时跟进反馈，实现相互理解和支持，形成共抓落实的协同作战效应；"比较强"体现为能够做到上情下达，下情上达和横向沟通，实现信息共享。能够做到虚心倾听他人的建议。及时反馈信息，调动各方面配合落实的积极性；"一般"体现为能够做到与各相关方面的经常沟通，解决好信息不对称问题。能够化解落实过程中相关方的误解和冲突；"比较弱"体现为不能做到有效沟通，各相关方互不认同，各吹各的号，各唱各的调；"非常弱"体现为沟通不畅，相关各方相互掣肘、彼此拆台。

(七) 团结协作能力

该项二级指标主要考核基层领导干部在落实政策过程中能否充分发挥好个体的优势，支持他人，互补互助，以确保团队齐心协力共同应对挑战，最终达成共同目标的能力。在落实目标任务过程中，个人的能力再强也是有限的，需要与其他成员通力合作，在不同的工作位置上各尽所能、相互配合、相互帮助，以实现最大的工作效率。该二级指标设"非常强""比较强""一般""比较弱""非常弱"5档。"非常强"体现为非常尊重团队成员，具有很强的亲和力。能够积极共享自己的信息和资源，主动帮助他人，善于和其他成员合作，密切配合共同完成目标；"比较强"体现为能够尊重团队成员，能够共享自己的信息和资源，能够积极帮助配合他人共同完成目标；"一般"体现为可以做到尊重他人，能够与他人优势互补，配合他人共同完成目标；"比较弱"体现为虽然也能与其他成员配合共事，但往往有所保留；"非常弱"体现为以自我为中心，不能相互配合，一盘散沙，各人自扫门前雪。

(八) 身先示范能力

该项二级指标主要考核基层领导干部在落实政策过程中能否率先垂范，以身作则，通过自己的言行举止做出榜样而影响下级或群众，带动工作任务落实和组织目标实现的能力。落实之要，贵在以上率下，特别是在急难险重工作中，担任领导职务的干部更应带头争先，以自身行动凝聚工作合力。孔子在《论语·颜渊篇》中提出："政者，正也。子帅以正，孰敢不正？"落实过程中较强的身先示范能力能产生巨大的感染力以带动落实力。该项二级指标设"非常强""比较强""一般""比较弱""非常弱"5个档次。"非常强"体现为面对落实目标任务，能够自我加压，亲自部署落实任务、亲自把关关键环节、亲自督查落实情况，以身作则，身先士卒，带动下属和群众共同推进工作落实；"比较强"体现为面对落实目标任务，能够积极以身作则，严格按照时间节点高标准冲锋在前，较好地带动工作落实；"一般"体现为在落实目标任务面前能够主动靠前、攻坚克难；"比较弱"体现为虽然在急难险重任务中随大流，但在一般性事务中能够自愿靠前；"非常弱"体现为不作为、慢作为、不敢担当，热衷于与下属签订"责任状"，将责任无限下移甩锅，起不到带头示范的作用。

四 落实效能

该项一级指标是指落实过程中所表现出来的实际效率和效果，它反映了落实政策目标的实现程度。效能是衡量工作结果的尺度，因此也是落实力的作用点。抓落实既要注重过程，更要注重结果，落实力的优劣必然要通过落实成效表现出来，成效和结果是抓落实的目的，也是落实力考核评价工作的重要依据，因此抓落实力的作用点就要放在落实目标的实现上。本书结合对调研问卷统计分析的结果将落实效能的指标维度共归纳为：政策受众满意度、问题的解决率、落实任务完成率、任务结果吻合度和落实成本费用比率等5个二级指标。

（一）政策受众满意度

该项二级指标主要考核基层领导干部落实政策目标的过程和结果让政策目标受众满意的程度。为民造福是党员干部最大的政绩，让人民群众满意是我们党的干部做好一切工作的出发点和落脚点，人民满意不满意、高兴不高兴、赞成不赞成、答应不答应是衡量党和国家一切工作的根本标准。换言之，政策受众满意度也是基层领导干部落实一切政策的出发点和落脚点，以及衡量落实工作的根本标准。即便是基层领导干部落实的态度再坚决，落实的能力再强，如果损害了政策目标受众群体的根本利益，造成政策目标受众不满意，那么这个落实力的效能也是差的。因此，政策受众满意度是评价基层领导干部落实力效能的头号指标。该指标的测评可采用由上级组织部门或授权第三方实施，由每位基层领导干部落实政策目标的所有受众，通过手机、电脑等数码设备线上、纸质评分表线下等方式对该基层领导干部进行满意度的评分，参加投票的人员数量不低于应该投票总人数的90%。

该项二级指标设"非常满意""比较满意""一般""较不满意""非常不满意"5个档次。"非常满意"的政策受众投票满意度应达到90%以上；"比较满意"的政策受众投票满意度为75%—90%之间；"一般"的政策受众投票满意度为60%—74%之间；"较不满意"的政策受众投票满意度为40%—59%之间；"非常不满意"的政策受众投票满意度为40%以下。

（二）问题的解决率

该项二级指标主要考核基层领导干部落实政策目标的结果对现实中存在问题解决了多少的程度，即考核其落实目标而非落实任务实现的程度。制定政策的目标就是为了解决现实当中存在的问题。如果政策落实后，工作任务虽然完成了，目标问题却没有得到很好地解决，甚至变得更加严重，则该政策落实的效能也是差的。例如，当前在农村开展的改厕工作，是改善农村人居环境和农民生活生产条件，有效地预防疾病，提高农民健康水平的重要措施。其根本目标是要改善农民生活品质，提升农民的获得感、幸福感。如果基层干部在落实这项政策时没能使农民的民生得到真正改善，不能真正提升广大农民群众的获得感、幸福感，那么即使建成了许多新厕所，那么这项政策落实的效能也是差的。调研中发现，在实际落实工作中，有的地方虽然也投入大量人力、物力、财力建成了许多冲水式厕所，但是许多建成的厕所却成为摆设，那么评价该地方的基层领导干部落实此项任务中的"问题的解决率"这项指标得分就是低的。在不考虑政策自身因素和外在环境因素的情况下，这一指标可以通过下面公式来进行计算：

问题的解决率＝已成功解决的问题/政策议程目标的总问题×100%

该项二级指标测评可以委托第三方进行实施，由上级领导和政策受众按照50%：50%的权重共同评判。该指标设"非常高""比较高""一般""比较低""非常低"5个档次。"非常高"为认定解决了目标问题的90%以上；"比较高"为认定解决了目标问题的75%—90%之间；"一般"为认定解决了目标问题的60%—74%之间；"比较低"为认定解决了目标问题的40%—59%之间；"非常低"为认定解决目标问题的40%以下。

（三）落实任务完成率

该项二级指标主要考核基层领导干部在规定落实时间内，成功落实的政策任务占所有政策任务的比率。这一指标主要评估落实花费的时间，即落实的进度。可以用下面公式计算：

落实活动完成率＝已完成的落实目标/需完成的落实目标总量×100%

该二级指标设"非常高""比较高""一般""比较低""非常低"5个档次。"非常高"为提前于规定落实时间的1/10以上时段完成落实目标的100%；"比较高"为提前于规定落实时间的1/10时段内完成落实目标的100%；"一般"为规定落实时间内完成落实目标的90%以上，且完成部分标准非常高；"比较低"为规定落实时间内完成落实目标的60%—90%；"非常低"为规定落实时间内完成落实目标60%以下。

（四）任务结果吻合度

该项二级指标主要考核基层领导干部落实工作任务结果的实际质

量与工作任务结果的预期质量的吻合程度。政策任务是基层领导干部落实工作必须完成的具体内容。在同等的落实取向度和落实条件下，政策任务落实结果的实际质量与政策任务结果的预期质量如果相一致，则说明落实效能就高，相反如果两者发生偏离，偏离的程度越大，落实效能就越低。还是以农村开展的改厕工作为例，2020年5月21日，山东广播电视台《问政山东》第52期曾经报道过，山东省莱西市院上镇武备三村农村改厕工作出现的一些问题。有的村民家改厕后的配套设施——化粪池通气管只是插在了地上，没有真正安装。还有的村民家的通气管道虽已安装固定，但通气管下面却根本没有化粪池等等。可见该村落实厕所改造工作任务的实际结果与厕所改造工作任务应保质保量完成的预期结果存在很大的质量差距。这种情况下，评价该地方基层领导干部落实此工作的任务结果吻合度这一指标时得分就低。这一指标将由基层领导干部的上级领导和政策目标受众按照50%：50%的权重共同评判。

该二级指标设"非常吻合""比较吻合""一般""较不吻合""非常不吻合"5档。"非常吻合"为实际落实任务结果质量与预期任务结果质量的吻合度为100%；"比较吻合"为实际落实任务结果质量与预期任务结果质量的吻合度为90%—99%之间；"一般"为实际落实任务结果质量与预期任务结果质量的吻合度为80%—89%之间；"较不吻合"为实际落实任务结果质量与预期任务结果质量的吻合度为60%—79%；"非常不吻合"为实际落实任务结果质量与预期任务结果质量的吻合度为60%以下。

（五）落实成本费用比率

该二级指标主要考核基层领导干部落实政策目标过程中实际花费的成本与预算成本之间的比率。这一指标反映了人、财、物等资源是否高效利用的情况。可用公式：

落实成本费用比率 = 落实政策实际花费/落实政策预算经费 ×100%

落实工作的交通费用、落实装备采购费用、落实人员食宿补贴等所有工作相关耗用支出，都属于落实成本费用，成本费用占比越小，则代表落实成本越少，资源利用的效度越高。

该二级指标设"非常低""比较低""一般""比较高""非常高"5档。"非常低"为落实实际成本费用占落实预算成本费用的90%以下；"比较低"为落实实际成本费用占落实预算成本费用的91%—99%；"一般"为落实实际成本费用与落实预算成本费用基本相当；"比较高"为落实实际成本费用超出落实预算成本费用的5%以内；"非常高"为落实实际成本费用超出落实预算成本费用的5%以外。

第三节　评价指标的权重及信度、效度检验

要实现对基层领导干部落实力的现代化考评，除了考核评价各项指标的设置要科学合理，能够符合现代化的要求之外，科学地确定各指标的权重也是决定考评体系现代化的关键之一。由于每项考评指标在整个考评体系中占有的分量不同，因此，必须根据指标重要程度的差异，赋予其一定的相对权数和绝对权数。同时，考评指标体系本质上是一种测量工具，工具是否能够可靠适用，还必须要能经得住信度与效度检验。

一　评价指标的权重

在分析评价中，确定权重的方法大致可以分为主观赋权法和客观赋权法两种。主观赋权法是基于决策者给出偏好信息的方法，或由决

策者召集各方面的专家进行主观赋权的方法来计算，主要有专家调查法（Delphi）、循环评分法、二项系数法、层次分析法（AHP）等；客观赋权法则是根据指标自身的作用和影响确定权重的方法，主要有熵值法、主成分分析法、因子分析、聚类分析、判别分析等多元分析方法。各种方法都有优点，也都有局限性。

考虑到现实条件下基层干部落实力评价工作的复杂性，本课题采取了主观赋权法的专家调查法即德尔菲法进行赋值来确定各项指标的权重。基于科学性和合理性原则，首先选定专家组，由若干对绩效考核指标体系有一定研究和认识的相关人士组成专家组开展调查。以期借用专家的集体智慧，对评价指标的相对重要性进行评估。专家组成员包括政府机关、学者、群众等，考虑到不同社会阶层对政策认知水平的差异，对指标权重的意见也会不同，作者邀请100人，采取4∶3∶3的比例来配备专家组成员，即政府官员占40%，专业研究机构专家占30%，公众占30%，这既能够比较好地保证了考核指标不脱离党政工作运行的实际情况，又能够保障考核指标设置的科学性和针对性。为了方便打分，作者设计了一个分等级的分值参考标准，见表5-2。

表5-2 基层领导干部落实力评价指标等级分值确定的参考标准

对比打分	重要程度	说明
0—25分	不重要	本指标对评价没有任何价值，建议删除
25—50分	略为重要	本指标对评价有一定的意义，可有可无
50—75分	重要	本指标对评价比较重要，可以保留
75—100分	极为重要	本指标对评价极其重要，必须占较大比重

再将设定好的指标体系制成指标权重专家咨询表，通过电子邮件

或当面咨询等方式将咨询表发放给相关专家组成员,请他们根据自身的专业知识或经验,对指标权重进行赋值。在专家组对各项指标都进行打分之后,计算每一评价指标的平均分数(即100人所打分数的平均值),再根据各评价指标的平均分数确定各指标的初步权重数。

以 U 表示权重(4 个一级指标分别用 U1、U2、U3、U4 表示各自权重),0 < U < 1,U 的取值越大表示这一指标越重要,计算公式如下:

$$U' = \sum tn \div n \div 100$$

U 为初步权重数

n 为专家组成员人数。

为了较准确地计算各指标权重,还须将初步权重数分别除以各项指标的初步权重数之和(即进行归一化处理)。例如一级指标中,从第一到第四项指标各自的计算公式如下:

U1 = U1′/(U1′+ U2′+ U3′+ U4′)

U2 = U2′/(U1′+ U2′+ U3′+ U4′)

U3 = U3′/(U1′+ U2′+ U3′+ U4′)

U4 = U4′/(U1′+ U2′+ U3′+ U4′)

23 项二级指标同样如此换算,得出的数值按四舍五入取整数。在得出各项指标的权重之后,将所得权重值代入考评指标体系中,则可计算出某基层干部在落实某项公共政策时所表现出来的落实力水平。经过专家组打分并换算后,各项评价指标权重如下(可见表5-3):

(一)落实取向度

该项一级指标满分为 25 分。其包括的 6 项二级指标权重赋分分别是:以人民为中心树立正确的政绩观(6 分)、不搞官僚主义,不滥用权力，不贪赃枉法（5分）、不搞形式主义，不弄虚作假，坚持实事求是（5分）、落实科学化程度（3分）、落实法治化程度（3分）、落实民主化程度（3分）。

1. 以人民为中心，树立正确的政绩观

该项二级指标满分设定为6分，设"非常强""比较强""一般""比较弱""非常弱"5个档次，每档权重分别赋予该项指标分值的100%、80%、60%、20%和0%。符合"非常强"档次标准的基层领导干部，该项指标得6分；符合"比较强"档次标准的基层领导干部，该项指标得4.8分；符合"一般"档次标准的基层领导干部，该项指标得3.6分；符合"比较弱"档次标准的基层领导干部，该项指标得1.2分；符合"非常弱"档次标准的基层领导干部，该项指标得0分。

2. 不搞官僚主义，不滥用权力，不贪赃枉法

该项二级指标满分设定为5分，设"非常强""比较强""一般""比较弱""非常弱"5个档次，每档权重分别赋予该项指标总分值的100%、80%、60%、20%和0%。符合"非常强"档次标准的基层领导干部，该项指标得5分；符合"比较强"档次标准的基层领导干部，该项指标得4分；符合"一般"档次标准的基层领导干部，该项指标得3分；符合"比较弱"档次标准的基层领导干部，该项指标得1分；符合"非常弱"档次标准的基层领导干部，该项指标得0分。

3. 不搞形式主义，不弄虚作假，坚持实事求是

该项二级指标满分设定为5分，设"非常强""比较强""一般""比较弱""非常弱"5个档次，每档权重分别赋予该项指标总分值的100%、80%、60%、20%和0%。符合"非常强"档次标准的基层领导干部，该项指标得5分；符合"比较强"档次标准的基层领导干

第五章 基层领导干部落实力现代化考评指标体系的构建

部，该项指标得4分；符合"一般"档次标准的基层领导干部，该项指标得3分；符合"比较弱"档次标准的基层领导干部，该项指标得1分；符合"非常弱"档次标准的基层领导干部，该项指标得0分。

4. 落实科学化程度

该项二级指标满分设定为3分，设"非常高""比较高""一般""比较低""非常低"5个档次，每档权重分别赋予该项指标总分值的100%、80%、60%、20%和0%。符合"非常高"档次标准的基层领导干部，该项指标得3分；符合"比较高"档次标准的基层领导干部，该项指标得2.4分；符合"一般"档次标准的基层领导干部，该项指标得1.8分；符合"比较低"档次标准的基层领导干部，该项指标得0.6分；符合"非常低"档次标准的基层领导干部，该项指标得0分。

5. 落实法治化程度

该项二级指标满分设定为3分，设"非常高""比较高""一般""比较低""非常低"5个档次，每档权重分别赋予该项指标总分值的100%、80%、60%、20%和0%。符合"非常高"档次标准的基层领导干部，该项指标得3分；符合"比较高"档次标准的基层领导干部，该项指标得2.4分；符合"一般"档次标准的基层领导干部，该项指标得1.8分；符合"比较低"档次标准的基层领导干部，该项指标得0.6分；符合"非常低"档次标准的基层领导干部，该项指标得0分。

6. 落实的民主化程度

该项二级指标满分设定为3分，设"非常高""比较高""一般""比较低""非常低"5个档次，每档权重分别赋予该项指标总分值的100%、80%、60%、20%和0%。符合"非常高"档次标准的基层领导干部，该项指标得3分；符合"比较高"档次标准的基层领导干部，该项指标得 2.4 分；符合"一般"档次标准的基层领导干部，该项指标得 1.8 分；符合"比较低"档次标准的基层领导干部，该项指标得 0.6 分；符合"非常低"档次标准的基层领导干部，该项指标得 0 分。

（二）落实态度

该项一级指标满分为 20 分。其包括的 4 项二级指标权重赋分分别是：对政策拥护程度（5 分）、落实的坚决程度（5 分）、落实的认真程度（5 分）、对政策目标受众热情度（5 分）。

1. 对政策拥护程度

该项二级指标满分设定为 5 分，设"非常拥护""比较拥护""一般""比较抵触""非常抵触"5 个档次，每档权重分别赋予该项指标总分值的 100%、80%、60%、20% 和 0%。符合"非常拥护"档次标准的基层领导干部，该项指标得 5 分；符合"比较拥护"档次标准的基层领导干部，该项指标得 4 分；符合"一般"档次标准的基层领导干部，该项指标得 3 分；符合"比较抵触"档次标准的基层领导干部，该项指标得 1 分；符合"非常抵触"档次标准的基层领导干部，该项指标得 0 分。

2. 落实的决心程度

该项二级指标满分设定为 5 分，设"非常坚决""比较坚决""一般""比较迟疑""非常迟疑"5 个档次，每档权重分别赋予该项指标总分值的 100%、80%、60%、20% 和 0%。符合"非常坚决"档次标准的基层领导干部，该项指标得 5 分；符合"比较坚决"档次标准的基层领导干部，该项指标得 4 分；符合"一般"档次标准的基层领导干部，该项指标得 3 分；符合"比较迟疑"档次标准的基层领导干部，该项指标得 1 分。符合"非常迟疑"档次标准的基层领导干部，该项指标得 0 分。

3. 落实的认真程度

该项二级指标满分设定为 5 分，设"非常认真""比较认真""一般""比较敷衍""非常敷衍"5 个档次，每档权重分别赋予该项指标总分值的 100%、80%、60%、20% 和 0%。符合"非常认真"档次标准的基层领导干部，该项指标得 5 分；符合"比较认真"档次标准的基层领导干部，该项指标得 4 分；符合"一般"档次标准的基层领导干部，该项指标得 3 分；符合"比较敷衍"档次标准的基层领导干部，该项指标得 1 分；符合"非常敷衍"档次标准的基层领导干部，该项指标得 0 分。

4. 对政策目标受众热情度

该项二级指标满分设定为 5 分，设"非常热情""比较热情""一般""比较漠视""非常漠视"5 个档次，每档权重分别赋予该项指标总分值的 100%、80%、60%、20% 和 0%。符合"非常热情"档次标准的基层领导干部，该项指标得 5 分；符合"比较热情"档次标准的基层领导干部，该项指标得 4 分；符合"一般"档次标准的基层领导干部，该项指标得 3 分；符合"比较漠视"档次标准的基层领导干部，该项指标得 1 分；符合"非常漠视"档次标准的基层领导干部，该项指标得 0 分。

（三）落实能力

该项一级指标满分 20 分。其包括的 8 项二级指标权重赋分分别是：政策领会能力（3 分）、统筹谋划能力（3 分）、组织整合能力（3 分）、抓关键环节能力（3 分）、因地制宜能力（2 分）、沟通协调能力（2 分）、团结协作能力（2 分）、身先示范能力（2 分）。

1. 政策领会能力

该二级指标满分设定为 3 分，设"非常强""比较强""一般"

"比较弱""非常弱"5个档次，每档权重分别赋予该项指标总分值的100%、80%、60%、20%和0%。符合"非常强"档次标准的基层领导干部，该项指标得3分；符合"比较强"档次标准的基层领导干部，该项指标得2.4分；符合"一般"档次标准的基层领导干部，该项指标得1.8分；符合"比较弱"档次标准的基层领导干部，该项指标得0.6分，符合"非常弱"档次标准的基层领导干部，该项指标得0分。

2. 统筹谋划能力

该二级指标满分设定为3分，设"非常强""比较强""一般""比较弱""非常弱"5个档次，每档权重分别赋予该项指标总分值的100%、80%、60%、20%和0%。符合"非常强"档次标准的基层领导干部，该项指标得3分；符合"比较强"档次标准的基层领导干部，该项指标得2.4分；符合"一般"档次标准的基层领导干部，该项指标得1.8分；符合"比较弱"档次标准的基层领导干部，该项指标得0.6分，符合"非常弱"档次标准的基层领导干部，该项指标得0分。

3. 组织整合能力

该二级指标满分设定为3分，设"非常强""比较强""一般""比较弱""非常弱"5个档次，每档权重分别赋予该项指标总分值的100%、80%、60%、20%和0%。符合"非常强"档次标准的基层领导干部，该项指标得3分；符合"比较强"档次标准的基层领导干部，该项指标得2.4分；符合"一般"档次标准的基层领导干部，该项指标得1.8分；符合"比较弱"档次标准的基层领导干部，该项指标得0.6分，符合"非常弱"档次标准的基层领导干部，该项指标得0分。

第五章 基层领导干部落实力现代化考评指标体系的构建

4. 抓关键环节能力

该二级指标满分设定为 3 分，设 "非常强" "比较强" "一般" "比较弱" "非常弱" 5 个档次，每档权重分别赋予该项指标总分值的 100%、80%、60%、20% 和 0%。符合 "非常强" 档次标准的基层领导干部，该项指标得 3 分；符合 "比较强" 档次标准的基层领导干部，该项指标得 2.4 分；符合 "一般" 档次标准的基层领导干部，该项指标得 1.8 分；符合 "比较弱" 档次标准的基层领导干部，该项指标得 0.6 分，符合 "非常弱" 档次标准的基层领导干部，该项指标得 0 分。

5. 因地制宜能力

该二级指标满分设定为 2 分，设 "非常强" "比较强" "一般" "比较弱" "非常弱" 5 个档次，每档权重分别赋予该项指标总分值的 100%、80%、60%、20% 和 0%。符合 "非常强" 档次标准的基层领导干部，该项指标得 2 分；符合 "比较强" 档次标准的基层领导干部，该项指标得 1.6 分；符合 "一般" 档次标准的基层领导干部，该项指标得 1.2 分；符合 "比较弱" 档次标准的基层领导干部，该项指标得 0.4 分，符合 "非常弱" 档次标准的基层领导干部，该项指标得 0 分。

6. 沟通协调能力

该二级指标满分设定为 2 分，设 "非常强" "比较强" "一般" "比较弱" "非常弱" 5 个档次，每档权重分别赋予该项指标总分值的 100%、80%、60%、20% 和 0%。符合 "非常强" 档次标准的基层领导干部，该项指标得 2 分；符合 "比较强" 档次标准的基层领导干部，该项指标得 1.6 分；符合 "一般" 档次标准的基层领导干部，该项指标得 1.2 分；符合 "比较弱" 档次标准的基层领导干部，该项指标得 0.4 分，符合 "非常弱" 档次标准的基层领导干部，该项指标得 0 分。

7. 团结协作能力

该二级指标满分设定为 2 分，设"非常强""比较强""一般""比较弱""非常弱"5 个档次，每档权重分别赋予该项指标总分值的 100%、80%、60%、20% 和 0%。符合"非常强"档次标准的基层领导干部，该项指标得 2 分；符合"比较强"档次标准的基层领导干部，该项指标得 1.6 分；符合"一般"档次标准的基层领导干部，该项指标得 1.2 分；符合"比较弱"档次标准的基层领导干部，该项指标得 0.4 分，符合"非常弱"档次标准的基层领导干部，该项指标得 0 分。

8. 身先示范能力

该二级指标满分设定为 2 分，设"非常强""比较强""一般""比较弱""非常弱"5 个档次，每档权重分别赋予该项指标总分值的 100%、80%、60%、20% 和 0%。符合"非常强"档次标准的基层领导干部，该项指标得 2 分；符合"比较强"档次标准的基层领导干部，该项指标得 1.6 分；符合"一般"档次标准的基层领导干部，该项指标得 1.2 分；符合"比较弱"档次标准的基层领导干部，该项指标得 0.4 分，符合"非常弱"档次标准的基层领导干部，该项指标得 0 分。

（四）落实效能

该项一级指标总分 35 分。其包括的 5 项二级指标权重赋分分别是：政策受众满意度（12 分）、问题的解决率（8 分）、落实任务完成率（5 分）、任务结果吻合度（5 分）、落实成本费用比率（5 分）。

1. 政策受众满意度

该项二级指标满分设定为 12 分，设"非常满意""比较满意""一般""较不满意""非常不满意"5 个档次，每档权重分别赋予该项指标总分值的 100%、80%、60%、20% 和 0%。符合"非常满意"

档次标准的基层领导干部，该项指标得 12 分；符合"比较满意"档次标准的基层领导干部，该项指标得 9.6 分；符合"一般"档次标准的基层领导干部，该项指标得 7.2 分；符合"较不满意"档次标准的基层领导干部，该项指标得 2.4 分；符合"非常不满意"档次标准的基层领导干部，该项指标得 0 分。

2. 问题解决比率

该项二级指标满分设定为 8 分，设"非常高""比较高""一般""比较低""非常低"5 个档次，每档权重分别赋予该项指标总分值的 100%、80%、60%、20% 和 0%。符合"非常高"档次标准的基层领导干部，该项指标得 8 分；符合"比较高"档次标准的基层领导干部，该项指标得 6.4 分；符合"一般"档次标准的基层领导干部，该项指标得 4.8 分；符合"比较弱"档次标准的基层领导干部，该项指标得 1.6 分；符合"非常弱"档次标准的基层领导干部，该项指标得 0 分。

3. 落实任务完成率

该项二级指标满分设定为 5 分，设"非常高""比较高""一般""比较低""非常低"5 个档次，每档权重分别赋予该项指标总分值的 100%、80%、60%、20% 和 0%。符合"非常高"档次标准的基层领导干部，该项指标得 5 分；符合"比较高"档次标准的基层领导干部，该项指标得 4 分；符合"一般"档次标准的基层领导干部，该项指标得 3 分；符合"比较低"档次标准的基层领导干部，该项指标得 1 分；符合"非常低"档次标准的基层领导干部，该项指标得 0 分。

4. 任务结果吻合度

该项二级指标满分设定为 5 分，设"非常吻合""比较吻合""一般""较不吻合""非常不吻合"5 档，每档权重分别赋予该项指标总分值的 100%、80%、60%、20% 和 0%。符合"非常吻合"档次标准的基层领导干部，该项指标得 5 分；符合"比较吻合"档次标准的基层领导干部，该项指标得 4 分；符合"一般"档次标准的基层领导干部，该项指标得 3 分；符合"较不吻合"档次标准的基层领导干部，该项指标得 1 分；符合"非常不吻合"档次标准的基层领导干部，该项指标得 0 分。

5. 落实成本费用比率

该项二级指标满分设定为 5 分，设"非常低""比较低""一般""比较高""非常高"5 档，每档权重分别赋予该项指标总分值的 100%、80%、60%、20% 和 0%。符合"非常低"档次标准的基层领导干部，该项指标得 5 分；符合"比较低"档次标准的基层领导干部，该项指标得 4 分；符合"一般"档次标准的基层领导干部，该项指标得 3 分；符合"比较高"档次标准的基层领导干部，该项指标得 1 分；符合"非常高"档次标准的基层领导干部，该项指标得 0 分。

表 5-3　基层领导干部落实力现代化考评各项指标权重

一级指标（分）	二级指标	相应权重（分）				
		100%	80%	60%	20%	0%
落实取向度 25	以人民为中心，树立正确的政绩观	6.0	4.8	3.6	1.2	0
	不搞官僚主义，不滥用权力，不贪赃枉法	5.0	4.0	3.0	1.0	0
	不搞形式主义，不弄虚作假，坚持实事求是	5.0	4.0	3.0	1.0	0
	落实科学化程度	3.0	2.4	1.8	0.6	0
	落实法治化程度	3.0	2.4	1.8	0.6	0
	落实民主化程度	3.0	2.4	1.8	0.6	0

第五章　基层领导干部落实力现代化考评指标体系的构建

续表

一级指标（分）	二级指标	相应权重（分）				
		100%	80%	60%	20%	0%
落实态度 20	对政策拥护程度	5.0	4.0	3.0	1.0	0
	落实的坚决程度	5.0	4.0	3.0	1.0	0
	落实的认真程度	5.0	4.0	3.0	1.0	0
	对政策目标受众热情度	5.0	4.0	3.0	1.0	0
落实能力 20	政策领会能力	3.0	2.4	1.8	0.6	0
	统筹谋划能力	3.0	2.4	1.8	0.6	0
	组织整合能力	3.0	2.4	1.8	0.6	0
	抓关键环节能力	2.0	1.6	1.2	0.4	0
	因地制宜能力	2.0	1.6	1.2	0.4	0
	沟通协调能力	3.0	2.4	1.8	0.6	0
	团结协作能力	2.0	1.6	1.2	0.4	0
	身先示范能力	2.0	1.6	1.2	0.4	0
落实效能 35	政策受众满意度	12.0	9.6	7.2	2.4	0
	问题的解决率	8.0	6.4	4.8	1.6	0
	落实任务完成率	5.0	4.0	3.0	1.0	0
	任务结果吻合度	5.0	4.0	3.0	1.0	0
	落实成本费用比率	5.0	4.0	3.0	1.0	0

二　指标体系的效度与信度检测

在基层领导干部落实力考核评价指标体系建成以后，对考评指标体系进行信度和效度检验是一个必需的过程，以检查指标体系的完备性、科学性和可行性。

（一）效度检测

效度又称测量的有效度、准确度，是指测量工具能够准确地测出测量内容的程度。当测量工具能够准确地衡量所测量的内容时，这个测量就是有效度的,反之,则无效度。本课题采用内容效度比(Content Validity Ratio,CVR)并借助专家的判断来检测该测评指标的效度。其计算公式为:

$$CVR = \frac{Ne - N/2}{N/2}$$

公式中的 Ne 为评定专家中认为某指标有效的评价人数;N 为评定专家的总人数。这个公式表明,如果当认为指标体系有效的专家人数不到半数时,$-1 \leq GVR < 0$;当专家中认为指标项目有效和无效的人数对半时,$CVR = 0$;而当所有的专家都认为指标项目内容适合时,$CVR = 1$。因此,$0 < CVR \leq 1$ 是合理的。一般要求各个指标的 CVR 为正,大于 0.5。本课题选择了 20 位专家咨询,共发送出 20 份咨询表,从返回的结果来看,有 18 位评判人员认为测评指标体系很好地反映了基层干部落实力的内容。根据上述公式,得出内容效度比为 0.8,这说明作者设计的基层领导干部落实力测评体系符合效度要求。

(二)信度检测

信度是指使用相同研究技术重复测量同一个对象时得到相同研究结果的可能性。也即测量信度是指所选测量工具能否稳定地测量所测的事物或变量,反映在测量结果的可靠性和一致性。本书采用重测信度的方式,即同一组受评者在两次不同时间作同一套量表评定,对两次结果作相关性检验,以评估量表结果的稳定性。通过对两次结果的分析,发现这些专家前后两次选择基本相同。本指标也通过了信度检测。

第六章 结论

  基层干部处在国家改革发展稳定的最前线，是党和国家方针政策落地生根的具体操作者，肩负着直接为人民群众提供公共服务的重要职责，与群众的接触最为频繁和广泛。基层群众认识、接触政府最初就是从基层干部开始的。基层干部作为党和国家在基层的"形象代言人"，工作任务重，担负责任大，肩负着把政策精神、决策部署转化为工作实效的直接行为。对基层领导干部落实力进行现代化考核是建设中国式现代化基层干部队伍的重要举措，也是实现实中华民族伟大复兴中国梦的必然要求。

  本书以对基层担任领导职务的乡、镇、街道干部的调研统计数据为依托，剖析了基层领导干部落实力建设中遇到的各类问题，并分析了背后深层次成因。对基层领导干部落实力建设工作提出了具有建设性的对策建议：一是加强理论学习，筑牢思想根基，坚定理想信念；二是增强大局意识、责任意识和斗争精神；三是提高落实能力，具备足够有效地解决问题和应对挑战的技能；四是改进工作作风，带头倡导形成踏石留印、抓铁有痕的良好工作风气；五是科学制定明确的工作目标和计划并分解到个人任务中；六是强化落实的工作方法。

  只有形成考核内容精准严谨、考核成效预期良好的基层领导干部落实力考核评价指标体系，使基层干部落实力的考核过程更加科学、规范、高效，进而才能激发广大基层干部工作的内生动力，促使基层领导干部更好地履职尽责，全面推动上级决策的落地生根，促进经济社会高质量发展。根据力学基础原理阐述，力有大小、方向、作用点三大要素的基本原则，总结部分地区基层领导干部落实力方面考核做法中的优势和不足，本书提出基层领导干部落实力考评指标体系可分为落实取向度、落实态度、落实力度、落实效度等4个一级指标和23个二级指标。其中落实取向度权重为25分，可分为以人民为中心，树立正确的政绩观；不搞官僚主义，不滥用权力，不贪赃枉法；不搞形式主义，不弄虚作假，坚持实事求是；落实科学化程度；落实法治化程度；落实民主化程度等6个二级指标。落实态度权重为20分，可分为对政策拥护程度；落实的坚决程度；落实的认真程度；对政策目标受众热情度等4个二级指标。落实力度权重为20分，可分为政策领会能力、统筹谋划能力、组织整合能力、抓关键环节能力、因地制宜能力、沟通协调能力、团结协作能力、身先示范能力等8个二级指标。落实效度权重为35分，可分为政策受众满意度、问题的解决率、落实任务完成率、任务结果吻合度、落实成本费用比率等5个二级指标。每个二级指标根据评价标准赋予相应的5档分值，每档权重由高到低分别是100%、80%、60%、20%、0%分。这个指标评价体系，遵循了大道至简的原则，简洁而不失精准，避免了有些地方考评基层干部的指标越来越繁琐，越来越面面俱到的过度考核倾向。使得对基层干部落实力的考核真正地做到少而精、更管用，实现指标考核体系的有效"瘦身"和科学化转型。（详见表6-1）。

受时间、精力、能力等方面的限制，本书还存在不足。基层领导干部落实力考核管理是一个政策性、操作性和实践性都非常强的课题，是一个复杂的系统问题，还需要在以后的工作和研究中进一步深入探讨。

第六章 结论

表6-1 基层领导干部落实力现代化考核评价指标体系

一级指标(分)	二级指标(分)	评价标准及相应分值				
		100%	80%	60%	20%	0%
落实取向度(25)	以人民为中心,树立正确的政绩观(6)	非常强。把人民放在心中最高位置,做到全心全意为人民服务,没有私心杂念,推动实现人的自由全面高质量发展,始终把政策目标受众拥护不拥护、赞成不赞成、高兴不高兴、答应不答应作为衡量落实工作得失的根本标准	比较强。立足于满足人民美好生活需要,能够坚持做为民谋利长远的打基础利长远的事,没有见物不见人倾向。主动解决群众的急难愁盼问题,能够把政策目标做到政策目标受众心坎上	一般。能够以人民的利益为重,能够做到既注重显绩又注重潜绩,不违背客观规律	比较弱。一是存在本位主义倾向,过多在意个人的得失;二是好大喜功,重显绩而轻潜绩,只关注数量,没有关注质量	非常弱。一是个人主义严重,急功近利,结党营私,徇私舞弊;二是搞华而不实、劳民伤财、涸泽而渔吃卯粮的"政绩工程";三是只见物不见人,唯GDP论英雄
	不搞官僚主义,不滥用权力,不贪赃枉法(5)	非常强。政治立场坚定,始终尊重人民群众的历史主体地位,具有非常强烈的公仆意识和责任感,依靠群众,相信群众,问计于民,问需于民,始终尊重政策目标受众的人格尊严和劳动成果	比较强。政治立场坚定,把政策目标受众当亲人,能够做到关心群众疾苦,倾听群众呼声,能够换位思考,不折腾,不慕虚荣,不务虚功	一般。政治立场坚定,平等待人,能够做到从群众中来到群众中去,关心民权,带政策目标受众办实事,不与民争利	比较弱。一是对群众比较模糊,只关注上级的喜好,而忽视群众的意愿;二是搞"伪创新"、"瞎折腾";三是行政流程复杂影响工作效率	非常弱。一是高高在上,颐指气使,官气熏天;二是任安自大,独断专行;三是不作为,乱作为;四是拍脑袋决策,腐化、权力寻租;五是贪污腐化、权力寻租;六是搞特权,吃拿卡要

续表

一级指标（分）	二级指标（分）	评价标准及相应分值				
		100%	80%	60%	20%	0%
	落实形式主义（5）	非常强。严格遵循客观规律办事，工作始终追求高标准、高质量。具有非常强的责任感，真抓真干，能够做到对于自己职责范围内的事项"首问负责"。表里如一，始终说老实话，办老实事，做老实人	比较强。能够遵循客观规律办事，落实工作能够做到有部署、有检查、跟踪到底，一抓到底；能够做到等实干等实功	一般。能够尊重客观规律，具有一定实干精神，不敷衍上瞒下，不投机取巧。	比较弱。"留痕"轻实绩，精力主要用在各种台账和材料上；投机取巧，热衷于造势做秀而不是做事，一时而不是造福一方；喜欢搞政策执行"一刀切"	非常弱。一是当面一套，背后一套，做两面派；二是欺上瞒下，欺下瞒上，弄虚作假，伪造业绩；三是调研走马观花，按提前"规定"好的人员和路线，将老表决心等同于落实；四是以文件空话、会议套话落实文件，搞文山会海
落实取向度（25）	落实科学化程度（3）	非常高。善于使用"任务部署、督导督办、成果运用"的全链条系统工作方法；能确保目标责任制、监督检查制、奖惩追究制和资源保障机制等有机衔接和有效运转；落实中能真正帮助简约高效，真正政策部署加速力在各项政策落实落地	比较高。有健全的"明责、履责、督责、追责"闭环落实机制，落实过程无冗余步骤，落实有效，建有比较健全的目标责任制、监督检查制、奖惩追究制和资源保障机制等落实效果较好	一般。建有责任清晰、事权明确的落实机制，落实过程无重复，建有目标责任制、监督检查制、奖惩追究制和资源联动机制	比较低。一是相关制度、机制的基本规则、落实流程、资源配置方面尚不健全；二是各系统环节影响落实效率不强	非常低。一是许多制度、机制设计时就存在缺陷，浮在面上，大而化之，失之于"粗"，缺乏科学性、合理性、可操作性；二是各系统环节之间衔接脱节；三是落实流程繁杂导致落实效能差

续表

一级指标（分）	二级指标（分）	评价标准及相应分值				
		100%	80%	60%	20%	0%
落实取向度(25)	落实法治化程度(3)	非常高。能够牢固树立法治思维，严格执行合法性审查，确保工作的内容程序合法。能够严格依法施政，依法办事，遇事找法，依法解决问题、化解矛盾靠法	比较高。能够用法治思维和法治方式想问题、作判断，出措施。严格依照宪法、法律法规开展工作，推动各项工作在法治轨道上运行	一般。能够依照宪法、法律法规开展工作，解决问题。能够做到对法定职责必须为，法无授权不可为	比较低。一是法律意识淡薄，视法律为工具。任实际工作中，对法治口头上承认，行动上违反。原则上承认对法律总是去寻找规避、变通、突破的空间	非常低。一是不学法、不懂法、不用法；二是以言代法，以权压法；三是逐利违法，徇私枉法，贪污受贿
	落实民主化程度(3)	非常高。具有强烈的民主意识，能够为政策目标受众提供听证会、座谈会、面访、网络热线、电话热线及参与建设等多种渠道和方法参与到落实中，不存在"干部干、群众看"的现象。能坚持集体领导，民主协商，使政策落实能够得到政策受众的真心拥护	比较高。具有较强民主素养。能够做到通过多种渠道和方法广泛发扬民主，及时回应好政策目标受众的利益关切，使政策能够符合最大程度地符合他们的利益，使政策落实能够得到他们的认可	一般。具有较强的民主意识，能够正确理解和切实践行民主集中制，能够符合大多数政策目标受众的利益	比较低。一是民主意识淡薄，将群众的参与和回应群众摘成"摆设"；二是群众参与结果得不到充分有效地运用，政策落实对政策受众的热情不高甚至不认可	非常低。一是民主意识缺乏，一言堂，独断专行，听不进别人的不同意见，码头主义，搞小圈子；二是山头主义；三是落实工作造成政策目标受众参与的抵触和抵制

续表

一级指标（分）	二级指标（分）	评价标准及相应分值				
		100%	80%	60%	20%	0%
落实态度（20）	对政策拥护程度（5）	非常拥护。完全赞成并全力落实	比较拥护。较赞成，能够积极落实	一般。能够自觉落实	比较抵触。上面不推，下面不动	非常抵触。有令不行，有禁不止或弄虚作假，阳奉阴违
	落实的坚决程度（5）	非常坚决，不达目标决不罢休	比较坚决，面对困难，能够做到不轻易放弃	一般，遇到困难难就轻或有选择落实	比较迟疑。畏首畏尾，容易拖延或虎头蛇尾	非常迟疑。行动在嘴上，停留在会上，只说不做或一曝十寒
	落实的认真程度（5）	非常认真。能够做到一丝不苟，精益求精	比较认真。能够做到勤勤恳恳，兢兢业业	一般，能做到严谨不马虎	比较敷衍。应付了事或照抄照搬，本本主义	非常敷衍。推诿扯皮，推卸责任或上有政策下有对策
	对政策目标受众热情度（5）	非常热情。不矫揉造作，待政策目标受众如亲人，想人之所想，急人之所急	比较热情。举止文明，能够积极主动为政策目标受众排忧解难	一般，能做到耐心周到，礼貌待人	比较漠视。忽视政策目标受众权益，对政策诉求置若罔闻	非常漠视。生冷横硬，高高在上，简单粗暴，侵害政策目标受众权益

续表

一级指标（分）	二级指标（分）	评价标准及相应分值				
		100%	80%	60%	20%	0%
落实能力(20)	政策领会能力(3)	非常强。能够吃透政策的精神实质，理解政策的核心要义，把握政策的基本取向，能够抓住政策的关注重点及可能向上争取的项目、资金、试点示范等，能够准确研判政策实施可能对本地带来的新挑战、产生的新影响	比较强。能够领会政策的精神实质，了解政策的关注重点和基本取向	一般。基本了解政策的精神实质	比较弱。对政策一知半解，囫囵吞枣	非常弱。对政策一问三不知
	统筹谋划能力(3)	非常强。计划非常周密，计划定目标和重点非常明确到工作阶段的阶段方案、流程，具有非常强的操作性	比较强。计划比较周密，能够制定具体化和量化的阶段工作流程，具有比较强的操作性	一般。能够制定有操作性的时间表和路线图，没有大的漏洞	比较弱。虽然能够制定相应计划，但是计划比较粗糙，可操作性差，透过计划也不知怎么落实	非常弱。没有计划性，想到哪里抓哪里，突击式、运动式抓落实
	组织整合能力(3)	非常强。能盘活内外各方面资源，发挥好人、财、物等资源组合对落实目标的最大效能	比较强。能优化配置人、财、物各种资源，取得较好合力效应	一般。能将所拥有的一切资源围绕落实目标进行合理调配	比较弱。虽然能将所拥有的资源向落实目标倾斜，但存在资源的浪费或重复投入现象	非常弱。没有集中配置资源的能力，没法发挥资源合力优势，不能为落实目标赋能

235

续表

一级指标（分）	二级指标（分）	评价标准及相应分值				
		100%	80%	60%	20%	0%
落实能力(20)	抓关键环节能力(3)	非常强。善于从错综复杂的工作中抓住重点，抓要害。能够把握好全局和局部、当前和长远、宏观和微观，主要矛盾和次要矛盾的关系，并取得良好的落实效果	比较强。能够做到提纲挈领，按照客观规律，做好工作的排序，以轻重缓急抓住重点，善于抓住重点，以点带面，取得较好落实效果	一般。能够分清工作的轻重缓急，合理安排工作主次，巧干而不乱干	比较弱。虽然对工作也有轻重缓急之分，但轻重缓急排序本身缺乏科学，落实效果较差	非常弱。轻重缓急不分，眉毛胡子一把抓，平均用力"胡椒面"，落实效果非常差
	因地制宜能力(2)	非常强。充分了解实际情况，善于将上级政策精神实质与本地实际情况有机结合，科学地探索需要在时间和实际效果经得住时间和实际检验的高质量落实效果	比较强。较好了解实际情况，能够将上级政策精神实质与本地实际相结合，根据基层需求，实事求是地设计工作路径较好效果	一般。对实际情况比较了解，能够结合客观实际，将上级政策观转化为符合客观实际的行动	比较弱。落实过程中存在不顾实际情况就生搬硬套，机械、教条地落实和"一刀切"现象	非常弱。严重脱离实际，不顾条件蛮干，或因循守旧，停步不前
	沟通协调能力(2)	非常强。能够做好上情下达、下情上达和横向沟通的意见和建议，能够积极征求他人的意见反馈，实现相互理解和支持，形成共抓共实的协同作战效应	比较强。能够做到上情下达、下情上达和横向沟通。能够虚心倾听他人的意见反馈，做到及时反馈的建议，调动各方面配合落实的积极性	一般。能够做到与各相关方面的经常沟通，解决问题，信息不对称的误能够化解落实过程中相关方的误解和冲突	比较弱。不能做到有效沟通，各相关方互不认同，各吹各的号，各唱各的调	非常弱。沟通不畅，相关各方相互掣肘，彼此拆台

第六章　结论

续表

一级指标（分）	二级指标（分）	评价标准及相应分值				
		100%	80%	60%	20%	0%
	团结协作能力(2)	非常强。非常尊重团队成员，具有很强的亲和力，积极共享自己的信息和资源，主动帮助他人，善于和其他成员合作，密切配合共同完成目标	比较强。能够尊重团队成员，能够共享自己的信息和资源，能够积极帮助配合他人共同完成目标	一般。可以做到尊重他人，能够与他人优势互补，配合他人共同完成目标	比较弱。虽然也能与其他成员配合共事，但任任有所保留	非常弱。以自我为中心，不能相互配合，一盘散沙，各人自扫门前雪
落实能力(20)	身先示范能力(2)	非常强。面对落实目标任务，能够自我加压，亲自部署落实任务，亲自把关关键环节，亲自督查落实情况，以身作则，身先士卒，带动下属和群众共同推进工作落实	比较强。面对落实目标任务，能够积极以身作则，严格按照时间节点，高标准冲锋在前，较好地带动工作落实	一般。在落实目标任务面前能够主动靠前，攻坚克难	比较弱。虽然在急难险重任务中随大流，但在一般性事务中能够自愿靠前	非常弱。不作为、慢作为，不敢担当，热衷于与下属签订"责任状"，将责任无限下移甩锅，起不到带头示范的作用

237

续表

一级指标（分）	二级指标（分）	评价标准及相应分值				
		100%	80%	60%	20%	0%
落实效能(35)	政策受众满意度(12)	非常满意。满意率90%以上	比较满意。满意率75%—90%	一般。满意率60%—74%	较不满意。满意率40%—59%	非常不满意。满意率40%以下
	问题的解决率(8)	非常高。解决了预期问题的90%以上	比较高。解决了预期问题的75%—90%	一般。解决了预期问题的60%—74%	比较低。解决了预期问题的40%—59%	非常低。解决预期问题的40%以下
	落实任务完成率(5)	非常高。提前于规定1/10以上时段内完成落实目标的100%	比较高。提前于规定落实时间1/10时段内完成落实目标100%	一般。规定落实时间内完成落实目标的90%以上	比较低。规定落实时间内完成落实目标的60%—90%	非常低。规定落实时间内完成落实目标60%以下
	任务结果吻合度(5)	非常高。实际落实任务结果质量与任务目标质量的吻合度为100%	比较高。实际落实任务结果质量与任务目标质量的吻合度为90%—99%	一般。实际落实任务结果质量与任务目标质量的吻合度为80%—89%	比较低。实际落实任务结果质量与任务目标质量的吻合度为60%—79%	非常低。实际落实任务结果质量与任务目标质量的吻合度60%以下
	落实成本费用比率(5)	非常低。落实实际成本费用占落实预算成本费用的90%以下	比较低。落实实际成本费用占落实预算成本费用的91%—99%	一般。落实实际成本费用与落实预算成本费用基本相当	比较高。落实实际成本费用超出落实预算成本费用的5%以内	非常高。落实实际成本费用超出落实预算成本费用的5%以外

参考文献

著作类

单传海：《县级政府执行力》，新华出版社2011年版。

《党政领导干部考核工作条例》，党建读物出版社2019年版。

《党政领导干部选拔任用工作条例》，人民出版社2019年版。

丁煌：《政策执行阻滞机制及其防治对策——一项基于行为和制度的分析》，人民出版社2002年版。

贺清君：《绩效考核与薪酬激励整体解决方案：老HRD不愿透露的人力资源管理秘笈》，中国法制出版社2022年版。

洪向华主编：《党员干部要提升抓落实能力》，人民日报出版社2022年版。

胡月星等：《中国县处级党政领导干部考核评价体系和奖惩机制》，中共中央党校出版社2023年版。

李拓：《领导者的高效执行力》，吉林出版集团有限责任公司2010年版。

刘旭涛主编：《基于最佳实践的中国政府绩效管理案例研究》，国家行政学院出版社2015年版。

刘玉瑛：《落实要讲方法》（修订本），新华出版社2019年版。

罗荣渠：《现代化新论：中国的现代化之路》，华东师范大学出版社2013年版。

武建章、董俊婕、周一萍：《"两美"浙江综合评价指标体系及提升策略》，经济科学出版社2017年版。

夏春玉主编：《中国高质量发展：基于新发展理念的指数评价与比较分析》，东北财经大学出版社2018年版。

萧鸣政主编：《人员素质测评理论与方法》，北京大学出版社2011年版。

徐勇：《国家治理的中国底色与路径》，中国社会科学出版社2018年版。

闫华红、王济民等：《国有企业分类考核评价体系的构建》，首都经济贸易大学出版社2017年版。

尹保云：《什么是现代化：概念与范式的探讨》，人民出版社2001年版。

张登国：《新时代提高政府执行力的路径》，山东大学出版社2018年版。

郑楠：《绩效管理与绩效考核研究》，世界图书出版公司2018年版。

周黎安：《转型中的地方政府：官员激励与治理》（第二版），格致出版社、上海三联书店、上海人民出版社2017年版。

周其仁：《城乡中国》，中信出版社2017年版。

［荷］荷兰社会文化规划署：《欧洲公共部门绩效评估——教育、医疗、法律及公共管理的国际比较》，国家行政学院国际部译，国家行政学院出版社2005年版。

［美］埃莉诺·奥斯特罗姆：《公共事物的治理之道》，余逊达、陈旭

东译，上海译文出版社 2012 年版。

［美］盖依·彼得斯：《美国的公共政策——承诺与执行》（第六版），顾丽梅、姚建华等译，复旦大学出版社 2008 年版。

［美］杰瑞·穆勒：《指标陷阱：过度量化如何威胁当今的商业、社会和生活》，闾佳译，中国出版集团东方出版中心 2020 年版。

［美］罗伯特·巴克沃：《绩效管理——如何考评员工表现》，陈舟平译，中国标准出版社 2000 年版。

［意］艾伯特·马蒂内利：《全球现代化——重思现代性事业》，李国武译，商务印书馆 2010 年版。

Agranoff Robert and Michael McGuire, *Collaborative Public Management: New Strategies for Local Governments*, Washington, D. C.: Georgetown University Press, 2003.

期刊类

白现军：《乡镇政府政策执行力评估：主体、客体与指标》，《成都行政学院学报》2012 年第 4 期。

陈家建、张琼文：《政策执行波动与基层治理问题》，《社会学研究》2015 年第 3 期。

褚松燕：《城市社区治理中的关系与逻辑及其整合》，《探索与争鸣》2017 年第 4 期。

丹尼尔·考夫曼、阿尔特·克拉、庞娟、闫健：《治理指标：我们在哪儿，我们应去向何方？》，《国家行政学院学报》2008 年第 6 期。

丁向群：《努力提高公务员绩效管理科学化水平》，《党建研究》2020 年第 9 期。

范黎波、刘佳、尚铎：《基层治理的困境及对策——基于内卷化的研究视角》，《行政管理改革》2021年第11期。

郭照庄、孙月芳、毕晓华等：《河北省高质量发展综合评价指标体系构建研究》，《北华航天工业学院学报》2023年第3期。

贺雪峰、郑晓园：《监督下乡与基层治理的难题》，《华中师范大学学报》（人文社会科学版）2021年第2期。

李红岩、刘海燕、王紫尧：《我国地方政府执行力评价指标体系的构建》，《山西财经大学学报》2012年第10期。

李双元、吴聪聪：《青海高质量发展评价指标体系及测度研究》，《青海社会科学》2023年第3期。

李晓宏、张继林、张禹：《国有企业执行力评价指标体系构建研究——兼议提升国企执行力之策》，《现代财经》（天津财经大学学报）2009年第4期。

罗国亮：《干部考核制度：新中国60年来的演变与启示》，《中共南京市委党校学报》2009年第5期。

倪咸林、向征：《体制与乡土双重背景下乡镇政府社会政策执行偏差研究》，《湖北社会科学》2016年第10期。

倪星、王锐：《从邀功到避责：基层政府官员行为变化研究》，《政治学研究》2017年第2期。

宁国良、刘辉：《成本—效益分析：公共政策执行力研究的新视角》，《中国行政管理》2010年第6期。

彭小兵、罗浩奇：《指标反应：基层干部指标治理的现实偏差与形成机理》，《理论与改革》2023年第3期。

田恒：《国外政策能力研究文献综述》，《广州大学学报》（社会科学版）2017年第2期。

万广华、吕嘉滢：《中国高质量发展：基于人民幸福感的指标体系构建及测度》，《江苏社会科学》2021 年第 1 期。

王雪竹：《西方公务员考核评价机制及借鉴》，《前进》2011 年第 5 期。

王宇燕：《健全干部担当作为激励和保护机制》，《党建研究》2022 年第 4 期。

魏红英、李慧卿：《我国地方政府执行力测评指标体系研究》，《国家行政学院学报》2008 年第 1 期。

谢庆奎、陶庆：《政府执行力探索》，《中国行政管理》2007 年第 11 期。

邢西敬、李荣亮：《新时代乡镇政府绩效考核指标构建的优化策略——基于山东省 B 镇绩效考核文件的分析》，《湖北行政学院学报》2021 年第 3 期。

徐元善、孙台维：《论乡镇政府政策执行力提升的伦理意蕴》，《中国行政管理》2012 年第 3 期。

许耀桐：《抓落实能力的重要性与紧迫性》，《人民论坛》2020 年第 30 期。

闫丽洁、赵永江、邱士可、付强：《黄河流域高质量发展指标体系构建与评价——以河南段为例》，《地域研究与开发》2022 年第 6 期。

杨宏山：《政策执行的路径——激励分析框架：以住房保障政策为例》，《政治学研究》2014 年第 1 期。

袁娟、邓歆怡：《新加坡、日本、韩国公务员考核制度比较研究》，《中国行政管理》2016 年第 1 期。

张乾友：《"被指标治理"模式的生成及其治理逻辑》，《探索与争鸣》2021 年第 2 期。

周飞舟：《从汲取型政权到"悬浮型"政权——税费改革对国家与农

民关系之影响》,《社会学研究》2006年第3期。

周志远:《湖南长沙县实施绿色政绩考核精准评价干部实绩》,《中国行政管理》2015年第1期。

朱红梅、王小虎:《县域经济高质量发展评价指标体系研究——以H省为例》,《行政管理改革》2008年第12期。

Fast Nathanael, Nir Halevy, and Adam Galinsky, "The Destructive Nature of Power without Status", *Journal of Experimental Social Psychology*, Vol. 48, No. 1, 2012.

Lisa Blomgren Bingham, Tina Nabatchi, Rosemary O'Leary, "The New Governance: Practices and Processes for Stakeholder and Citizen Participation in the Work of Government", *Public Administration Review*, Vol. 65, No. 5, 2005.

P. Sabatier and D. Mazmanian, "The Implementation of Public Policy: A Framework of Analysis", *Policy Studies Journal*, Vol. 8, No. 4, 1979.

Van Meter, D. S. and Van Horn, C. E. "The policy implementation process: A conceptual framework", *Administration and Society*, Vol. 6, No. 4, 1975.

学位论文类

陈云:《河南省周口市乡镇公务员绩效考核问题研究——以D镇为例》,硕士学位论文,上海海洋大学,2022年。

杜文杰:《地方领导干部考核存在的问题及对策研究——以河南省相关实践为例》,硕士学位论文,郑州大学,2018年。

梁满燕:《地方政府政策执行力测评指标体系构建研究》,博士学位论文,武汉大学,2014年。

廖东岚:《地方政府政策执行力评价体系研究》,硕士学位论文,广州大学,2012年。

聂展:《地方政府公共政策执行力评估指标体系构建研究》,硕士学位论文,湘潭大学,2009年。

苏明杨:《J县乡镇领导干部绩效考核优化研究》,硕士学位论文,河北科技大学,2022年。

吴婧:《地方政府执行力评价及提升策略研究——以枣庄市市中区为例》,硕士学位论文,山东财经大学,2016年。

章影:《S县乡镇公务员绩效考核问题研究》,硕士学位论文,长春工业大学,2022年。

附 录
基层领导干部的落实力考评体系研究问卷调查表

您好,感谢您参加问卷调查。本问卷旨在研究基层领导干部的落实力考评体系研究。请选出您认可的选项,题目未标明"可多选"的选项均为单选题,在其字母上打√。您的回答仅作为课题研究的参考,不涉及其它事项。非常感谢您的支持和配合!

基本信息

1. 您的年龄:

35岁及以下( ) 36—45岁( ) 46—55岁( )

55岁以上( )

2. 您的性别:

男( ) 女( )

3. 您从事公务员的年数:

10年以下( ) 11年—20年( ) 21年—30年( )

31年以上( )

4. 您的最终学历

大专（ ）本科（ ）硕士（ ）博士（ ）其他（ ）

5. 您的行政级别

县处级正职（ ） 县处级副职（ ） 乡科级正职（ ）

乡科级副职（ ）

1. 您认为当前本单位在落实上级政策时的态度是：

A. 非常坚决　　B．比较坚决　　C. 一般

D．较不坚决　　E. 非常不坚决

2. 您认为本单位在落实上级政策时其具体实施方案：

A. 非常科学　B. 比较科学　C. 一般　D．较不科学

E. 非常不科学

3. 您认为本单位在制定落实上级政策实施方案时能否征求和听取了政策目标受众的意见？

A. 非常愿意　B. 比较愿意　C. 一般　D. 较不愿意

E. 非常不愿意

4. 您认为本单位各部门之间在落实上级政策实施方面能否做到互相协调、协同作战？

A. 非常愿意　B. 比较愿意　C. 一般　D. 较不愿意

E. 非常不愿意

5. 您认同本单位在落实上级政策实施方面能够及时获得全面适用的信息吗？

A. 非常认同　B. 比较认同　C. 一般　D. 较不认同

E. 非常不认同

6. 您认为政策目标受众对贵单位在落实上级政策时的支持配合程度是：

A. 非常配合　B. 比较配合　C. 一般　D. 较不配合

E. 非常不配合

7. 您认为本单位在落实上级政策实施时投入的经费是：

A. 非常充足　　B. 比较充足　　C. 一般　　D. 较不充足

E. 非常不充足

8. 您认同本单位在去年落实上级政策实施方面达到了原定的要求标准吗？

A. 非常认同　　B. 比较认同　　C. 一般　　D. 较不认同

E. 非常不认同

9. 您认同本单位在去年落实上级政策实施方面能够按时且高效地完成所定的任务吗？

A. 非常认同　　B. 比较认同　　C. 一般　　D. 较不认同

E. 非常不认同

10. 就您所知，本单位去年落实上级政策任务给社会带来的社会效益程度是：

A. 非常大　　B. 比较大　　C. 一般　　D. 较低

E. 非常低

11. 您认为去年上级对您单位在落实目标任务效果方面的满意程度是：

A. 非常满意　　B. 比较满意　　C. 一般　　D. 较不满意

E. 非常不满意

12. 您认为去年政策目标受众对本单位落实上级政策效果的满意程度是：

A. 非常满意　　B. 比较满意　　C. 一般　　D. 较不满意

E. 非常不满意

13. 您认同本单位去年落实上级政策时能够克服种种困难、坚持到底的说法吗。

　　A. 非常认同　　B 比较认同　　C 一般　　D 较不认同

　　E. 非常不认同

　　14. 您认为本单位工作人员在落实上级政策任务方面的业务能力如何？

　　A. 非常高　　B 比较高　　C 一般　　D 较低

　　E. 非常低

　　15. 您对目前我省基层领导干部落实力评价管理工作的总体评价：

　　A. 非常好　　B 较好　　C 一般　　D 较差

　　E. 非常差

　　16. 您认为目前基层干部落实力评价体系存在的问题主要有哪些？（可多选，并请将选出的问题按您认为由重到轻的程度将代表的字母在下面横线上排序）

　　A. 评价主体过于单一

　　B. 评价体系操作性不够强，科学性和准确性都得不到很好的验证

　　C. 现有指标体系结构维度设立的不合理

　　D. 现有指标体系各指标间缺乏联动性

　　E. 评价指标的内涵有交叉

　　F. 评价方法和技术有待优化

　　G. 评价结果价值未得到足够重视和运用

　　H. 评价结果运用不充分

　　17. 您认为考核落实行动力的评价指标可以包括以下哪些要素（多选并请将选出的问题按您认为由重到轻的程度将代表的字母在下

面横线上排序）

  A. 政策领会力 B. 预测力 C. 统筹谋划力 D. 组织整合力

  E. 控制力 F. 决断力 G. 应变力 H. 智慧力

  I. 沟通协调力 J. 评估力 K. 感召力 L. 问责力

  M. 知人善任力 N. 意志力 O. 团结协作力 P. 文化力

  Q. 公信力 R. 资源配置力 S. 身先示范力

  T. 抓关键环节力 U. 因地制宜力

18. 您认为考核落实思想力的评价指标可以包括以下哪些要素（多选并请将选出的问题按您认为由重到轻的程度将代表的字母在下面横线上排序）

  A. 落实的坚决程度 B. 落实科学化程度 C. 落实民主化程度

  D. 落实法治化程度 E. 可操作度 F. 落实的认真负责程度

  G. 对落实目标受众热情度 H. 正确的政绩观 I. 不搞官僚主义

  J. 不搞形式主义 K. 对政策拥护程度

19. 您认为考核落实效力的评价指标可以包括以下哪些要素（多选并请将选出的问题按您认为由重到轻的程度将代表的字母在下面横线上排序）

  A. 问题的解决率 B. 落实任务完成率 C. 任务结果吻合度

  D. 政策受众满意度 E 周政策落实件数同期比

  F. 月政策落实件数同期比 G. 季度政策落实件数同期比

  H. 年政策落实件数同期比 I. 政策落实平均持续时间

  J. 政策落实平均等待时间 K. 政策落实的及时性

  L. 政策落实成本费用比 M. 政策落实人力成本费用比

N. 上级满意度

20. 您对国家治理现代化背景下基层领导干部的落实力考评体系还有什么建议？

后　记

岁月缱绻，葳蕤生香，今年是本人转入学术工作十周年了，本书付梓面世，也是一个纪念。到国家行政学院读博之前，也曾在中央部委和地方从事过多年行政工作，深知干部落实力对政府公信力的重要性，自己一直也躬体力行，并在工作中以落实力强而成为自己的一张熠熠生辉的亮丽名片。对基层干部落实力现代化考核评价体系这个问题的研究，可以说也是对自己以往多年工作经验和心得的一次理论提炼和认识深化，希望能够对助推基层干部自身落实力的建设和组织人事部门对基层干部落实力的培育、考核、激励、监督等方面的现代化建设有所裨益，以更好的提升为国为民服务的效能。

在此，既不敢忘却"十年经传费覃思"，更不敢忘却本书撰写出版过程中家人、友人和许多领导工作者的真诚帮助和奉献。感谢山东省委党校（山东行政学院）和中国社会科学出版社的大力支持，特别要感谢许琳老师的精心指导，得益于她严谨的专业精神和精湛的专业水准，本书才能顺利面世。感谢我的研究团队成员，特别是山东滨州职业学院芦津华老师在书稿的修订和校对过程中的竭

后 记

诚相助。这里由于版面所限无法将所有给予本书关心帮助的尊敬的人们一一列举出来，一并向大家深表谢忱！最后，也希望同行专家和读者不吝赐教。

杨 涛

2024 年 6 月 25 日

后 记

熟和朋友鼓励由由，并面新又该修改了本书夫心需要的客观的
人们——约拿出来，一种天才疯落起飞地疯。电命题问与作家
和度要不是那种疑。

杨 海
2024 年 6 月 25 日